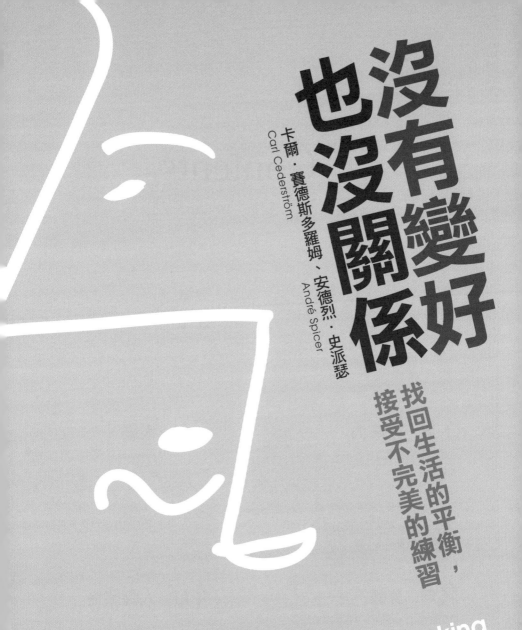

沒有變好
也沒關係

卡爾·賽德斯多羅姆、安德烈·史派瑟
Carl Cederström   André Spicer

找回生活的平衡，
接受不完美的練習

Desperately Seeking
Self-Improvement
A Year Inside the Optimization Movement

Contents

1月 | 生產力 —— 010

我的計畫就是和真正的作家一樣,立下寫作進度,照表操課。不過我另外加入了一點現代元素,我買了一個叫番茄鐘的應用程式,可以安排工作與休息時間。每工作二十五分鐘,它就會提醒你休息五分鐘;四輪後,它會安排比較長的休息時間。

2月 | 身體 —— 040

我帶麗塔進入舞池……非自願地跳了二十分鐘舞蹈後,我意識到這其實是極好的體能訓練,我扛了十五公斤重(也就是我女兒)在肩上,從一端移動到另一端,一般得去健身房才會做這樣的運動!

3月 | 大腦 —— 061

我花了一百多個小時嚐過防彈咖啡、嘗試經常運動、嘗試睡眠充足、嘗試靜坐、嘗試經顱直流電刺激、嘗試健腦食物、嘗試正念……在嘗試所有變聰明的做法後,唯一的結果就是,我比以前更覺得自己笨了。

4月 | 人際關係 —— 087

所有的報告似乎都指出,隨著工作而產生的憂鬱消沉與強烈倦怠感增加,認知行為療法也會愈來愈受到歡迎。在只關注工作與生產力的時代裡,人們要的不是對深不可測的人性進行哲學思考,而是想要講究實際的方法來讓自己變得更好……

序

主持人：
接下來，卡爾‧賽德斯多羅姆和安德烈‧史派瑟將和我們連線，
陪我們度過下面的一小時。
現在歡迎讀者提出問題。

那天是二〇一七年一月的第二天，讀者正準備針對我們方才在《衛報》[1]
上發表的那篇有關全年實驗的文章提問。

EMMI26：拜託告訴我這是在惡搞。

安德烈在倫敦，坐在家裡的筆電前，剛出生的兒子睡在書桌邊。**非也，
這是一個非常認真的研究計畫**，他在回覆欄中寫道。身在斯德哥爾摩的卡
爾，坐在廚房裡，也正準備送出一樣的回應。

差不多一年前，二〇一六年一月一日，我們開始了這個顯然被許多《衛
報》讀者視為瘋狂的試驗，花了一年的時間測試所有自我提升產業的商品，
打算把這些過程寫成一本書，也就是你手上的這一本。為了維持這個計畫結
構的連貫性，我們商定將自我提升分為十二個主題，每一個主題試驗一個
月，持續一整年。從一月的主題生產力開始，接下來幾個月則是身體、大

腦、關係、靈修；夏季的重點放在性愛、快樂和創造力；秋天之後，強化財富、道德和關注的自我提升。最後一個月則致力於意義的研究上，希望到時候能藉此了解這個計畫背後更深層的動機。

LITTLE_RED：我的天啊，感覺你們做了不少苦功。

我們這一年投入數千小時，花費數萬美元試驗並評估各種自我提升的方法。我們潛入自己的大腦，吞聰明丸，用情趣用品做實驗，還跑去整形。我們曾諮詢特異功能人士（靈媒等）與人生教練、和一群陌生男子裸舞、參與勵志研討會、參加職業舉重比賽，並且把自己送去接受治療。

MRFLABBYBUM：我很訝異的是，這一切居然沒有一個基本統一的原則。

說得有道理。不過，除了莫名其妙地宣稱讓自己變得更好之外，自我提升的「基本原則」是什麼？稍微觀察每年源源不絕湧出的建議就會發現，這個價值百億美元的產業毫無統一性可言。硬要說的話，它是令人混淆和矛盾的，而這是我們樂於反映在這本書上的現象。每一個月我們都會設定新目標，有些目標是具體、可以衡量的，例如背誦圓周率到小數點後一千位；也有些目標抽象又難以捉摸，像是有靈修體驗。為了達成這些目標，我們嘗試過千奇百怪的方法，從訓練正念的應用程式到檸檬楓糖斷食法等。選擇這些方法是因為它們很受歡迎，而不是因為有科學上的公信力。

二千多年前，斯多葛學派的哲學家愛比克泰德首開先例提出「對事件的觀點比事件本身更重要」的主張。此後，有關該如何生活的建議便有如洪流一般滔滔不絕。有何不可呢？誰不想要過更好的生活？自我提升在某些方面就像喝酒一樣，既是逆境時最佳的心靈慰藉，也是處在順境時的好伙伴。

以一九三〇年代爆發的自我提升商業熱潮為例，這股熱潮尾隨美國大蕭條時期而來並非偶然。拿破崙·希爾在一九三七年出版的《思考致富》[2]中提出一個安撫人心的觀點，認為大蕭條僅僅是來自平民百姓的恐懼心理。戴爾·卡內基在前一年出版的書《卡內基溝通與人際關係》[3]中提出一個同樣充滿希望的建議：「微笑」。看來在經濟和社會蕭條的時代，當人們除了自己，無法依賴任何外界力量的時候，自我提升就是一個最具吸引力的主張。

不過自我提升的熱潮在較富裕的七〇年代絲毫不見消退。經過三十年的經濟成長，大部分的美國人擺脫貧窮，得到如此多財富和自由的人前所未有的多。不過，如同湯姆·沃爾夫在一九七六年發表的一篇經典論文所述，人們沒有將這分財力用於改善社會，而是投資在自我提升，直接「墮入名為唯我的煉金術夢想」。不計其數的民眾一窩蜂地去參加自我提升研討會。一九七一年到一九八四年之間，有七十萬人參加過三天的艾哈德研討訓練班，學習如何以自己為第一優先、認識到要為自己的命運負全責、理解這個世上沒有受害者，並意識到身處的現況都是自己造成的。

自我提升現今已和社會融為一體，難以看清始末。許多小學設有瑜伽課程；正念療法被用於監獄；人生教練被大肆推廣為打擊窮困的方法。自我幫助的概念現在已搬進白宮：為川普和第一任妻子主持婚禮的人，正是正向思考之父諾曼·皮爾。

時代在改變，而自我提升的風潮也隨著時代一起轉變。老一輩的大師們被新出的東尼·羅賓斯和提摩西·費里斯等人取代。有氧體操和演久成真的舊趨勢被混合健身和生活日誌取代，唯一不變的是你可以改變自己的人生。我們要做的只是停止擔心和開始相信自己，而不要太顧慮謙虛的問題。無論是從前或現在，人生大改造的故事都不需要細節。在希爾大肆宣揚思想的力量如何神奇地治癒他兒子的啞病之際，現今主張自助的大師們也在誇耀自己的成就，不論是學習新語言、泡冰水浴預防疾病、精通新的武術技巧，或是投資矽谷的新創企業大賺一筆。

在此同時，《衛報》讀者的留言如潮水般湧入。

LORDBADGER：就我的理解，你們嘗試了一堆東西，每種東西最長只嘗試一個月，但那些都是人們要花一輩子才能精通的。

我們不只一次收到這樣的回應。有些人窮盡一生精通一件事情，像是提高生產力或者打造好身材，但是大多數的人在人生中學習一個又一個的技巧，卻樣樣稀鬆。自我提升產業可以年復一年成長，唯一合理的原因，就是因為人們不斷嘗試新建議，不管之前的嘗試是否奏效。只要瀏覽一下書店裡的自助書籍專區，就會發現這類指南包羅萬象，從改善人際關係、性生活到提高智商、鍛鍊肌肉等，而且通常保證可以在兩星期或二十四小時內速成。

消費主義社會，人們不太會只買一條牛仔褲就心滿意足。自我提升也是同樣的道理，人們不會只期望改善生活的某一個部分，而是被鼓勵提升**所有**面向，而且是同時。人人都應該擁有更好的身材、生活更開心、更健康、更富有、更聰明、更冷靜、生產力更高——這些全部要立即達成，就在今天。而且，我們都承受著壓力，必須假裝知道如何達成完美的人生。

這本書沒有提出自己一套，可以讓人變得更好的理論，而是反映出絕望與挫折、戲劇性及幽默感、和追尋自我提升的本能——和每天數以百萬計的人在做的一樣。

至於我們的影響呢？有一位讀者說書中的內容聽起來就像早期伍迪・艾倫電影中的旁白。這個說法讓我們很高興，因為我們從來沒想過要把這本書寫成兩個男人戰勝自我的英雄故事。不論是在學習舉重或是搭訕的技巧，每當遇到新的挑戰時，我們看起來可能更像伍迪・艾倫電影中迷惘的自戀狂，而不是充滿自信的自我提升專家。

另一位讀者說這本書讓他想到澳洲電視喜劇 Review with Myles Barlow。這不是巧合，雖然只看過一集原劇，不過我們看了美國翻拍的《五星評論人

生》[4]。佛列斯特·麥可尼爾在這部仿紀錄片裡主持一個劇中劇，在節目中評論的不是書籍或電影，而是生活本身。他代表觀眾嘗試從活埋到和陌生人結婚等每一件事，也評論了自我提升這個經典主題，例如快樂（三顆星），擁有好身材（半顆星），領導一個教派（兩顆星），快速致富（四顆星）。儘管麥可尼爾是個虛構的人物，但他專業的判斷和盲目的追求似乎是值得學習的好榜樣。

但是這本書與《五星評論人生》不同的是，書中沒有虛構的成分。這是一個社會科學實驗，我們將身心靈投入極端的情境，之後再提出這些經驗和大家分享。我們花了好幾年的時間，在安全的學術距離之外研究自我提升產業，但是從未參加過自我提升研討會，也不常上健身房，更沒有使用過穿戴式科技產品或提高生產力的應用程式。法國民族誌學家洛伊克·華康特抱怨過研究員的身心通常與研究主題脫節，而他所說的這種研究員有可能就是指寫這本書之前的我們吧。華康特為了實踐自己的主張，花了三年和拳擊手一起訓練。對他而言，捕捉「動作的感受與疼痛」是必要的。

雖然我們兩人在開始時都對這個計畫持懷疑的態度，但卻沒有什麼明確的假設要證明，在研究的背後也沒有隱藏什麼道德勸說，不像一般人在紀錄片《麥胖報告》[5]中看到的那樣，導演摩根·史柏路克為了傳達速食業有害健康，他在大吃麥當勞一個月後，果然感覺很不舒服，連醫師也開始擔心他的健康。

與我們的計畫比較相關的是喬治·普林普頓的實驗。他在其中一本著作中提到自己向世界次重量職業拳擊冠軍阿奇·摩爾挑戰進行三回合對打，目的是想了解當業餘選手在拳擊台上與專業選手對打會是什麼情形。賽後被問到有什麼斬獲時，他回答道：「目前為止，只有一鼻子的血。」

我們也聽到一些對於普林普頓的指控。在踏上拳擊台前，有人對阿奇·摩爾說這場比賽只是一場表演，一場怪誕的表演。普林普頓反駁道：

「不不不，」他說：「這是非常認真的比賽。」

UKREFUGEE：你們希望要回這一整年的時間嗎？

卡爾：已經來不及了吧，我想。

1月／生產力

沒多久藥效開始發作，感覺和莫待芬寧大不相同。
我不再焦慮，變得很鎮定，渙散的精神也逐漸集中。
我專注在自己的空間裡，寫作毫不費力氣。
這種感覺不太像周遭事物的腳步變快，
而比較像是時間和空間都不存在了。

妻子莎莉仍在熟睡。我躡手躡腳地走出寢室，煮了些咖啡。外頭一片漆黑，地面上的積雪散發出刺骨寒意。

女兒愛絲特在她的房間裡睡著，旁邊放著一隻熊貓娃娃。我走回廚房，從抽屜裡拿出兩只黑色的手環，各花了我一百五十美元。其中一只是 Jawbone 運動手環，要用來追蹤我的睡眠、動作、心率；另一只是 Pavlok 電擊手環，它的主要功能是發出電擊。我把兩只手環一左一右戴上手腕，它們將成為我的一部分，讓我煥然一新，充滿活力。

早餐後，我用 Skype 和安德烈視訊。他正在紐西蘭度假，我敲他的時候

他剛吃完晚餐。鬍子沒有刮、一頭亂髮的安德烈，針對提升生產力技巧的主題給我上了落落長的一課。我發現自己沒辦法集中精神聽他講話，不一會兒就開始分心。這時我想起了那兩個手環，於是拿出手機，開啟 Pavlok 應用程式，按下電擊鈕。**一秒鐘，二秒鐘**，電擊向我襲來，我從椅子上跳起來大叫一聲，安德烈爆笑不止。

下午，因為迫不及待想在 Jawbone 手環上累積步數，於是我沿著結了冰的海灣散步。覆蓋著白雪的小徑十分溼滑，日光漸漸從天空中淡去。到家時才剛過五點，天色便已全黑，看了看手環，七千四百二十三步，儘管比一萬步的每日目標少了二千五百七十七步，但是我已經懶得再出門，於是便在 YouTube 上搜尋有關提升生產力的建議。

我看了一個三十出頭身材健美的光頭男講述他如何克服拖延的毛病，接著又看了很多的影片、很多的男人。那些人全都理著光頭、全都是發達的肌肉、全都曬了一身古銅色的皮膚，沒有一個是女人。這就是我對自我提升世界的第一印象嗎？這個世界裡只有男人嗎？三、四十歲焦急不安的男人，就這麼迫切要讓自己變得更好？這就是我們的寫照嗎？

我將思緒放回 YouTube，看見提摩西・費里斯出現在螢幕上，他的播客聽眾人數在八千萬以上，《連線》[1] 雜誌稱他為「矽谷超人」。我以前翻閱過他的暢銷書《一週工作 4 小時》[2]、《身體調校聖經》[3]、《廚藝解構聖經》[4]。他在這幾本著作中分享了如何達到絕佳狀態的祕訣。費里斯直視鏡頭說：「為了完成各種事情，我需要長時間不受打擾。」看得出來在他 V 領運動衫下的身體精實健壯。「別浪費時間在打電話和發電郵上。」他說。而且要學習說「不」。

接著，我看了另一位矽谷紅人生物駭客戴夫・亞斯普雷的影片。他發明了一種名為防彈咖啡的飲品，保證喝了可以提高認知力，在以「我如何讓我的腦袋聽我的」為標題的影片中，誇耀自己如何在瘋狂的六天中寫下新書中較精采的部分。他每天早上只睡兩個半小時，靠著防彈咖啡和送出電流刺激

大腦來讓自己精力充沛。此外，他使用站立式辦公桌，雙腳站在釘床上；在短暫的休息時間中，他雙手撐在震動訓練機上倒立一分鐘。六天內重複這些動作，亞斯普雷向觀眾證明，他真的很厲害。

下一支是羅賓・夏馬的影片。這個標榜自救自助的人生導師也是個光頭。他說，成功的關鍵在於寫一份「魂牽夢縈偉大宣言」（內容是一年後你想變成何許人），接下來這年內每天早晚都要複誦這份宣言，直到變成你理想中的那個人為止。

上床就寢時，我思索著要在自己的「魂牽夢縈偉大宣言」裡寫什麼。今年我想成為誰？提摩西・費里斯？戴夫・亞斯普雷？羅賓・夏馬？我真的希望讓自己從一個高高瘦瘦的學者，變身為一個使生活每一個面向都盡可能完善的肌肉男嗎？

安德烈 1月 1

早晨七點，從僵硬的床單中爬出來時，老婆梅兒還在夢鄉。我們在奧克蘭市中心的一家精品酒店裡跨年。走進浴室，我照了照鏡子，鏡子中的人看起來有點糟，氣色不佳、鬍髮散亂、體重過重。我從鏡子前溜之大吉，坐在深色木桌前，仍只穿著內衣，皮膚感受到皮椅冷冷黏黏的觸感，眼光則落在電腦旁的小包裹上，那是卡爾堅持要我買的 Jawbone 運動手環。

我和卡爾第一個月要嘗試把生產力提到最高，這是件好事，因為我有兩本書要完成，但兩本都已經超過交稿期限。

幾小時後，我們抵達距離奧克蘭一小時車程的老家。我打開電腦開始查詢關於生產力的祕訣，記在筆電裡：

關掉提醒功能、不去理會新聞、運動、多喝水、說不、多和寵物抱抱、放棄內心的完美主義、丟掉待辦清單、收拾雜亂、善用提升生產力的方

法、先做不想做的事；吃早餐、睡飽、做口頭承諾、讓壞習慣沒有條件開始、設定實際的目標、讓所有會面在三十分鐘內結束。

我把筆電擱在一旁，回到電腦繼續寫其中一本還沒寫完的書。雖然三歲的女兒不時來打斷，但我持續寫作八小時。

晚上十點半左右，卡爾從斯德哥爾摩跟我用 Skype 視訊，問我這個月的目標。

「呃，嗯，我不是很確定。」我說，「但是我列了一張提升生產力祕訣的清單。」

這份清單快念完時，我的耳膜差點被一聲大叫貫穿，卡爾用一個新裝置電擊自己。一個邪惡的念頭閃過我腦袋：**不曉得我能不能控制那個玩意兒？**

我在三十分鐘內結束視訊，繼續工作到半夜。今天好像在辦公室認真工作了一天，修改一章的內容、寄出的電郵加起來有數千字、完成會議、完成家務。但今天其實是國定假日！

卡爾 1月 2　　我這個月的目標是：完成一本學術著作。我已經發電郵告訴出版社，他們這個月底之前會收到完整的書稿。這只是小事一樁，我已經開始動筆了。

這本書的主題是快樂，而諷刺的是，我即將要遵行如懲罰般的作息，看起來有點諷刺。我準備每天早上五點開始工作，這樣在莎莉和愛絲特起床前可以寫上三小時。

記者梅森・柯瑞在《創作者的日常生活》[5]中，提到出版過四十七本小說的作家安東尼・特羅洛普每天早上五點半開始寫作整整三小時，一旦寫完整本書的最後一句話，他便會立刻拿出另一張紙開始寫下一本書。史蒂芬・金也是在早晨創作，寫完二千字前哪裡也不去。金斯利・艾米斯在七十多歲

時，也有一個比較保守的目標，每天寫五百字；完成後，他就逕自出門，於中午十二點半前抵達酒吧。

所以我的計畫就是和真正的作家一樣，立下寫作進度，照表操課。不過我另外加入了一點現代元素，我買了一個叫番茄鐘（Pomodoro）的應用程式，可以安排工作與休息時間。每工作二十五分鐘，它就會提醒你休息五分鐘；四輪後，它會安排比較長的休息時間。

我還在那些老派作家的做法中加了一點變化，就是去除極限。要是可以繼續往下寫，何必寫三小時就結束？如果可以寫更多，又何必寫二千字就要收工？

早上五點整鬧鐘鈴響後，我立刻起床，整理床鋪，大聲朗誦羅馬斯多葛派哲學家馬可・奧里略的格言：「今天我將遇到忘恩負義的人、傲慢的人、不誠實的人，和孤僻的人。」

根據戴蒙・扎哈里亞迪斯所著的《晨間改造》[6] 提到：「早晨是一天中最寶貴的時光。」而這不是唯一提倡早起並精確安排晨間習慣的書，卡爾推薦我一本書名聽起來讓人心驚膽顫的書：《早上五點的奇蹟：在早餐前主宰你的一天》[7]。在提摩西・費里斯建議的晨間習慣五部曲中，我做的第一件事，就是一邊鋪床一邊反覆朗誦馬可・奧里略的格言。

我盤腿坐在地上，休息數分鐘，試著要靜坐。睜開眼睛後，起身做十次下犬式，那是我幾年前學會的標準瑜伽動作。因為還沒達到東尼・羅賓斯的境界，所以我省略冷水澡，泡了一杯茶，不是費里斯建議的那種加入紅茶、綠茶、薑、薑黃和椰子油的綜合飲料，而是一杯格雷伯爵茶。有熱茶在旁，我開始在筆電上打字，依據費里斯的晨間習慣，寫下心中感謝的事物（家人、有趣的工作、和卡爾的友情），三件讓生活變得更美好的事（一章的內容有進展、與家人吃午餐、無視社群媒體），以及關於生活的個人格言（**我**

專注！我有生產力！我有決心！）。

　　早上五點半朝陽升起，工作時間到了。我打開桌電，無視電郵的收信匣，直接進入今天的第一項工作。完成這個工作後，便犒賞自己一杯咖啡和什錦燕麥片，還不到八點，但我已經自覺像生產力之神。

卡爾　1月 3

　　我安排了要去見一位生產力專家。這位專家常常在報紙或電視上亮相，提出掌握人生方法的建議。我們一面在星巴克喝特大杯黑咖啡，一面向他解釋在一個月內寫一本學術書籍的計畫，並給他看我下載的應用程式。

　　「這是我這幾天的睡眠量和運動量。」我邊說著邊把手機推到桌子的另一端。

　　「你真的應該睡多一點。」他說。

　　我每晚睡五到六小時。「你還需要再多做一點運動，」他看了我的步數後說，「不運動的話，大腦就不會活動。每天早上坐下寫作之前，你應該先出去走走，喚醒你的大腦。」

　　他喝了一口咖啡。「達到目標之後，你應該獎勵一下自己。」

　　「噢，真的嗎？」到目前為止我只想到懲罰，我低下頭來看了看 Pavlok 電擊手環。

　　「用你喜歡的東西犒賞自己。」

　　「一杯紅酒？」

　　「對，但只能喝一杯，而且不要在晚上七點以後喝，不然會干擾睡眠。」

　　從店內出來後，我們走在寒冷的街上，他突然建議我可以試試看用一種東西提升我的生產力。

　　「什麼東西？」

　　「莫待芬寧。」

番茄鐘應用程式的效果竟然這麼好，令我嘖嘖稱奇。用起來很簡單，但效果奇佳。

這個應用程式是由義大利的弗朗切斯科・奇里洛在一九八〇年代提出的「番茄工作法」發展而來。他用番茄形狀的廚房用計時器，以二十五分鐘為一個單位，管理密集工作的時間，並用這個名稱為這個工作法命名。爾後，這個方法傳播到全世界，尤其在電腦程式設計師之間特別受歡迎。

我在一天當中設定一個又一個番茄鐘。時間飛逝，一日將盡，我寫了好幾打白紙。剛開始我還費力思索那五分鐘休息時間要做什麼有意義的事才好，但後來想到了一個辦法，只要鬧鐘一響我就離開廚房的工作桌，到後院狂打拳擊沙包。

吃像莫待芬寧這類的聰明丸似乎是不得已的選擇。堆積如山的工作等在眼前，我需要一切可以幫上忙的方法，但我不太了解這些藥的作用。

為了解更多，我去了一位專治過動症的知名精神科醫師門診。在寬敞的診療室裡，我們面對面坐在亮晶晶的會議桌兩邊，他列出通常被貼上「聰明」標籤的藥。

「利他能（Ritalin）、阿德拉（Adderall）、Attentin，右旋苯丙胺（Metamina）、專思達（Concerta）。」

「這些藥對我有用嗎？」

「有。」

「就算我沒有過動症？」

「效果可能不像用在過動症患者身上那麼好，但還是有作用。」

「什麼作用？」

「可以幫助你專注。」

「像咖啡那樣？」

「效果比咖啡更好！常春藤名校中有 20% 的學生都在吃這種藥不是沒有原因的。」

「所以你建議吃這些藥嗎？」我問。

「我不建議，因為你沒有得過動症。」他清了清喉嚨說：「但這些藥可以幫助你集中精神。」

「假設我吃了這些藥，別人會發現我受這個藥的影響嗎？」

「不會。」

「就算是我媽也不會發現？」

「除非服用高劑量，那你可能會變得有點坐立不安，像這樣。」醫生比劃著向我說明這個症狀。

「主要的風險是什麼？」

「服用像 Attentin 這種藥的風險是可能會讓人上癮。」

「可是如果我只服用，呃，三星期的話，有風險嗎？」

「不會，時間這麼短就不會上癮。」

回家後我又讀了更多關於這些藥物的資料。一開始我看了一些哈佛醫學院和牛津大學研究者的綜合分析，他們聲稱莫待芬寧對提高認知力有顯著的效果，可提升做計畫和做決定的能力，而且對學習力和創造力有正面的作用。接著我找到倫敦帝國理工學院研究員做的研究資料，他們則說莫待芬寧能讓睡眠不足的外科醫師在做計畫、注意力轉移上表現更好，也比較不會衝動做決定。我也讀到一些個人分享，說聰明丸讓他們變得比較暴躁，常常處在不愉快的情緒中。這對我倒不成問題，因為我決定在電腦前獨自度過這個月大部分的時間。

治療過動症的藥看起來風險較為嚴重。我在《兒科醫學》[8] 期刊上看到一篇比較派醋甲酯（methylphenidate）和右旋安非他命（dexamphetamine），

兩種治療過動症的藥物成分副作用的研究報告顯示，這些藥物會導致失眠及抑制食慾，並在某些個案中導致情緒化的症狀，如易怒、好哭、焦慮、難過或不快樂、做惡夢。

安德烈 1月7

　　在開車前往超市的路上，岳母大人說她想寫一本書。我聽見自己用人生教練般的口吻回答她：

「那必須養成好習慣。」我向她說明。

「你的意思是？」她問。

「嗯，幾年前有個叫查爾斯・杜希格的人寫了《為什麼我們這樣生活，那樣工作？》[9]這本書。他說養成好習慣的關鍵，就是學習新的作息方式。」

「你怎麼做的？」

「我發現番茄鐘很好用。」

「番茄鐘？」

「對，概念很簡單，就是認真工作二十五分鐘後，休息五分鐘。」

「嗯哼。」

「用番茄鐘來思考寫書這件事，假設你每天寫作二小時，那就把這個時間分成四個番茄鐘單位。每個禮拜寫五、六天，持續一整年下來就夠了，你就寫完一本書。」

穿越炎熱的超市停車場時，我蹦出了第一句組織完整的生產力口號：

「做事情不是用**想**的；實際去**做**才能把事情完成。」

她停了一下腳步，訝然看著我。

「對，言之有理。」她說。

才過了一個星期，我覺得自己已經是個生產力專家。

今天我打算第一次吃聰明丸。但我還在擔心一件事，就是這些藥是禁藥。這就是幾個星期前我去見部門主管的原因，他是那種循規蹈矩的人。

我走進他的辦公室時，他就站在按照人體工學提高的桌子前打字。

「進來吧。」他說，然後拿著火車頭樂團的咖啡杯坐到會議桌旁。

「我需要你的建議。」我說，告訴他我準備在研究計畫中使用聰明丸，並問他我有沒有可能因此丟掉我的飯碗。

他看起來一臉迷茫。「一般來說，在瑞典很難以嗑藥為由開除員工。你必須證明員工長期吸毒，而且這個毒癮對工作造成負面影響才行。」

他頓了一下，搔了搔鬍子，聲音嚴肅起來：「等等，你的意思是要在工作上使用禁藥？」

「不是，不是真的，只是假設而已。」我說。

「如果你要用禁藥，」他繼續說，「我必須如實報告。」

「什麼？跟誰報告？」

「人力資源。」他長長地嘆了一口氣搖了搖頭，「為什麼研究員不能像以前一樣就好？」

我開始思考有關人力資源部門的事。他們會怎麼理解這件事？我不是要靠藥物逃避工作，而是要讓自己更投入，變得更好，更有效率。這不正是人力資源要做的嗎？

「好吧，我設想的情景是這樣，」我說：「這麼說好了，當然只是個假設，我寄給你一本日記，敘述我怎麼使用這些藥物，然後你和人力資源聯絡，我們三方再一起開個會。」

「靠，卡爾，」他邊說邊將臉埋到雙掌中，「你知道你正在置我於什麼樣的處境嗎？」

「也許我應該和學校的律師談談？」

「給我聽好，我覺得你根本不該這麼做。」

我再次開始思考那個假設要和人力資源進行的會議。

「如果我交出這本日記，然後在會議進行到一半時，突然宣布這一切只是個惡作劇，我從來沒用過這些藥，只是宣稱我吃了藥，想看看你和人力資源的反應，這樣會不會更糟？」

他只是一個勁地搖頭。

飛回倫敦的家是長途飛行，超過二十四小時。為了做好長途飛行的準備，我開始上網找旅行時提高生產力的竅門。網路上有一大堆像「在下一次飛行變得超有效率的十大絕招」之類的文章。我一邊讀，一邊小心地做筆記：

讓電子產品充滿電、不要用無線網路、規律的休息時間、用頭戴式耳機隔絕分散注意力的聲音、做些微運動，像是在走道上來回走動、每一次航程都設定生產力的目標。

在出境大廳候機時，我在剛下載的 Evernote 應用程式裡輸入這次飛行的目標：**修改完一章、讀完一本書、睡六小時以避免時差**。

我的高生產力旅人新生涯有個完美的開始。在第一段飛行途中，我全心全意投入工作，用耳罩式耳機隔離所有會分散注意力的聲音；我有規律的休息，且在走道上伸展四肢。飛越印尼上空時，我工作了整整八小時，劃掉清單上的第一個待辦事項。

但是在汶萊等待轉機時，一切都變了調。梅兒變得暴躁，女兒麗塔開始鬧脾氣，而且我的頭發暈。看了看 Jawbone 手環，我發覺自己一整天下來只走了幾百步，於是開始在附近繞圈走。這座機場還真是一個適合繞圈走的地

方，航廈是六邊形，沒有商店、酒吧等讓人分心的東西，只有一間免稅商店、一家打烊的漢堡王，和一座清真寺。

再次登機時，我覺得很疲憊，起飛後不久便覺得頭昏腦脹、無法集中精神，因此接下來的幾小時總是睡睡醒醒。在杜拜最後一次轉機後，我回到待辦事項，這次的任務是讀完一本書。飛過英吉利海峽時，我讀完了最後一頁，完成了 2/3 的目標，睡覺得再等等。

卡爾 1月 10

事實證明，把聰明丸弄到手非常簡單。詢問過周遭的朋友後，我拿到數量可觀的莫待芬寧和 Attentin，而且沒有花一毛錢。這或許也說明了我的朋友都是些什麼樣的人。

閱讀莫待芬寧的資料時，它被形容為世上第一種安全的聰明丸。將大顆的白色藥丸從鋁箔包裝推出來時，我卻仍然感到一絲緊張，吞嚥之後，好像感覺到了些什麼，但效果非常細微，難以形容。我感覺整個人驚醒，猶如灌了五杯咖啡。

那天寫了大約二千字。但是因為晚上睡不好，第二天變得很糟，我變得暴躁又焦慮。試著要看書時，文字和句子卻像高速公路奔馳的車子，從視線前呼嘯而過；想寫東西時，用字措辭卻一個一個消失；在番茄鐘的五分鐘休息時間中，我走進浴室，盯著鏡子中那張沒有表情的臉。

這種經驗是普遍有之的嗎？為什麼我的精神渙散？本該是變得精神抖擻才對啊！在 Reddit 論壇搜尋後，很快便找到和我的狀況相似的例子，那個人吞了 100 毫克的莫待芬寧後，坐在圖書館念書，卻感覺有些異樣，用他的話說：

> 感覺略微比平常不舒服和焦躁。大約此時，也開始感覺注意力沒有平常集中。當時我正在寫一篇文章，但我發現打在電腦上的句子亂七八糟，像是忘記打最後一個字，或是打出來的不是想要的字，而是另一個字首

相同的字。

安德烈 1月 12

這兩天過得迷迷糊糊。一切就從昨天開始，我半夜醒來，感覺遭受時差的強烈折磨，雖然設法繼續睡，卻只是枉然。也許我已經超越早晨五點的奇蹟，正在開創凌晨兩點的奇蹟。

就算倒時差也一定有展現高生產力的辦法，我這麼想著，在谷歌輸入了：「生產力＋時差」後，出現好幾頁建議，但全都是有關如何在商業會議上看起來精神奕奕，或是如何避免時差。因此，我必須自己想出對策，也就是順應現在的狀況，不是與之對抗，而是向時差投降，並盡量善加利用這段時間。

我去書房開始寫作，工作了一整個早上。到了下午，埋首書案十二小時後，我打 Skype 電話給卡爾，說明我要嘗試工作二十四小時的馬拉松。

「真的嗎？怎麼做？」他問。

「借助這個。」我說，給他看鋁製的藥物包裝。

「噢，莫待芬寧！我現在也在吃這個。你怎麼會有？」

「朋友給的。」我說，吃下第一顆藥丸。「那個朋友以前在這個智庫工作，他的老闆很神經，會在半夜三點發電郵給他。這些藥是唯一能讓他保持清醒的辦法。」

我回到工作上，很快便開始覺得頭腦變得比較清晰，聚精會神。我喜歡這個效果，沒有不愉快的副作用，或許感覺比平常笨拙一點，但除此之外，別無其他，我整個晚上持續工作，邊聽大衛・鮑伊的歌，因為當天稍早宣布了他的死訊。我心無旁騖地工作到半夜一點，感覺自己幾乎到達極度專注的完美狀態。二十四小時的工作即將進入尾聲，但我已算不清自己究竟完成了多少工作。

聽到大衛・鮑伊最後一張專輯的最後一首歌時，麗塔起床了。她還沒擺

脫時差又肚子餓，於是我把工作放一邊，幫她做了炒蛋。等她吃完後，我躺在她旁邊，這時已經半夜兩點多了，她靠在我懷裡。

我想必是打了個瞌睡，因為等回過神來時，已經是凌晨四點了。可我不覺得累，回到書桌前，想著應該來試一次四十八小時的工作馬拉松。天色漸漸轉亮後，我把麗塔交給保母，緩步走在街上，像個鬼魂到處飄移。

回到家後，我再吃了一顆藥，然後一直工作到午餐時間，這時我開始覺得精神無法集中又煩躁不安，於是到外面走一走，但沒什麼幫助。我試著回去工作，卻已不再處於極佳的狀態，我不太清楚自己在哪裡，或是應該做什麼。到晚上九點時，我放棄了，投入床的懷抱，且瞬間進入夢鄉。我總共連續工作了四十小時。

為了在午餐後啟動大腦，我沿著河邊散步。氣溫是零下二十六度，運河已經冰封，上面覆蓋著一層晶瑩閃爍的冰，只能聽見靴子踩過雪時吱吱的聲音。我在思考關於聰明丸的事情，使用那些藥需要一些紀律，總不能無視睡眠，全靠藥物，而且它會使你很容易就陷入錯誤的方向裡，這是很危險的。我有過幾次這種經驗：本來是要在書中查找資料，結果卻發現自己一直閱讀下去；本來在寫電子郵件，結果卻停不下來。聚精會神當然是好事，但前提是要能控制自己。我試著把聰明丸想成是減法而不是加法，它消除疲勞的效果大於幫助你醒腦。

連續睡了七小時後，四點鐘起床，我吃了第三顆也是最後一顆藥。此時我的第一本書快寫完了。

送麗塔去上學後，我在一家咖啡廳吃早餐。休息一下似乎不錯，但我實在太浮躁，於是用最快的速度解決了蛋和咖啡後，快速奔回家繼續工作。

幾個小時之後，我總算寫完，並把書寄給出版社。幾星期的辛苦工作終於畫下句點，藥效也逐漸消失，但我隨即想到現在得開始寫的另外一本書，終點還真是遙遙無期。

卡爾 1月 16　　莫待芬寧不適合我。雖然它的確能提振精神與提高專注力，但同時也讓我變得焦慮。

但我還不打算放棄。我從另一個朋友手上拿到另一種藥，叫做 Attentin。醫藥字典說它是一種興奮劑，可以提高專注力，使注意力更集中。這種藥一般是開給過動症的患者，特別是年齡介於七到十四歲之間的兒童患者。藥物字典上說，Attentin 的活性成分是右旋安非他命，藥檢可以檢查出這種藥。

稍後，我的朋友珍妮來了，她是一位心理學者兼作家。上禮拜我們一起嘗試了莫待芬寧，和我一樣，那個藥對她也沒有明顯的作用。吞下 Attentin 後，我們各自坐在電腦前，開始按照番茄鐘的時間工作。

沒多久藥效開始發作，感覺和莫待芬寧大不相同。我不再焦慮，變得很鎮定，渙散的精神也逐漸集中。我專注在自己的空間裡，寫作毫不費力氣。這種感覺不太像周遭事物的腳步變快，而比較像是時間和空間都不存在了。我不知道筆下文章品質如何，在短暫的休息時間中，我問珍妮我可不可以大聲念出剛寫的文章。

「寫得很好，不太需要修改。」她說。

我問她對於這個藥的感想，她說她很久沒有這麼有效率地工作了，但她的體驗和我不太一樣，吃藥後我變得溫和，是一種喜悅、唯我論式的感覺，而她則是變得精神奕奕、愛說話。一切都很順利，除了番茄鐘之外，它現在已無用武之地，每次鈴響，我們都覺得很吵，反而不休息繼續工作。十二點半時，我們快速解決午餐，按照番茄鐘計畫出去散步。但外面在下雪，我們也對散步興致缺缺，所以五分鐘後就決定打道回府，繼續工作到六點。之

後，坐下來喝了一杯紅酒，為我們生命中可能最有生產力的這一天舉杯。

得小心這些藥物，傍晚時我心中想著。雖然之前諮詢的醫師說，只打算吃幾個星期的話，就不用擔心，但這些藥的效果好到令人擔憂。入夜後，我和給我這些藥錠的朋友見了面，他說我的反應和那些有過動症的人一樣。我嚇了一跳，因為我從來沒想過自己有專注力上的問題。

一年前我就已經寫了另一本書的一半分量，但在密集工作兩個月後出現了倦怠期，於是決定暫時停筆。此後它就一直讓我牽腸掛肚。

我現在回過頭來寫這本書。在中午之前寫完了一個部分，但之後逐漸分心，在社群媒體上閒逛。因為沒有藥了，所以選擇用正念療法，我想應該對提高生產力和降低焦慮有幫助。我在 YouTube 上找到「身體掃描靜坐」的影片。引導者名叫喬恩・卡巴特－津恩，他是一位信仰佛教的醫師，也是暢銷作者。

我關掉手機，換上運動服，躺在辦公室的地板上，按下播放鍵，卡巴特－津恩溫柔的聲音從桌上電腦的喇叭流瀉而出。我想著我的腳大拇指——照他說的做，之後是小拇指，再來是其他的腳趾，一根接著一根。

我可以聽見我養的其中一隻貓走進書房，牠看著我，確認我還活著，然後便走開了。郵件傳入信箱，發出叮叮的聲音，但這些我都沒有放在心上，我進入了一個純粹虛無的美好時刻，彷彿沉浸在幽深清澈的水池裡。看似與提高生產力相反，但一結束，我便發現自己已坐回電腦前，著手寫另一章節。到了該去保母家接麗塔時，我已寫下了三千字，而且沒有依靠藥物。

卡爾 1月 18

到目前為止，我一絲不苟地執行計畫，每天寫二千字，

可以媲美史蒂芬·金。但我開始覺得很累、壓力很大，不但沒有睡飽，也沒有做運動。

我沒有依照生產力專家的建議一大清早出去走一走，而是起床後就直接進到廚房，吞了一顆藥又煮了咖啡。當咖啡因和藥效開始發揮作用時，我已經不知不覺埋首在工作中，把自己當成一部機器時有種解放的感覺，不必問自己的感受，或有沒有心情寫作，只管做該做的事。

我想起安迪·沃荷的話：「機器的問題比較少。我想當一台機器，你不想嗎？」

狀況好的時候，我可以在妻子和女兒睡醒前努力五到六個番茄鐘的時段。送愛絲特去上學後，我就回家繼續工作，並往時間表裡再添加十個番茄鐘。現在寫完了三章，還有三個番茄鐘時段。

前天晚上和莎莉坐在廚房時，我感覺手腕上有陣震動，是 Jawbone 手環傳給我的一則私人訊息。

> 你最近愈來愈晚睡。記住，大腦要有充足的睡眠才能處理新資訊。今晚請在九點二十七分上床。

「它說什麼？」莎莉問。

「它說我得趕快上床睡覺。」

「你會聽它的嗎？」

「大概吧。」

「等等，讓我把這事搞清楚。你的手環告訴你什麼時候去睡覺？」

那天晚上我真的提早就寢。第二天早上吃早餐時，Jawbone 傳來新的訊息。這次是「聰明教練」告訴我：

> 你準時熄燈了，做得很好。記住，每一丁點的睡眠都有助於集中精神。

今天會讚到不行。

老婆好奇地看向我。我給她看下面這則訊息：

成功按時上床睡覺，你處於最佳狀態。將睡覺時間定在晚上九點二十七分，讓這份成功陪著你一整天。

文字底下有一張笑臉和高舉在半空的雙臂。老婆搖搖頭，回去看報紙。

安德烈　1月19

卡爾一早寄來一封電郵，邀我比賽寫作。挑戰規則很簡單，就是比一天內誰寫的字數比較多。

午餐之前我寫了二千字。進行三十分鐘的正念練習後，我在鍵盤前坐下準備進入下一個部分。文字如行雲流水般湧出，到下午四點左右，我寫了三千七百字，卡爾只寫二千字，所以我贏了。讓他見識一下我的厲害！

卡爾　1月21

我是一台機器，活在數字裡。今天早上五點鐘起床，睡了七小時又六分鐘，其中深度睡眠有一小時十三分鐘、快速眼動期有一小時五十八分鐘、淺眠三小時五十五分鐘；醒來一次，醒了四十六分鐘。早晨喝了兩杯咖啡，以及吃下 200 毫克莫待芬寧；八點鐘吃早餐前完成五個番茄鐘時段，九點到十二點之間做了更多工作；三十分鐘的午餐休息時間後，再做四個番茄鐘時段。今天結束前，我寫了二千字。

我也養成了三不五時電擊自己一下的習慣，但是效果卻與預期相反。事實上，我開始享受電擊。

安德烈 1月 22

　　就我的記憶所及，過去這幾週是我生產力最高的時光。

　　我不想休息，但是卡爾幫我預約了一個為期三天的自我提升研討會，研討會的名稱是「地標論壇」，他說這可以幫助我進一步提高生產力。

　　我對地標論壇所知不多。卡爾在電話中提供我這些資料：「這個論壇承襲艾哈德研討訓練班而來，」他告訴我。「是維爾納・艾哈德創建的另一個自助課程。艾哈德從業務員轉職為人生導師，座右銘是『是者恆是，非者恆非』。」

　　我聽見他的聲音愈來愈興奮。

　　「這個論壇在一九七〇年代大為盛行，成千上萬的加州人跑去參加週末的訓練課程。有點像山達基教，讓你被打垮後，再被強化。」

　　通話結束後，我進一步查詢資料，發現維爾納・艾哈德被指控逃漏稅和亂倫後，在一九九一年將他的「智慧財產」從艾哈德研討訓練班授權給地標論壇。之後，有超過二千四百萬人參加過地標論壇，我很好奇會發生什麼事。

　　早上九點，我走進北倫敦某棟建築五樓一間天花板低低的會議室，裡面有一百多人面向講台坐在椅子上，他們大都才三十出頭，健康、迷人、衣著入時。一個塊頭很大，穿著褐色西裝的非裔美國人坐在舞台上，他是接下來三天的教練。

　　「有人說這是邪教。」褐色西裝教練說，「地標不是一個邪教。邪教是帶你脫離家庭，我們則是送你回歸家庭。」他問現場學員說：「所以，你們為何而來？」

　　房間裡一位年紀較大的先生立刻站起身說：「我是一家經營有成的企業董事，但我的內心沒有得到滿足。我想離開公司，做和馬相關的工作。」

　　褐色西裝教練感同身受的點點頭：「大哥，我聽到你的心聲了。」

還有六個人也起身，分享私密的生活細節，說明他們來此的原因。褐色西裝教練眼神掃過全場。「現在，轉向你旁邊的人，把促使你來到這裡的問題告訴他。」

　　我向坐在身邊的年輕義大利男子自我介紹。「我老闆派我來參加這個課程。」他淡漠的說，「那你呢？」

　　我想說我是被卡爾送來的，但是這種表示友好的方式有問題，所以我選擇把事情簡單化。

　　「噢，我沒辦法處理我做出的許多承諾。」

　　他點點頭，看著自己的手。

　　我們將注意力轉回講臺上，褐色西裝教練從痔瘡坐墊上起身，走向白板，用黑色筆畫了一個圓圈。

　　「這是你，它的裡面填滿了什麼？」他停頓了一下，仔細觀察全場學員。

　　「換你們發言了。」他說。

　　他把圓圈中央的空白塗滿黑色。「我們要做的就是把它擦掉。」他把圓圈擦掉，但擦到一半時停了下來，「這是你抓狂的時候。」他擦掉更多部分，「這是你**真正**抓狂的時候。」他繼續擦，直到圓圈全部消失。

　　他這是要完全擦掉我們的自我意識嗎？我不確定自己是否想被褐色西裝教練擦掉自我意識。

　　休息二十五分鐘後，褐色西裝教練看起來依舊容光煥發。「在課程結束之前，我們要完成這些句子。」他指著黑板，一句一句地念：

　　我一直假裝……

　　事實上……

　　言行不由衷的影響是……

　　我一直這麼做的同時，缺少的是……

　　站在這裡，我為自己和生活開發的可能性是……

我念著白板上的句子，一面試著在填空：

我一直假裝我想來這裡參加地標論壇。
事實上我寧可坐在咖啡廳裡讀瓊．迪迪安的作品。
言行不由衷的影響是我感到不安與不爽。
我一直這麼做的同時，缺少的是啟發智慧的可能性。
站在這裡，我為自己和生活開發的可能性是——
絕對別把胡說八道的話當真。

下一次休息時，我發了封電郵給卡爾，問他覺得是什麼在妨礙我。他用三個字回覆這個問題：你自己。

我回到座位準備上下一堂課時，褐色西裝教練正四處走動。「你們的問題，是花太多時間對自己講一些沒有意義的話。」接著他開始講方言。有一刻我誤以為自己在參加五旬節培靈布道會。他繼續喋喋不休了五分鐘，「這就是你腦海裡的樣子，而我們必須讓它停止，**立刻停止！**」

一個衣著昂貴的三十多歲女子舉起手。「我最近失業，但我還沒告訴任何人。」

全場的注意力轉向她。

「你得改掉消極的自我對話習慣。」褐色西裝教練說，「你看，那就是你的問題，消極的自我對話。」女子看起來一臉茫然，我也很茫然，因為改變對自己說話的模式絕對不會讓她的失業狀況有所改變。

又上了兩堂累死人的課後，今天終於結束了。離開時是晚上十點半，我已經待在這個房間裡超過十二小時，簡直快累壞了。在回家的路上，我坐在電車裡，開始做褐色西裝教練給我們出的功課：寫信給一個和他還有瓜葛未了的人。我要寫給卡爾。

「你覺得安德烈夠堅強,可以撐過那些課程嗎?」岳父大人在吃午餐時問我。

「待在那種地方會被洗腦,我是說真的,那些課會把人搞垮。」

「不知道,我真的不知道。」我說著,然後繼續專心地吃我的食物。

第二天的地標課程從早上九點開始。一位六十多歲,看起來處在空巢期的英國中產階級婦女一躍而起。

「我覺得我兒子是同性戀,但他不跟我坦白。」她啜泣地說。

「好,把妳的手機拿出來。」褐色西裝教練說。

女人從包包裡掏出手機。

「現在把妳兒子的電話叫出來。」

她開始撥號。

「現在到外面去,打給他。」

我看著她走到門外,把手機抵在耳朵上。

接著,一位三十五歲以上,看起來像退伍軍人的男子從座位上跳起來。「我得打給我爸!」他大吼,拿了電話就往外跑。

不久幾乎每個人都站了起來。「去打電話給和你有事情尚未了結的人。」褐色西裝教練下令道,於是上百個人開始胡亂摸索他們的手機,一面往門外走。我按兵不動,想著即將發生的幾場毫無心理準備的大規模情緒大屠殺。

後來褐色西裝教練問那位空巢女士事情的結果。

「噢,我兒子在滑雪。」她聽起來稍微鬆了一口氣。我忍不住想像在滑雪坡道上的兒子突然接到媽媽打來的電話,被問到他是不是同性戀。

接下來是一位五十多歲穿著奶油色開襟毛衣的女性。「我覺得兒子很難溝通。」她說。

「只有跟兒子是這樣嗎？那跟妳先生呢？」褐色西裝教練問。

「嗯，我跟先生的關係很好。」

褐色西裝教練又問了幾個問題後，那名女性突然崩潰。

「我小時候被家人性侵。」她邊說邊開始嗚咽，其他人都不作聲。

「這個問題已經成了妳的故事，而妳擺脫不了它。」

現在她哭出聲來了。

「三十八年前發生的事並沒有發生在現在，但你活得像是生活裡還在發生那樣的事。」

褐色西裝教練轉向全場。

「你們有聽過蛋頭先生嗎？」他環顧四周，「那是一個童話故事！你們會為了童話故事感到沮喪嗎？」

褐色教練又轉頭看那名女子：「妳陷在一個童話故事裡。發生的事，已經發生了，真正的傷害來自於妳告訴自己的那個故事。」

她的臉色變了，彷彿理解到什麼重要的道理。

「我不是在處罰強暴者，我是在處罰我自己。」她說。

「妳必須寬恕強暴者，這所有的一切都是妳創造的，妳創造了這個故事，所以妳也可以創造寬恕。」褐色西裝教練說。

休息時間我走到附近的咖啡廳，發訊息給卡爾：**你他媽的為什麼要送我來這個課程？**

回到會議室後，我看見我的名牌被放在一邊，上面貼了一張紙。寫著：「你想報名之後的課程嗎？」先前被問到要不要繼續時我拒絕過一次，現在看到這張紙覺得更煩人。

晚上十點走回車站時，我感到很空虛。我真的能強迫自己明天回去上最後一天的課嗎？

早上我接到安德烈發來的電子郵件。這是他的回家作業，而作業內容是面對自己言行不由衷的本質。

親愛的卡爾：

我一直假裝自己每件事都做得很完美——同時進行多項工作計畫、家庭生活等等，但其實不然。我感覺是被一系列不屬於我的承諾拖累。我基本上只是做著別人要求我做的事，這種言行不由衷的方式對我產生的影響是我覺得焦慮——好像有什麼災難即將發生。我也覺得自己只是在試圖讓大家高興，我不希望再變成自己生活裡的旁觀者或是工作管理員。

你的朋友

安德烈

我從來沒聽過安德烈講這樣的話。

午餐前後，我收他傳來的新簡訊：

你他媽的為什麼要送我來這個課程？

午後，他又傳來一封比較長的電郵，內容讓我更摸不著頭緒。他在最後一段寫道：

你說我不負責任是為了讓你自己好過一點吧？還是說我有讓你決定我們研究計畫的方向，這樣我就不用為了表達任何意見而感到焦慮？

也許莎莉的爹說對了，安德烈可能快要崩潰了。

早上九點我踏上熟悉的樓梯去參加地標論壇最後一天的

課程。褐色西裝教練轉頭看我們：「如果你們想改變人生，就得招兵買馬。」

禮拜二要舉行「畢業典禮」，主辦單位請我們帶親朋好友來並鼓勵他們報名。

「現在我們來處理一下關於行銷的事，」褐色西裝教練說。「這只是要和你們所喜愛的人分享重要資訊，而不是推銷。」

「可是萬一他們覺得這是邪教呢？」一個對此抱持懷疑的學員問。

「那他們就是最需要這個課程的人。」褐色西裝教練回答。

「但是如果他們拒絕呢？」另一個人問。

「禮拜二的畢業典禮就是一個向前邁進和展示你們的轉變的好機會。這不僅僅是推銷。」褐色教練說得很堅定。

處理完「行銷的事」後，褐色西裝教練再次面向全場。大家立刻踴躍分享自己的故事。

「我曾是個脫衣舞娘，但瞞著家人。」一名年輕女子大聲地說。

「我父母不知道我是同性戀。」一個中年男子如此坦白。

一個個悲劇故事紛紛出籠。褐色西裝教練面向最後一位分享自己故事的學員，「你把生命浪費在沒意義的屁事上，成天試圖用你的故事說服別人，這樣你才會感覺好過一點，但這只是在毀了你的人生。」他語氣堅定的說。

一切也都只是我的問題嗎？因為我自己的狗屁故事？

整個早上褐色西裝教練不斷回到這個主題：「你們太沉迷於自己的故事了。」他說，「如果這些故事消失了，你們覺得自己會死掉。事實上當故事消失時，你們就能找到自己。」

在另一次倉促的休息後，褐色西裝教練問我們什麼時候能真正做自己。

「畫畫。」有個人大聲回應。

「做手作的時候。」另一個人也跟著回答。

「滑雪。」第三個人發表了自己的意見。

「你滑雪的時間有多少？」褐色教練立刻問他。

「一年滑一、兩個星期。」那位喜歡滑雪的人回答。

「你真正在從坡上滑下來的時間有多久？幾分鐘？你每年就只活那幾分鐘嗎？你的人生簡直是個笑話。」他咧嘴笑著轉頭面向所有學員。「你們在想自己到底從這個課程裡學到了什麼。你們學到的是：『你們就是個笑話，你們的人生既空虛又毫無意義。你會一事無成、沒有希望。』」

太棒了！四百八十英鎊，三天，這些竟然都可以總結為「我的人生是一個笑話」。

褐色西裝教練開始坐在椅子上敲爵士鼓。他告訴全場學員：「我們走遍世界去追尋**這件事**。就**這件事**，」他說，指了指這個廳堂。「而**這件事**沒有任何意義。」

十二位潛伏後面的助理開始發小張的光面紙，紙片的一面印有名言，包括莎士比亞和寇特‧馮內果說過的話。褐色西裝教練引用《馬克白》[10] 的話：「你的人生充滿喧騰與騷動，但沒有任何意義。」

「我還是不能相信就是這樣，這是胡說八道！」一名學員用難過的聲音喊說。

「**就是這樣**。」褐色西裝教練微笑地回應道。

「親愛的，就是**這樣**。」他再說了一次。

她開始啜泣。

「現在已經沒事了，沒有什麼可做，也沒有什麼好說。如果妳現在可以了解到這一層，親愛的，妳就圓滿了，妳就完整、完美了。」

褐色西裝教練頓了一下，有節奏地搖晃他的腳跟。眼淚從那個女人的臉頰上滾落。

「妳覺得怎麼樣？」教練問。

她吐了一口氣：「很輕鬆。」

「跟著我。」褐色西裝教練邊說著邊牽起她的手，他們注視對方的眼睛，好像長年失散的家人站在無底深淵的邊緣。

他拍拍她的肩膀，看向全場。「你們只能用言辭來締造，從無中到有。但最重要的是，要向自己證明你知道該怎麼維持。」

我們走出房間後，大家都感到驚嘆。很多人看起來很愉快，好像終於找到生命的意義。就我的了解，這個課程基本要傳達的訊息是：「一切都是虛無，沒有任何意義，所以只要把事情說出來，什麼都能靠自己創造。」

當這場**表演**終於落幕後，學員們開始漫無目的地轉來轉去、互相擁抱，我則走向門口。坐電車回家時，我又讀了一遍白色光面紙上的語錄，包括卡明斯的詩句：「一切萬物像是夢想、希望、數月、數週、數日、數年或永遠的祈禱，還不如什麼都沒有。儘管這樣的想法可能會使他一無所有。」

卡爾　**1月24**　　幸好今天沒收到安德烈發神經的訊息。因為右旋安非他命的作用，我發狂地寫作，沒有時間也沒有意願去支持他個人的蛻變。

安德烈　**1月26**　　今天是我從地標畢業的日子，我帶好友彼得同去。我們走進擠滿了人的教室裡，坐在一個女人和她父親後面，我知道她父親週末已接到幾通令他心緒不寧的電話。

褐色西裝教練走上舞台向大家致歡迎辭：「你們在這個課程解決了哪些問題？」他問畢業生。大家開始發言：

「我和爸爸的關係！」

「我的動力！」

「現在我可以想像自己的未來！」

我轉頭看向彼得，驚訝地發現他露出饒有興味的表情。

「論壇結束後大家成就了什麼？」褐色西裝教練問。那位退伍軍人站起

身說：「我辦了公司內部的排球比賽！」另一個女人也站起來說：「我要促進中東地區的和平。」

「給你們看一個影片。」褐色西裝教練說完後燈光轉暗。歡快的音樂從喇叭傳出來，螢幕上出現幾個掛著「科學家」、「執行長」、「學者和老師」、「奧運選手」等頭銜的人，他們都盛讚自己從地標論壇得到的好處。

當影片結束後，褐色西裝教練重新回到舞台中央。「現在，請畢業生轉身面對你們的同行者，邀請他們一同參與。」我轉向彼得，念出事先發給我們的問題，我盡量保持真誠，彼得則配合地以挖苦的方式回答問題。離開時，我向褐色西裝教練致謝。「這對你來說是好事。」他回應。

十分鐘後我和彼得坐在附近的一家酒吧裡。相交將近二十年，這是我們最開放、最坦誠的一次談話。

卡爾 1月 28

從斯德哥爾摩市中心開一小時的車程，到達我爸媽位在海濱的家之後，我把車停在外面，天色已經全暗了下來。將食物放進冰箱，坐在廚房桌邊後，我開始寫明天的計畫表：

5 點至 8 點	寫完第六章的最後部分
8 點至 9 點	早餐、短距離散步、洗澡
9 點至 12 點	寫序和第一章
12 點至 13 點	午餐和短距離散步
11 點至 19 點	讀手稿、修稿
19 點至 20 點	晚餐
20 點至 21 點半	讀手稿、修稿
21 點半	就寢

安德烈 1月 29

今天一早，卡爾提議再來一次寫作比賽。我接受他的提議並工作了一整天，連午餐也沒吃。到大約下午兩點半左右，我寫了三千五百字；下午四點，我出去接麗塔，回家後煮了一些吃的；晚餐後，我上樓繼續工作到半夜，又寫了二千字，我簡直累壞了，或者說疲憊感只是我捏造的故事？無論如何，我為新書添加了五千五百字，比卡爾多二千字，這是事實，不是童話故事。

卡爾 1月 29

我遵守時間表行事。早晨五點鐘起床，吃了一顆藥，坐下來寫作三小時；八點吃早餐，散散步之後淋了個熱水浴，九點又開始工作；午餐時間稍事休息便到海邊快走，然後再回去工作；快七點時我闔上電腦，稿子就快要完成了。今天撰寫並修改了一共三千五百字，刷新紀錄。

安德烈 1月 30

梅兒在讀一本有關心理分析的書。她想聊關於小時候的事，這是她很少聊起的話題。我應該聽她說話的，可是又想到有可能說得沒完沒了……而我還有一本書要完成，所以我只和她聊了十五分鐘便回到電腦前。

卡爾 1月 30

我早晨五點起床，吞下 5 毫克的右旋安非他命後，坐下工作。

五小時後，我開始覺得怪怪的，大腦轉速變慢了。我想到自己還沒吃東西，可是又沒有胃口，所以便繼續工作。但情況不太對勁，我在發冷，只好

跑去躺在沙發上、蓋上毯子，再把筆電放在肚子上。我忍不住打瞌睡，醒來時，外面已然一片漆黑。我腳步踉蹌地走進廚房，倒了杯水喝，然後上床睡覺。

大約早上八點時，我和卡爾 Skype。他躺在沙發上，身上蓋著一條毯子，看起來可憐兮兮的，我立刻覺得心情變好。每次都是這樣，卡爾不舒服時，我就覺得很開心。受到卡爾生病的激勵，我繼續寫作；早上四點，我按下存檔鍵，我的書完成了。

卡爾 1月 31

鬧鐘一如往常在早晨五點鐘響起，但我沒辦法下床。天氣太冷，而我太虛弱。

現在是白天，我穿著內衣，腳步不穩地在屋子裡四處尋找體溫計，但只找到一支又舊又冰冷的肛溫計。

肛溫計顯示攝氏三十九點八度。

這個月難道就要這麼結束嗎？

我這個月天天早上五點起床；沒有和朋友見面，也沒有出去玩；沒有看電影、沒有讀小說。我活在自己的工作泡泡裡，把一切阻擋在外。

離目標已經這麼近了。

等我再醒來時已經天黑。床單是濕的，杯子裡的水空了。我再量一次體溫，現在是攝氏四十點四度。

我不知道現在是幾點，但這個月快過完了，而我還沒把書寄給出版社。閉上眼睛，我投降了，緩緩進入夢鄉。

明明不應該以這種方式結束的。

2月／身體

我用 Skype 打電話給安德烈。在我強迫自己進食時，他說明他在做的事，
他說他這個月的重點是跑步，我盡力隱藏失望之情。
跑步？從我認識他開始他就一直在做這件事；
他說他可能會去跑馬拉松，
馬拉松？他已經跑過那該死的馬拉松了。

安德烈 2月1

　　我獨自坐在家裡的椅子上，漫不經心地滑手機上網，打
開 Fitbit 應用程式，發現我一月整個月平均每天走不到一千
步，遠少於一天一萬步的目標，而這個情況即將改變，下一個要提升的是身
體，我的挑戰就是：在這個月結束時跑一次馬拉松。

　　這不是什麼特別的目標，因為每年全球各地跑馬拉松的人有一百八十萬
人。但這個目標有可能達成嗎？我在手機上輸入「一個月馬拉松」，出現的
第一個網頁標題是：「三十天馬拉松訓練計畫——還是說——你瘋了？」上
面說，只訓練一個月就去跑馬拉松是件危險的事，並警告我除非通過幾個基

本的測驗，否則不應該嘗試。我看了一下問題：

你一口氣爬四層樓有多累？不會很累。
你有經常跑步的習慣嗎？有，但去年都沒跑。
你一英里跑多快？我還真不知道。

　　我打開抽屜，找到幾件黑色緊身褲、一件輕便刷毛衣、一頂毛線帽，還有一雙原本是白色的襪子。我穿上破舊的跑鞋，並從臥室抽屜上層裡拿出一台舊 iPod。

　　今天是個寒冷陰暗的日子。我走到維多利亞公園，那是離我家不到一公里的寬廣公園地。這座公園在十九世紀首次開始開放使用時，《哈潑雜誌》[1]上有一篇文章形容此處是向大眾布道的地方，可以在這裡遇到信奉「馬爾薩斯主義、無神論、不可知論、世俗主義、加爾文主義、社會主義、無政府主義、救世主義、達爾文主義，特殊狀況下還有史威登伯格主義和摩門教」的信徒。他們都已經不在了，現在公園內可以看到新生代的意識形態：騎自行車的人、做混合健身的人、溜直排輪的人、走鋼絲耍雜技的人、靜坐者、做瑜伽者，當然還有跑步的人。

　　我設定好 iPod 上的計時器，然後出發，保持高速的步調。一開始感覺很好，但幾百公尺後便開始想吐；走到一英里（1.6 公里）時，我發出叫聲，接下來便放慢成走路的速度。不到七分鐘，還不賴。從這個步調來看，我有在一個月內完成馬拉松訓練的基本體力。

　　認真的馬拉松跑者一星期跑五到六天：四天跑五到十公里的短距離，一天跑長距離，還有一天是中距離；最後一天，應該要休息。我的計畫是從短距離開始，接著慢慢增加到三十五公里上限，跑馬拉松之前再縮短距離。

卡爾 2月 1

　　　　　　我仍待在海邊的房子裡，蓋著毯子躺在床上，並把筆電放在我的肚子上。中午時，我發一則短訊給出版社：這是我的定稿。附上書籍檔案，按下傳送鍵，完成！

　　收拾後我便打道回府。

安德烈 2月 3

　　　　　　今天我在冬季半明半暗的光線中繞著公園跑九公里，一面絞盡腦汁回想最早開始慢跑的原因。在我整個青春期，我會偽造病假單以躲過學校的體育課，直到大學才破天荒第一次為了健身嘗試慢跑，不過幾個月後便失去興趣了。過了幾年，搬到英國後，為了打發在省城無聊的生活才重新開始運動。再往後幾年，工作負擔愈來愈重，跑步則變成抒解焦慮的方法。

　　熬過格外難受的寒冬後，我開始跑更遠的距離。因為育有稚女加上工作帶來的壓力，跑個五公里或十公里則成了逃離這一切的方法。某個夏天，我報名半程馬拉松，連我自己都沒想到。就在那個熱得反常的日子，當我在哈克尼的街道上跑了二十一公里時，一個中年男子在我眼前昏倒，我在心中提醒自己以後再也別參加半馬，但是比賽結束後，我自豪地在街上把獎牌秀給幾個迎面走來的耶和華見證會的信徒看。大概就是這份錯覺般的自豪感讓我報名了那年秋天在阿姆斯特丹舉行的馬拉松，隔年我跑了倫敦馬拉松。

　　但到這裡就結束了。倫敦馬拉松結束後，梅兒說她受不了我把空閒時間拿去跑步，所以我便放棄了。這是將近一年前的事，而今我重啟訓練；以前我要花費三、四個月為跑一場馬拉松鍛鍊體力，但這次，我只有一個月。

卡爾 2月 5

　　　　　　現在我覺得好多了，該首次去健身房露臉了。

我以前只去過一次真的健身房，那時十五歲，是在滑雪跌傷膝蓋之後。記得我那時站在手扶桿前，像花式滑冰選手一樣前後踢動左腿。我依照著醫囑這麼做，卻有一群身材健美的人，在自由重量區看到我後，便指著我哈哈大笑、嗤之以鼻。從此我就再也沒去過。

收拾好運動包後我步出家門。走進健身房，卻沒看見舉重機，沒有跑步機，也沒有鏡子，這是一個有混凝土牆壁及黑色地毯的地下室，房間一側有金屬架，另一側有槓鈴和壺鈴，這就是健身房在二〇一六年該有的樣子，一座真正的混合健身房。後來我才知道原來混合健身是在二〇〇〇年由加州兩位健身企業家建立，後來傳播到世界各地一萬三千多家健身房。

我找到了像是我個人教練的那兩個人。他們站在小廚房裡，在一壺熱氣騰騰的咖啡前閒聊，其中一個人高大敏捷，另一個人則是矮小粗壯。

「你得嘗嘗這個才行。」敏捷教練說著，拿起一杯剛煮好的咖啡轉向我。

他們簡短講解了理念後，帶我到主場地，我在這裡擺了好幾個姿勢：跪姿、平躺、俯臥、抬腿、側躺、倒立；他們則一直在拍照、做筆記、交頭接耳。

「站上來。」粗壯教練指著一個像是科幻小說裡的漂浮滑板器材對我說。

「你在哪裡出生？出生年月？」

「一九八〇年十月。」我說。教練把資料輸入筆電。

「身高？」

「一百九十五公分。」

「現在拉動握把，雙手緊緊握住。」

他走過來，確認我的身體直立、雙臂伸直，然後回到電腦前。「77.6公斤。」他唸出來。「體脂肪 11.3%、肌肉 65.4 公斤。」

我從階梯上走下來，湊到電腦邊。

「七十七公斤！我想我應該增重。」我說。

「對，你應該多吃一點。我的意思是說，**好好地吃**。」

「吃多少？」

「如果你真的想要有所改變，就要每天吃750克的蛋白質。魚肉、雞肉、牛羊豬肉，除此之外，沒別的辦法。」

人們稱其為寶貝迪斯可。

星期六早上，在滑鐵盧火車站下方，我們進入一道畫滿塗鴉的小門。短短幾小時前，這裡擠滿了美麗、快樂的年輕人，在這裡調情和跳舞，但現在全是追在子女後面跑的焦慮家長。

我帶麗塔進入舞池。DJ一面播放浩室樂曲，一面隨著音樂擺動他的頭，這大概是我離地獄最近的一次了。但接下來，非自願地跳了大約二十分鐘舞後，我意識到這其實是極好的體能訓練，我扛了十五公斤重（也就是我女兒）在肩上，從一端移動到另一端，一般得去健身房才會做這樣的運動！我跳上跳下，在房間裡四處移動，噴出的汗水順著背脊流下。我女兒愛死這個活動，我也愛死這個活動，Jawbone手環亦是，它發出一陣震動。一萬步，健身目標達成！

我要回到海邊的屋子度過週末，可這次不是一個人，而是和妹妹一起帶著孩子們去。

中途停下來採買時，我對妹妹說我現在要吃大量的食物。

「為什麼？」

「為了鍛鍊肌肉。」我走向肉類區。

晚上，孩子們吃完晚餐時，我的餐盤裡還堆滿了烤馬鈴薯、燉羊肉。我繼續有條不紊的吃著，把大塊大塊的肉鏟進嘴巴，回到機器人模式，努力忘掉昨天吃的東西還沒消化完、早餐還沒有消化完、午餐還沒有消化完，而且

剛才吃的兩盤肉還在肚子裡。

　　吃完第三份後，我對著清空的盤子拍了一張照片。「你在幹嘛？」妹妹問。

　　「我在記錄吃過的東西，妳看。」我給她看新下載的應用程式MyFitnessPal。這好像是市面上最熱門的食物紀錄應用程式，使用人數多達八千五百萬人，多驚人啊。它幫助我記錄自己吃的食物，然後把它分解為卡路里、碳水化合物、蛋白質、脂肪。

　　「就拿這頓晚餐來說，一共是 2,242 卡，100.6 公克碳水化合物、117.1 公克脂肪、114.7 公克蛋白質。今天一整天下來是 4,349 卡。」

　　妹妹看著螢幕，無動於衷，不置一詞。

　　「我也下載了一個應用程式記錄大便，」我告訴她，「叫做『便便達人』（Poo Keeper）。」

安德烈 2月 8

　　讀了《跑者世界》[2] 雜誌中有關高強度間歇訓練的文章後，我被一個叫做「法特萊克法」[3] 的特殊方法深深吸引。依照這個方法，我一開始慢慢跑，之後加快速度，卯足全力快跑，然後再放慢速度，接著再加速。剛開始的幾次加速很容易，但在幾次飆速六十秒之後，感覺很不舒服。一個遛狗的女人目光擔憂地看著我，我又跑又叫，慢跑和喘氣，重複這個模式直到結束，然後便倒在地上。

卡爾 2月 8

　　早上做了墨西哥煎蛋。我把一顆洋蔥切碎和蒜泥一起炒，然後將三條每條 150 公克的西班牙辣香腸切成小片後加進去，炒到呈褐色時，加一罐 400 克的番茄和一些辣醬；等醬汁變得濃稠美味後，再打三顆蛋進去，加入一把乳酪絲。最後我將這些食材輸入應用程

式：1,800 大卡。四人份的美味早餐，對我來說是一天完美的開始。

我用 Skype 打電話給安德烈。在我強迫自己進食時，他說明他在做的事，他說他這個月的重點是跑步，我盡力隱藏失望之情。**跑步？**從我認識他開始他就一直在做這件事；**他說他可能會去跑馬拉松，馬拉松？他已經跑過那該死的馬拉松了。**

我吃完這份足以引起心臟病發作的早餐後，又再去健身房做些測量。他們在我胸部綁上一條帶子，叫我在一個盒子上來來回回地走。走了十分鐘之久，他們拿掉綁帶，一面寫下一些數字，一面竊竊私語。敏捷教練拿出一個二十公斤重的槓鈴，要我用各種不熟悉的方式舉起它。每做一種新練習時，便再加上一些重量，然後寫下數字，反應冷淡。

我淋浴時，覺得累斃了，那個粗壯教練走進來，手上拿著一個粉紅色雪克杯。

「高蛋白奶昔，喝掉它。」他說。

繞著公園跑完三圈後，我放慢速度，伸展兩條腿。看了看新應用程式 Runkeeper，我是這個健身應用程式的四千萬名使用者之一。「活動完成。」一個女聲這麼說，告訴我精確的距離和成績，接著一則提醒從螢幕上彈出來，問我要不要拍一張照。**「何樂不為？」**我心想。應用程式繼續問：「要將跑步紀錄分享給朋友嗎？」「不用，謝謝。」我回答。我相信我的朋友們不會想了解我健身過程中一連串的紀錄。

卡爾 2月9

我躺在健身房地板上喘氣，嘴裡都是血的味道。

在健身房裡待了將近二小時後，粗壯教練建議我以一個稱為「塔巴塔間歇訓練」[4]的特殊運動方法來結束今天的練習。一九九〇年

日本科學家田畑泉在日本競速滑冰隊工作時，發現這個訓練法，當時他比較兩個組別，一組進行長時間中等程度的訓練；另一組進行間歇性高強度訓練。教練說，結果顯示後者的高強度訓練效果更好。

方法很簡單。就是二十秒高強度訓練後休息十秒鐘，重複八次。

我爬上划船器，把腳綁好。

「像你從沒划過船一樣划動機器。」粗壯教練喊道。我照他的指示，在划船器上前後滑動，一邊喘息一邊呻吟。二十秒後，我放開把手，氣喘吁吁。

「划！」他又大喊。五個回合後我已經不知道自己身處何方，等我完成八個回合，身體已經和心靈崩離，雙腿和雙臂都在抖，汗水從臉上流淌而下。教練把我的腳從機器上卸下時，我像一條濕透的內褲落在地上。

安德烈 2月 10

　　卡爾打電話來時，我正看著最後一道日光從冬季的天空裡去。他說我不夠投入，因為在他進行瘋狂的飲食計畫，以及花大錢請個人教練時，我卻只是像平常一樣繞著公園跑而已。

「我告訴你，我是按照我的訓練計畫在進行。」

「但這很無聊，你已經跑過馬拉松了，做點新鮮的嘗試吧。」

「比如說？」

「在手指裡植入磁鐵怎麼樣？」

「什麼？」

「我昨天發電郵給一位人體駭客[5]，他說在手指裡植入磁鐵是現在最潮的東西，可以讓人有第六種知覺！」

「馬拉松跑者要第六種知覺幹嘛？」我回應。

「這不是重點，重點在於你應該挑戰極限。」卡爾回答。

我沒說話。

「那挑戰鐵人？」

「卡爾，挑戰鐵人要花一年以上的時間訓練。我只有一個月，我覺得跑馬拉松已經很吃緊了。」

「隨你吧。」他說完後掛上電話。

卡爾 2月10

「我們要給你一個驚喜。」敏捷教練說。

「什麼驚喜？」我說著把槓鈴放到地上。

「我們幫你報名參加一個舉重比賽。」

「你們做了什麼？」

安德烈 2月12

早晨六點四十五分，包括我在內的幾個人在磚巷貝果店外的紅磚道上等待，這時一個戴著螢光跑步配件的中年男子，踩著發出亮光的鞋子朝我慢跑過來。「嘿，你們好。」他大喊，流行音樂從手機大聲放送出來。他繞著這個小團體給我們每人一個擁抱。見他要過來，我便先發制人舉手擊掌閃過他的親密動作。

英國的跑步團體有好幾百個，我參加過其中一個，是因應新興的集體健身潮流而生的團體之一，綜合了體能鍛鍊及其他活動，包括有 GoodGym，人們可以兼顧跑步並做對社會有益的活動；Run Dem Crew，將跑步融入嘻哈團體；還有 Midnight Runners，在派對中混合跑步。現在這群貝果跑者一邊用貝果和咖啡做社交，一邊跑十公里。

我們七點整出發，穿過通勤族往河岸跑，每跑幾百公尺便停下來，然後領頭羊開始拍照。「跳！」他說，「舉起你們的手臂！」稍後便會在臉書社團的頁面上看到這些照片。

我們穿過市區返回原處，約一小時後，再次停在貝果店前。我覺得很累，但心滿意足。大部分跑者走進店裡買了貝果，不過我沒有，因為我在實

行低碳水化合物節食計畫，禁食麵包。

卡爾 2月 12

　　距舉重比賽剩下九天，我必須學會兩種舉重。第一種叫抓舉，要一口氣做連續動作，把槓鈴舉過頭頂。過關的條件是雙臂必須舉得筆直；第二種叫做挺舉，先將槓鈴舉在胸前，第二個動作才是將槓鈴舉過頭。我們用輕巧的掃把，一步一步練習每個步驟，背脊挺直、挺起胸膛、曲膝、伸直手臂。將槓鈴舉過膝蓋微微上拋，當槓鈴往上時，必須蹲到長桿下方，用伸直的手臂接住它。

　　從健身房回家的路上，我去一家商店買了十件運動衫、十雙中筒襪、兩件短褲，因為我現在是一天洗兩次澡，不斷換衣服。我們家看起來像是一個置物間，潮濕的運動衫和襪子都披在門上晾乾。

　　我無時無刻都在流汗，不只在該流汗的時候流汗，連睡覺、吃飯、躺在沙發上都會流汗。

安德烈 2月 13

　　清晨派對是舞會與健康度假的奇怪組合。

　　網站上建議要「穿可以流汗的衣服」，我不太確定這句話的意思，所以看了一些以前的清晨派對活動的影片。一九八〇年代的緊身運動衣褲似乎很受歡迎，於是我決定穿著運動長褲、背心，及一件保暖用的連帽上衣，最後戴上在抽屜底層找到的棒球帽。

　　會場在通往倫敦市中心的高速公路下面。一名文青船夫在入口處和我打招呼，並在我的額頭上貼了一張貼紙，接著一位穿著粉色皮草裝的女人給了我一個深深的、真誠的擁抱。我交出一張二十英鎊的鈔票，又被擁抱兩次後，走進會場。

　　讓一個穿著粉紅色熱褲的女子為我的臉彩繪後，我便衝進舞池。色彩明

亮的經幡、大愛心和巨無霸的印度神像畫從天花板上垂下。場內的人尚少，有一個留著飄逸雷鬼髮辮頭的高大嬉皮、一個看起來很迷幻的美籍印度人、一個太空犀牛。來跳舞的人漸漸變多了，大多數人看起來像經常上健身房的人。

開始跳舞後，我的 Jawbone 手環發出像是讚許般的震動。不久後一個 DJ 走上舞台，開始放充滿動感口號的音樂：「我們在狂歡之中！清醒的銳舞吧！感覺這份愉悅吧！」

跳舞跳了一小時後，我走到「精力站」，點了一杯清爽綠色果汁、一個甜菜蛋白質球。接著一位火舞者出現，音樂變得更加激昂，群眾跟著歡呼。

「這是生命中最完美的時刻！」DJ 以蓋過音樂的音量大聲吼說，「我們是清醒的人，我們的心是開放的。現在是星期六的早上十一點！」

差不多中午時，我往出口處走去，經過那位身著粉紅色皮草的職業擁抱者身邊時，她裝出一副失望的表情。有兩個工作人員站在外頭抽菸，我聽見他們兩個在那邊鬥嘴，並低頭看了看 Jawbone 手環，我已經超過今天的健身目標了。

卡爾 2月 15

從我第一次量體重到現在已有一星期，當時 77.6 公斤。一星期的強化訓練和 4,000 卡的飲食下來，我現在有 82.9 公斤，我的體脂肪增加到 12.8%，肌肉量也直線上升。

總而言之，我增加了 5.3 公斤，這是顯著的進步，如果保持這個步調，每週增加五公斤，我可能有資格報名這個夏天的相撲比賽。

回家後我給自己做的午餐是 400 公克的炸雞加上 250 公克的水煮花椰菜，坐下來一邊看 YouTube 的舉重影片，一邊機械化地吃掉盤子裡的午餐。

今天是我的休息日，做完一堂活力瑜伽後我到一家佛教徒咖啡廳休息。根據我的新聖經《跑者世界》，瑜伽是馬拉松訓練的理想輔助。在我坐下來準備開動時，卡爾傳給我一張照片，上面是一大盤雞肉，我把蔬果汁和素起司蛋糕的照片回傳給他，希望讓他有所領悟。

在健身房裡待了幾小時後，我向粗壯教練買了一件背心，這是職業舉重比賽上必須穿的背心，這是件低領無袖的黑色緊身背心，我看著鏡中的自己，悲哀的是，背心下面的肌肉還不太多。

我們分道揚鑣後，我慢慢走在城市的街道上，覺得很焦躁又緊張，想像著舉重比賽前會有藥物檢測，萬一檢查出我上個月吃過聰明丸怎麼辦？

我傳訊息給那位給我藥的朋友。他說藥幾天後應該就會被排出體外，但建議我再上谷歌查詳細的訊息。他說對了，用藥後四、五天就無法從尿液或血液中查出藥物，然而卻可以從我的頭髮中查到。

當天晚上，我坐在廚房桌前，仍然感到不安，我想到所有被我忽略的事。我已經不再於待辦清單中添加新事項、電子郵件應用程式提醒我，現在未讀信件有六千封以上。我在椅子上坐立難安，看著那一大袋占了半個水槽的蛋白質粉，我該喝第三次，也是最後一次蛋白質奶昔，但我沒心情，決定反抗自己，略過這次奶昔。這個微小卻有象徵意義的反抗行動，使我振作了起來。

泡熱水澡時，我打開日本知名小說家村上春樹寫的有關跑步的書，我剛剛才跑完二十九公里，是我的最長紀錄。村上說他討厭競賽、渴望獨處，所以跑步對他來說是最理想的運動，我喜歡這

個觀點，在這一頁摺角做標記。接著他描述自己跑一百公里超級馬拉松的歷程，跑過四十二公里的標誌時，他必須和身體的每一個部位對抗，但是當疼痛的藩籬被打破後，他便在「是我，但同時也不是我」的狀態下繼續跑步。**他說那是個「非常靜止、寧靜的感覺」。**跑步不只是逃離家庭或死亡，而像是撤退到非存在的存在主義狀態。不知道到月底我是否也會有那樣的體驗。

卡爾 2月 17　　　　凌晨四點，我從可怕的噩夢中醒來。夢中我參加一場舉重巡迴賽，有三個男子進入房間，他們三人是穿著黑白條紋襯衫的裁判。

「禁藥管制。」粗壯教練在我耳邊小聲說。

那幾位裁判向我們走來，他們排成一直線，愈走愈近，盯著我。接下來他們拿出剪刀，要剪下我的頭髮送到實驗室，然後又找到我用的藥，我不僅失去參賽資格，也許還會被送去警察局！

安德烈 2月 17　　　　接近傍晚，外頭在下雨，我還沒出門練跑。黑暗的思緒在我腦內打轉，不過我想起在地標論壇中學到的重要一課：**編故事是你的敵人。別思考，只管往前跑。**

我轉到自動駕駛：穿上跑步裝束，去公園，跑步！

回家的路上，經過一群在吞雲吐霧的青少年旁邊時，一個念頭閃過心頭：**但願他們能夠醒悟，不再浪費生命，開始運動！**

才練跑幾個禮拜，我就成了一個歌頌慢跑的人士。

卡爾 2月 18　　　　傍晚時分，我在超市裡。又在健身房裡度過漫長的一

天，當我在走道上來回採購雞肉和牛奶的同時，手機震動起來，是學術出版社寄來一封電郵。

「我們已讀完你的手稿了，」信件開頭這麼寫，「但我們認為這份原稿在現階段恐怕無法達到出版的標準。」編輯解釋原因：「不夠扎實，未達到學術著作的水準」，並用我認為是居高臨下的口氣又補上一句，「我們希望你重寫一份。」

回家後，**我打開筆電寫一封簡短的電郵，要求出版社撕毀合約。這不是我平常會有的反應，是什麼原因引起這種粗暴的回應？**我在刷牙時心中納悶，有可能是吃下肚子的那些雞肉惹的禍，或者是那些肌酸粉，也有可能是蛋白質奶昔，抑或就只是因為我一整天都耗在健身房裡。

我在家工作到一半時有人敲門，是送貨員送來一個紙箱裝的大包裹。我回到辦公桌前將它撕開，裡面有三本書。第一本是提姆·諾克斯寫的《跑步的學問》[6]，是一本寫給跑者看的醫學教科書，將近一千頁，差不多有 1.8 公斤重。我開始翻看薄薄的書頁，書裡有骨骼架構的照片，並用圖表比較跑步菁英們最大的耗氧量，還有訓練表。

第二本書是喬治·席翰的《我跑步，所以我存在》[7]，這本書內容少了許多，裡面的章節包括「理解」、「成為」與「折磨」。作者（是位慢跑醫生）形容自己是齊克果、愛默生、羅素等哲學家的傳人。這本書在一九七八年出版，也就是一九七〇年末跑步風潮正興盛，五百萬美國人開始做慢跑運動的時候。湯姆·沃爾夫稱這段時間為「唯我的十年」，這時期有許多人陷入自我成長的執念。我想起一九六〇年代的雅痞傑瑞·羅賓說的一句話，他在一九七六年出版的自傳《三十七歲長成人》[8]中說，在過度沉溺於青年國際黨的享樂主義多年後，他「允許自己『變得健康』和快速甩掉三十磅」，並形容慢跑是他「深入自我的旅行」，這種文章無疑會被湯姆·沃爾夫評為自戀。

第三本書，索爾・戈塔斯寫的《跑步：全球歷史》[9]，規劃了較長的時間表。在這本書中，一九七〇年代的跑步熱潮顯得微不足道，戈塔斯的書中充滿有趣的故事，日本僧侶花費好幾年跑一座特殊的山追求禪道；古印加帝國的信差要跑很長的距離；十七世紀在英國出現的裸體跑者；第一個現代娛樂跑步俱樂部在一九六〇年誕生於紐西蘭的奧克蘭。跑步的根源比我想像的更為深遠。

卡爾 2月 19　再度站上磅秤，體重輕了一點，從 82.9 掉到 81.7 公斤，但長了更多肌肉。現在肌肉有 70.5 公斤，上一次是 68.8，再上一次 65.4 公斤。

「這不全是肌肉。」粗壯教練說。

「是水分嗎？」

「呃，也不全是水分。」他笑著說。

安德烈 2月 21　今天是我第一次真正的測試。我可以跑完三十五公里嗎？昨晚臨睡前，我用名為 mapmyrun.com 的網站規劃跑步，透過這個網站告訴我確切的距離，依我的速度推估完成跑步大約需要的時間，以及消耗多少卡路里。

在里奇蒙站下車，走到我在河邊的起跑點，準備起跑。

就在差不多三小時後，我跑過位於倫敦另一頭的終點線，成就感油然而生。這個距離跑得完，那就應該可以跑馬拉松。我打開跑步應用程式，查看資料，再來一個自拍，然後走回家。

星期天一大早我們在哥本哈根郊區跨過一個睡在車站外的年輕男人，這裡的街道空曠又荒蕪，天空很灰暗，地上薄薄積了一層雪。

我們找到一扇門，上面掛了一個寫著運動俱樂部的小牌子，於是便步下陡峭的階梯。我把擦得光亮的 Blundstones 靴子放在堆積如山的運動鞋旁，走進一個兩邊是板凳和置物櫃的房間，幾個穿著灰色連帽衫的壯碩舉重選手看向我，我換上背心開始暖身。在我的名字被廣播出來後，我穿過狹長的走道，走下幾個台階到大廳去，兩位教練跟在我身後。

還有一分鐘，廣播人員說。

我走進那間大健身房，在碗旁邊停下來，撲了一些鎂粉在手上後走到台上，背後披著瑞典國旗。我看向三位評審，他們坐在幾公尺外，背後就是觀眾。

嗶——。三十秒。

緊握槓鈴，打直背脊、挺起胸膛。我垂直地抓起槓鈴，舉到膝蓋高度時，我跳了一下，把重量拋到半空，同時彎曲膝蓋，伸直雙臂，把槓鈴舉到頭上方。

嗶——。

我讓槓鈴落到地上，看著評審，再看向計分板，過關。兩位個人教練在場外歡呼。我第一次正確完成舉重動作，感覺妙不可言。

休息兩分鐘後，我回到台上，現在要嘗試四十公斤舉重。按照同樣的過程——槓鈴舉過膝蓋，伸直手臂，跳——又一次正確舉重。

之後是四十五公斤，挑戰個人最佳紀錄。我卯盡全力舉起槓鈴，讓它飛到半空超過我的頭，但當我要用伸直的雙臂接住它時出了差錯，太重了。我的手臂打彎，槓鈴以全部重量下墜，以可怕的力道直接砸在我頭上。

砰！

然後跌落地板。

蹦！

我轉過身腳步踉蹌，頭很暈，一個工作人員跑上來問我感覺怎樣。

「還好。」我說，有點破音，我摸了摸頭，沒有流血。

「挑戰失敗，槓鈴砸在頭上。」從長廊走回小健身房時，我聽見廣播的聲音。

我很失望，覺得丟人，而兩位教練設法鼓勵我。

現在不是悲傷的時候，我得準備下一次舉重：挺舉。

廣播傳來我的名字。我毫不費力地過了四十公斤那關，繼而要求挑戰五十公斤，這是我目前為止的最佳紀錄，容易得很。我覺得自己孔武有力，重拾自信。

「加到六十。」我聽見自己對主辦單位說。這不在計畫內，按照計畫應該做四十五公斤的抓舉（我剛剛失敗的那個），和五十五公斤的挺舉（這樣總和才是一百公斤）。

「別想得太難，放輕鬆。」敏捷教練說。

「別，卡爾，別放鬆。利用這股腎上腺素，上前迎戰，大幹一場。」粗壯教練打岔。「你做得到的！」

我覺得自己充滿力量，腎上腺素噴發。對，大幹一場吧。

我走上前，站到台上，還有一分多鐘準備。

「加油卡爾，你行的。」我聽見觀眾席傳來的呼聲和掌聲。我抓起槓鈴，直勾勾盯著正前方，所有聲音都消失了，什麼都沒有，只有槓鈴的重量和我的身體，我感覺自己很強大，前所未有的強大。

我就準備動作，挺起胸膛、伸直手臂，槓鈴停在肩膀下方。接著，使出渾身解數，舉起槓鈴，用屁股的力氣完美地舉起它，然後一跳，盡可能地跳高。時機正好，我可以感覺槓鈴高高飛到空中，停在胸前，觀眾席傳來更多歡呼聲和掌聲：「加油你可以的。」我又一次蹲下後跳起，盡全力將槓鈴推到

最高，伸直雙臂把自己置於槓鈴之下。腎上腺素依然在噴發，槓鈴就在上方，我感覺得到，在我的頭上方。我覺得雙頰轉紅，雙手緊緊抓住鐵桿。

嘩——。

我把槓鈴放到台上。六十公斤，我破了自己的紀錄，我跑下台，掩藏不住喜悅之情，雙臂高舉過頭。

我跑向兩位教練，他們一把抱住我。**這是我一生中最快樂的時刻嗎？**在這場比賽中，我的總成績排在倒數第二，在我的舉重組別是最後一名，不過怎樣都好，**我感覺像是贏了一場重大的勝利**。我加起來舉了一百公斤，抓舉四十公斤，挺舉六十公斤。我有股強烈的衝動，想寫信給拒絕我的出版社，告訴他們我總共可以舉起一百公斤。吃屎去吧，討厭的傢伙！

安德烈 2月 22

昨天我跑了三十五公里，但那不表示我可以跑完全長42.195公里的馬拉松。前面的三十五公里只是小菜一碟，這在跑者間是眾所周知的道理，讓跑者備受煎熬的是最後七公里。在身體哀號著要休息時，意志必須夠堅強。

下禮拜跑馬拉松時，沒有人群也沒有其他跑者可以帶著我跑，我能依靠的只有自己的意志力。

為了做好心理準備，我開始研究馬拉松的心理學。它指出了一個技巧：在跑到最後25%的賽程時，必須將大腦關機，反覆念誦正向的咒語。而村上春樹跑超級馬拉松時用的咒語是：**我不是人，我是一台機器。我不需要感覺，只要專心往前跑**。這個咒語太長又太複雜，這時我想到在地標課程的學習，於是決定了咒語：**別思考，只管往前跑**。

另一個重要的馬拉松心理調適方法是將長跑分為幾個小目標，這是首位在四分鐘內跑完一英里的羅傑‧班尼斯特所做的。他在心裡把長跑想成是「四個一分鐘跑四百公尺」的比賽，而不是四分鐘跑一英里。

晚上躺在床上時，我給自己一個心理任務，就是想像即將到來的馬拉松最後 25% 的路程。我設想幾個地標：國會大廈、皇家國家劇院、倫敦塔橋、沃平河岸旁的舊倉庫，我像駕駛無人機一樣行經倫敦中心，不用頭腦地迎向終點。

這個月已經接近尾聲，該驗收我的進步了。兩位教練讓我做和月初一樣的測驗。

「了不起啊，你看這個。」敏捷教練說，興奮地指著螢幕。

仰臥推舉（10 次）：從 40 到 47.5 公斤
深蹲（10 次）：從 45 到 60 公斤
抓舉：從 30 到 45 公斤
挺舉：從 40 到 60 公斤
運動心跳率：從每分鐘 170 到 155 下

「你幾乎所有指標都進步 50%。」

我臉紅了。當然，我的犧牲很大，除了想著我的身體，鍛鍊我的身體，記錄我的身體，甚至還會夢見我的身體以外，我什麼都沒做。

但一切都值得了。進步呈現在眼前。數字不會說謊。

安德烈 2月 27

我買了一個新的裝置，跑步手錶，花了一百五十九英鎊，這只是歐洲人每年在跑步上花費的九十六億歐元的九牛一毛，它看起來像一個有數字顯示的巨大橡膠製吸汗帶。我將它戴上手腕後，梅兒走進客廳。

「那是什麼鬼東西？」

「跑步手錶。」

「做什麼用？」

「功能很多，」我說，「可以記錄距離和步調，標示跑步路線，還可以播音樂！妳聽。」

但梅兒已經離開客廳。

我剛抵達倫敦，明天是安德烈的大日子，他要去跑馬拉松。這是件了不起的事，但又不太是。

我告訴好多人安德烈要以跑馬拉松作為計畫的一環。他們一開始都覺得他很厲害，但等我說他之前已經跑過兩次馬拉松後，他們好像就不覺得有那麼厲害，彷彿失去了神奇的光環。

今天是我的終極測驗。42.195 公里，從漢普頓宮一路跑回麥爾安德。

我面對著泰晤士河。這條河現在一點也不像是我所知道的這座城市裡那條湍急不祥的河流，反而像是一條鄉間怡人的水路。

開跑。我按下手錶。大約一小時後，抵達里奇蒙，我已經全心投入跑步。繞著邱園，手錶計算我跑過的距離是 21.1 公里，已跑完半馬的距離，還剩下一半。

我過河往達切爾西堤防跑。我的心理想像在這時啟動：還剩 25%。我跑過國會大廈（地標一），然後是皇家國家劇院（地標二）；跑到塔橋時（地標三），我知道自己可以完成目標；手錶記錄到 42.2 公里，進入沃平。我真的到了。

很快我就到了終點，Prospect of Whitby，一間位在河邊的酒吧。我做到了，**我做到了！**

我自拍了一張照片後進入酒吧，準備慶祝一番，喝杯應得的啤酒慶祝自己的努力。然而我卻有強烈的失落感。

卡爾一直說我這個月的目標不夠遠大，**去他的！**我想。**我要跑五十五公里，真正的超級馬拉松。**這樣就可以向他證明我的決心有多強！

我再次出發，跑向維多利亞公園，鮑伊的歌聲從耳機傳來。我覺得自己像個機器，一切只剩下一步跟著一步，我幾乎完全放空，只是繞著公園跑。

等碰到門，我的終點線後，我眼神空洞地望著一台冰淇淋卡車。五十五公里，達陣。現在要做什麼？我拍了一張自拍，又一張，再一張，然後像一個殘癱之人似地走回家。

卡爾 2月 28

晚上我回到安德烈家時，他穿著運動服來開門，看起來渾身痠痛但很開心的樣子。

「我跑完超馬。」他說。

「哇，超馬——那是什麼？」

「五十五公里！」

「哇塞！快過來。」說完便給他一個擁抱。他知道我一直期待他做超越馬拉松的事，而嚴格來說，這正是超越馬拉松的事，雖然絕對比不上鐵人。

安德烈在沙發上攤平，他的腿廢了。這雙腿剛剛達成偉大的目標。

稍晚我們在一家酒吧裡慶祝各自達成了目標，感到得意又放鬆。安德烈問我這個月做過最可笑的事是什麼。

我停了一會兒，拿出手機給他看照片。那是我的大便。我用便便達人將它記錄下來。

3月／大腦

俄羅斯人用 Muse 幫我的大腦做了幾次掃描。

我的腦波今天看起來比較平衡，他說，

一面把兩個黏片貼在我的前額上，並用紗布纏繞我的頭，

我看起來肯定像是來自一九五〇年代的精神病患……

大清早，我在去希斯洛機場搭機前往漢堡的路上，陽光灑入計程車車窗，大地即將迎來暖春。嶄新的一月就在前方，這次，我們要針對大腦做改善。

神經駭客（neurohacks），我將這個詞輸入手機後，出現一長串文章。「咖啡因，酒精，成藥及其他藥物都是神經駭客的形式，」我讀道，「這些物質每一種都可以改變或『欺騙』大腦，到達想要的狀態。」在航廈前步下計程車時，我敢保證能讓我變聰明的駭侵清單已經多到不勝枚舉，有些很簡單，比如說避免內心的雜亂、控制看新聞與社交媒體至最小量、聆聽古典音樂等。有些則聽起來有點奇怪，好比說用現在式說話、每四小時就睡三十分

以恢復精神；還有一些聽起來相當危險的，例如經顱直流電刺激法（或稱tDCS），也就是要用電流刺激大腦。

通過空蕩蕩的機場安檢後，我直接往書店走，找到一個叫做「聰明思考」的書架分類區揀選了三本書：《大腦超載時代的思考學》[1]、《心態致勝》[2]、和《快思慢想》[3]。登機後，我坐在位子上翻開《大腦超載時代的思考學》，讀到有些倒霉的人抽屜裡裝滿垃圾、常常搞丟鑰匙、記不住密碼、被電子郵件淹沒、時常失約等。這基本上就是在說我：我感覺自己慘澹無序的生活在陽光下暴露無遺。

我和安德烈道別後跳上計程車前往希斯洛機場，準備去紐約市。

在機場吃早餐時，我下載了 brain.fm，據稱是一款結合「聽覺神經科學與音樂，為消費者產生一種創新的非侵入式數位療法應用軟體」。我下載了他們的白皮書「Brain.fm 的背景：理論與演算法」開始閱讀。在「Brain.fm 音樂」裡面提到：「以產生神經元的波動來影響認知狀態。」上面有不同顏色標示的大腦，還有代表不同聲波與腦波的曲線圖與數值，我完全看不懂，但仍然買了一年份的軟體使用合約。我打開應用程式，裡面有三種模式：專注、放鬆、睡眠。

飯後我去一家書店，期間一直用「放鬆」模式聽 brain.fm。我選了兩本書《破解大腦：釋放大腦所有潛力的訣竅與技巧》[4]及《笨大腦：一位神經系統科學家揭露大腦真正的運作方式》[5]。

走出書店後，還有一個小時得打發，於是我播放 brain.fm 裡另一個三十分鐘的課程，這次我設定為「專注」模式。直到登機的時候，我已經翻完超過半本的《破解大腦》，但內容根本是胡說八道一通，這本書重複一些陳腔濫調，例如人們只用了 10% 智能等不切實際的幻想。排隊等候時，安德烈

（他剛抵達希斯洛機場，但在另一個航廈）傳來一個播客的連結，內容是記者喬許‧佛爾在練習記憶技巧一年後，報名美國記憶錦標賽奪冠的事。我拿起平板電腦下載他的書《記憶人人 hold 得住》[6]。

飛過甘迺迪機場上空時，我深深沉浸在記憶專家的故事裡。他們花不到一分鐘的時間便可以記住一副撲克牌的順序、背誦總統和首都、記憶沒完沒了的數字串，還有書中落落長的段落。我也可以學會這個絕活嗎？

3月 2 我這個月的挑戰是學習電腦程式設計，但我不曉得應該學哪一種程式語言？一星期前，我在一家文青啤酒館遇見一個朋友，他是自學的電腦工程師。他把啤酒推到一旁，拿出一台貼滿無政府主義貼紙的銀色外殼筆電：「這是你得學的程式語言，」他說。「派森[7]。這很簡單，連小孩子都學得會。」他打開一個黑色螢幕，輸入幾行綠色文字，按下輸入鍵，「世界你好！」幾行字跳出來。接著他打開一個網站，learnpython.org。「這個可以幫助你學習。只要上完全部課程，很快就可以具備基礎能力。」

派森是荷蘭人吉多‧范羅蘇姆於一九八九年為了打發耶誕假期無聊的時光而發明的。派森程式語言被荷蘭人稱作「永恆的仁慈獨裁者」。

我找到一本在線閱讀的書《如何像電腦程式設計師一樣思考》[8]，是寫給高中生讀的。書裡解釋了一些基本的課題，例如正規語言與自然語言的差異，還有語法學的基礎。閱讀程式設計的書是一回事，不過我知道，我要是想成為一位電腦工程師，就得親自動手操作。

卡爾 3月 2 「我竟然淪落到這裡來！」教授邊大叫，邊戲劇化地用雙手指著空無一人的長吧檯。我們原本打算出去吃一頓豐盛的

晚餐。但是誰讓他拒絕了我的書，所以我建議見面喝點小酒就好。

「我不太確定你是不是該寫書。」他說。

「為什麼？」

「我說的是，寫**書**。」

「什麼意思？**書**？」我學他強調的語氣。

「對我來說，在許多人為干預中，**書**是會留下**長久**烙印的那種，而我不太確定這是適合你做的事。」

我陷入沉默。

「也許你應該改寫部落格。」他建議道。

我灌下啤酒，接著又點一杯。

「我原本打算這個月來學法語。」

「法語？」

「對，這是我和朋友計畫的一部分。」

「哈，法語，那**太**簡單了。為什麼不學阿拉伯語或俄語？那才是**真正的**挑戰。」

我望向窗外的第六大道，打扮時尚的女性在街上行走，教授繼續說，但我已經沒在聽了。我們是這家寬敞的小餐館僅有的客人，坐在吧檯前，酒瓶與玻璃杯映照在鏡子中。

「你知道在哪裡可以找到大腦嗎？」我最後打岔。

「大腦？」

「對，我真的很想看看大腦，我從來沒看過。」

安德烈 | **3月 3**　　今天我開始上第一堂寫程式的課，我坐在辦公室裡開始工作，登入 learnpython.org。第一個練習不難，依據指示，我很快就看到「你好世界！」幾個字在螢幕上閃動。我把這個程式稍稍改寫

後，就成了「混蛋卡爾！」我像個小男生似的痴痴地笑，然後從螢幕上截圖，傳給他。

「不好意思，不知道這裡有沒有大腦的模型可以讓我看一下？」我說。

「去人類起源館看看吧。」服務台的櫃檯小姐說。於是我來到緊鄰曼哈頓中央公園的美國自然歷史博物館尋找大腦。

我走過存放野生生物的巨大展示櫃，步下樓梯，穿過天花板垂吊著一艘古代獨木舟但空無一人的空房間，進入了一個黑暗的房間。我盯著人類祖先標本，一個比一個高，愈接近現代，身上的毛髮就愈少，站得也愈直。

接著，在頭骨的展示櫃後，我終於找到人腦，燈光打在它上面，帶有微微的藍色。近看之後，原來是一個塑膠片裡面有盞電燈。

我很失望。不過在回去的路上，我看到一個牌子，**認識神經科學家**。我往燈光刺眼的實驗室裡看過去。

「現在是開放的嗎？」

「是啊。」一位穿著白色外套的女子回答我。

「我在找大腦。」

「那你來對地方了。」

在她資料旁的桌子上，我看見三個小展示櫃。

「這裡。」她說，並指著其中一個展示櫃，我向前走近，一個小貼紙貼在盒子上，寫道，**真正的人腦**。

旁邊是另一個大腦，被切成兩半，每一半上面貼著寫了數字的小貼紙。她給我一張加了護貝的紙，上面寫滿大腦各個部位的稱呼。

「你摸摸看。」這位神經學家遞給我一個小塑膠袋，裡面顯然有一個大腦。

「羊腦？」我問，一邊讀著袋子上的小貼紙。

「我覺得不是。我是在實驗室裡發現的，一定是標錯了，羊腦沒有這麼大，這肯定是人腦。我打算一會兒便要開始研究它。」

「摸起來很硬啊，像乾掉的黏土。」我說，手指在塑膠袋上移動。「我以為剛從頭裡拿出來的大腦摸起來應該很不一樣？」

「是啊，會柔軟很多。」

我想到烏爾麗克·梅茵霍芙的大腦，她的大腦用甲醛保存了四分之一個世紀，後來卻消失無蹤。科學家想了解她這樣一個愛好和平的記者和母親，後來怎麼會變成一個革命分子，投身於反抗國家的暴力行動。他們認為她的大腦不但可以提供解答，同時也是了解邪惡天性的關鍵。

「你看，媽媽，有個大腦！」我聽見有個小孩在我身後大叫並擠到桌邊。那位神經學家很快地對我失去興趣，轉頭面向小男孩。

安德烈 3月4

我在電腦前抬起頭，眼睛刺痛。同樣的簡單練習我做了二小時，卻毫無進展。程式語言比我想像得難多了。

卡爾 3月4

我讀完一本關於記憶力的書，現在到了實踐所學的時候。第一個挑戰是：記住所有美國總統的名字。我必須以熟悉的地方為基礎，構築一座記憶宮殿。我選擇的是我成長的地方，位在郊區的一棟兩層房屋，外帶一個車庫。

我想像自己走向這幢房子，但是現在入口被一台大**洗衣機**擋住。我從小視窗往裡面覷了一眼，**喬治·克斯坦札**被困在裡面，不斷轉圈圈。**喬治·華盛頓**。我繼續走上車道，打開信箱，拿出一台電腦，螢幕上是一個雙頭怪，一張臉是我朋友**喬治**，另一張是**亞當**。**喬治·亞當斯**（電腦讓我想到我在電

腦上看過喬治‧亞當斯演的這部影集）。我走上門廊前的幾個台階，在大門口外頭，鄰居**湯瑪斯**睡得很熟。**湯瑪斯‧傑佛遜**。我走進門，左手邊是一個小碗櫥，裡面的袖珍場景像**麥迪遜**廣場花園，中間的舞台上是**詹姆斯‧布朗**在唱歌。**詹姆斯‧麥迪遜**。走進大廳，**詹姆斯**‧龐德和瑪麗蓮‧夢露。**詹姆斯‧門羅**。

我暫停想像工作小憩片刻，環顧咖啡廳。人們坐在位子上聊天，但剛才的三十分鐘裡我不僅聽不見他們的聲音，也看不見他們的存在。

我繼續用奇怪的場景布置我的記憶宮殿。我把我那間老房間想像成一間陰暗的夜店，一個中國龐克在模仿法蘭克‧辛納屈（被稱為**法蘭克－林**）。他的臉上穿了很多洞。**富蘭克林‧皮爾斯**。

只剩下十一位總統要記，地方快用完了。我再次邁向屋外，走上車道，車庫外躺著富蘭克林‧德拉諾‧羅斯福，被埋在一大堆玫瑰下面。得把剩下十位總統塞進車庫裡的兩台車裡。

傍晚，在皮卡迪利圓環，一個二十來歲臉龐消瘦的瘦男子走過來自我介紹。

「你好。」他緊張地說。

幾天前我發電郵給一位神經影像數據分析員，我們約好見面。

「要去喝一杯嗎？」我問。

「咖啡。」他立刻回應。

五分鐘後我們在諾迪克咖啡，點了兩杯咖啡和一個肉桂麵包。他去洗手間，一分鐘後回到座位上。

「你知道的，運動是駭入心靈的最佳方法。我是山友，而且每天跑步，我的目標是攀登世界七大最高峰，包括在南極的那一座！另一個目標是一年內到 TED 大會發表演講。」

他是研究人類專注力的博士生。在我吃肉桂麵包的時候，他又去了一次洗手間。直到這次會面結束前，他起碼跑了三次洗手間。

「你聽過『23 與我』嗎？」他問。

我搖搖頭。

「就是可以郵寄做 DNA 檢測。」他拿了電腦，登入網站，給我看他的基因資料。「你也應該驗個血，可以幫助你最大限度地提高身體機能。我每六到八個月會做一次。」

他停了半响，看著天花板深思。「你還可以做什麼，想想看。**嗯**？當然了，你可以嘗試不一樣的**飲食型態**。還有什麼？噢對了，**姿勢**很重要，你要坐正，這樣可以增加腦波。」他挺直背脊，搜尋更多有關駭入心靈的資料。「對了，還有，你得少吃糖分、一定要避免加工食物。還有呢，**還有什麼？**」他又陷入思考。我把最後一塊肉桂麵包放進嘴裡，環顧咖啡館的四周。「對，就是這樣，你要有健康的社交環境。」

我還以為會有電擊大腦的建議，但這個人給我的全是**生活型態**上的建議。

卡爾 3月 10　我回到斯德哥爾摩，有滿山的東西要讀：五十份學生報告和兩本書。不過我沒有直接面對工作，而是拿起另一本書，托尼·布詹的《速讀》[9]，書上保證我的閱讀速度可以快到一分鐘讀一千字。

我旁邊躺著一套七冊馬塞爾·普魯斯特的《追憶似水年華》[10]。我已經讀完前四冊，花了我一年多時間。《追憶似水年華》有 1,267,029 字，超過四千頁。如果一分鐘可以讀一千字，不到二十一小時就可以全部讀完。速讀的世界紀錄保持者安妮·瓊斯一分鐘可以讀四千七百個字，以這個速度，她不到五小時就可以看完普魯斯特的套書。

這個方法的要訣在於把「聲音」驅離腦袋。布詹解釋，人們一開始閱讀的時候，都會念出文字。接著，開始默讀時，仍然會在大腦中將文字有聲化。只要戒掉這個「壞習慣」，就可以吞下大塊的文字，而不是一次只看一個字。

我亟欲練習這個方法，於是下載速讀應用程式 Acceleread 到手機上，開始上第一課：

專注看螢幕中央，試著一次看完所有文字，而不是從左往右閱讀。

兩到三個單字組成的字組開始在螢幕中央的白色背景上閃現。我必須一次消化所有單字，而且不能移動眼睛。不過看著閃爍的文字出現在螢幕上，感覺不像是閱讀，而像是盯著閃光燈。

下一課：

當一些文字被加亮時，請跟著從左往右移動。試著一次讀完整組加亮的單字，而不是一個字一個字的看。

文字內容被分成三個區塊，一次有一組被強調。我必須在讀完左手邊欄位的文字組後，將目光移動到中間欄位，再移動到右手邊的欄位。

練習幾個回合後，該測驗閱讀的速度了。瀏覽一篇有關豌豆嶺之戰的文章後，回答幾個問題。我用最快的速度閱讀，掃過一組又一組文字，不回頭看，照布詹說的。

一分鐘四百二十五字，理解 66%。

我真的理解剛才讀的文章嗎？並沒有完全懂，不過已經夠我得到 66% 的理解分數了，和世界紀錄保持者的分數一樣，不過她的速度比我快十倍。

已經接近黃昏，五十篇報告和兩本書仍是未讀狀態。

事情變得愈來絕望。我試了幾乎所有生活型態上的神經駭客方法，但一點也沒變聰明，我需要替代方案。

幾天前和那位年輕的神經影像數據分析員見面的時候，他簡單地提了一下 tDCS。當時我完全不曉得那是什麼意思，所以回家後搜尋了一下，tDCS 是經顱直流電刺激的縮寫，把電極放在頭皮上，用少量穩定的電流電擊大腦。

一名記者在《新科學人》[11] 雜誌上發表文章，陳述她在射擊練習場拿著 M4 突擊步槍打靶時，用經顱直流電電擊大腦，她的命中率在接通電流後大幅上升。還有很多篇文章敘述體育隊伍運用經顱直流電提高選手的成績、電腦玩家用電流刺激大腦後大幅提高擊殺率、實驗室裡的實驗對象在接受經顱直流電後，做認知測驗的成績提高等等。

我擔心這種做法有危險，於是查詢相關醫學文章，卻發現經顱直流電不會引起嚴重的不良反應。不過，對憂鬱症、酗酒、纖維肌痛、帕金森氏症、精神分裂患者倒是有正面影響。然而當我看見一篇統合分析說經顱直流電效果極其微小，甚至無效時，我逐漸升高的興奮之情被澆了冷水。

用電流刺激大腦可以幫助我學習電腦程式設計嗎？還是只是在惡搞我的神經？我迷茫了。

我和我媽坐在車裡，在往山上滑雪的路上。車程要三小時，為了有效運用這段時間，我決定來記銀行卡上的十六個數字。讀《記憶人人 hold 得住》時，我看到一個用來將數字轉成符號的系統，我現在記得是：

0 = C 或 S

1 = D 或 T

2 = N

3 = M

4 = R

5 = L

6 = Ch，sh

7 = G 或 K

8 = V 或 F

9 = B 或 P

我一次記四碼，將這些數字放進新的記憶宮殿，這次是我們家的廚房。我用瓦斯爐架，將第一組四碼放在不沾鍋裡面，第二組放入一個放義大利麵條的大碗中，第三組數字放進較小的平底鍋，最後把末四碼放在鑄鐵平底鍋裡。

經過約半小時的極度靜默後，我張開嘴背誦這十六碼。

「正確。」媽媽說，不過她已經覺得無聊了。

「妳想知道我怎麼背起來的嗎？」

「呃，不太想。」

「嗯，我一開始把每一碼轉成子音，例如零是 S，五是 L，六是 Shhh！」

「噢，這樣啊。」

「接著我要把這些字母放在某處，我用的是家裡的瓦斯爐，猜猜看我怎麼記住末四碼？」

「怎麼做？」

「我借用妳弟弟，讓他穿特小號制服，然後把他放進一個鑄鐵平底鍋裡。」

「為什麼？」

「末四碼是五六○○，對吧？」

「對。」

「妳弟弟叫做拉斯（Lars）。所以五，L；六，Shhh！然後 S 是 0，所以為了要記住兩個零，我讓他穿特小號（SS）制服。厲害吧？」

媽媽嘆了口氣。

「妳可以把我其他銀行卡拿出來嗎？」我說，然後把皮夾遞給她。「我也想把它們都背起來。」

「這絕對是我這輩子最無聊的車程。」她說。

安德烈 3月 13

今天我的大腦被一個俄羅斯人駭侵了。我在不計其數的文章中讀過有關他的事情，也看過他駭侵別人大腦的影片。

下午我抵達這個俄羅斯人的公寓。他給我一雙人字拖，然後我們走進一間被改造成實驗室的起居室。科技設備與相關書籍散落在桌子上，而武士刀旁的牆上掛著一幅裱框的海報，把大腦的每個區域都詳細地展現出來。

「人們使用經顱直流電刺激已經有一個多世紀，」他解釋道，接著拿出一個深色的小木盒，裡面放著一些配線。「這是十九世紀時刺激大腦的電子用品。」他說完把盒子遞給我。「俄羅斯從一九六○年代末期起，便用經顱直流電刺激過動兒。」

「我一直對蘇聯時期的神經技術很有興趣，像是雷射和電磁線圈。」他指向房間裡各式各樣的裝置說。有一個東西看起來像白色的小圓錐，其他的則放在盒子裡。

「我可以試試看這些東西嗎？」我問。

「當然。」他就在等我問這個問題。「我們可以用雷射刺激你的視覺皮質，再加上卡西納（Kasina）刺激。這和用在憂鬱的烏克蘭退休老人上的雷射是一樣的。」

他一面笑一面消失在另一個房間，一分鐘後拿著一個盒子回來，拿出雷射機器。那部機器讓我想到一個超大的白色塑膠湯匙，一頭有一堆大型 LED 燈。之後他打開一張日光浴躺椅。「我都給我的白老鼠用這個。」

我躺上白老鼠用的椅子後，他在我頭上戴了一個頭箍。「這是 Muse 掃描器。」他解釋道，接著交給我一台平板電腦，螢幕上有一個馬蹄形的影像。馬蹄形所有的光線都亮起後，他按下「掃描」。電擊進行約二十秒，可是我什麼感覺都沒有。六個大理石花紋般顏色相間的圈圈出現在螢幕上。

「你左腦前方的 α 區活動得很劇烈，」他說：「你應該有些焦慮。」

「我沒有感覺到焦慮。」我回答。

「呃，佛洛伊德和榮格告訴我們，有些感覺是無意識的。」

接下來，這位俄羅斯人幫我戴上一副護目鏡和耳機，他輕柔的呼吸聲，讓我想起小時候家庭醫師幫我看診的情景。他把那支湯匙狀的雷射儀器放在我後腦，我向後躺。

等了大概十分鐘之後，耳機開始傳來催眠的快版電音舞曲，護目鏡亮了，先是只有一片黃色，和一個模糊的圖案開始緩慢在移動，之後影像和音樂變得比較清楚。顏色在變化，這個模擬影像出現在我眼前，我甚至可以看見眼睛後的微血管，感覺像是一場迷幻之旅。我突然想到我坐在剛認識的一個俄羅斯人家裡，而我全然不知道他在做什麼。

過了大概一個小時，模擬情境慢了下來，回到中性的聲音和柔和的色彩。我開始活動手指和腳趾。

「好了，你現在有什麼想法和什麼感覺？」他邊摘下護目鏡和耳機邊問。

「非常強烈。」我回答。

「嗯。」他說，並再次用 Muse 頭箍測量我的大腦。現在我大腦的左右兩側變得平衡多了，焦慮感消失，且後腦的視覺皮質活動增加。

「那是什麼？」我指著一個電線往外伸的頭盔問。

「神的頭盔。它可以同時刺激大腦所有區塊，帶給你宗教性的體驗。」他

告訴我幾年前用十六條電磁線圈刺激大腦二十分鐘時經歷的突破。

「在那之後我開始有了一些個人心得。」他說明。「我覺得自己像個超人，一個晚上讀完六百頁很困難的技術手冊，徹夜不眠。這樣的經驗持續了一星期，在那段時間中，我發展了現在仍在持續研究的核心假設。那星期結束時，我試了六十四條線圈。」

「哇塞。」我說。

「對，但結果不佳。在那之後我憂鬱了一個月，所以我的經驗是，只增加線圈未必能改善結果。」

幾小時後，我穿過夜色走回地鐵站時，視線好像變得清晰鮮明。到家後，我做家事，洗碗、煮晚餐、打掃，一切都是高效率完成。我有超乎尋常的精力與專注力，很像吃莫待芬寧的經驗。

今天我用剛學會的速讀法讀完一本書和五十篇學生報告，不，我或許該重新措辭：今天我略讀了一本書和五十篇學生報告。

我跑去書房，像拿到新的色情雜誌的少年，撕開剛剛在郵筒收到的箱子。裡面是一個白色盒子，用一個透明外殼裝著我買的 Muse。

我下載幾個應用程式，輸入個人資訊後戴上 Muse。它看起來像一個塑膠髮帶，像年輕時的貝克漢用來固定頭髮的東西。

iPad 上出現了夏威夷海灘的影像，輕柔的海浪向我捲來。

設置完成。花一點時間放鬆，覺察你的呼吸，一個帶著加州口音的女人說。不用改變呼吸的速度，你的身體知道如何呼吸。

輕輕拍打海岸的波浪變得猛烈，這是我的心靈過度活躍的跡象。**專注於你的呼吸，數吐息數到十。**我嘗試以數息的方式集中注意，風聲平靜了一會兒後，狂風再起。

　　風力變強的時候，表示你的心靈過度活躍。別擔心，開始從十倒數到一，不要評判你的感覺。我深深的吸吐，試著平息浪濤。

　　完成。點擊螢幕查看你的資料，那個冷靜的聲音說。圖表顯示我靜坐五分鐘內大腦的活動狀況，有一些時刻落入鬆弛區，但大部分都高高處於過度活躍的範圍內。

　　我開啟另一個叫 Opti Brain 的應用程式，出現我在俄羅斯人家裡看到的那個馬蹄形圖表。我按下掃描，跳出六個大腦的圖案，每一個都填滿不同顏色，我不知道這代表什麼意思，但我很高興現在可以掃描大腦。

卡爾 3月 15　　我在家裡用門薩測驗（Mensa Sample）的模擬題目測驗智商。在十分鐘內答完二十四個問題後，這個訊息在螢幕上閃動：

> 你的智商估計為 116。
>
> 相當於 85 百分位數，意即有 85% 的人口，智商低於 116。
>
> 要成為門薩的會員，智商不能低於 131，
>
> 有 2% 人口達此水準，意即是人口的前 2%。
>
> 你符合門薩會員資格的可能性不大。

安德烈 3月 16　　俄羅斯大腦駭客約我在一個叫做駭客空間的地方見面。去之前，我查了一下這個網站，上面描述這裡是「由社群營

運的工作坊，人們可以來這裡分享方法與知識」。我按著地址找到一道面對繁忙道路、上面爬滿塗鴉的門。一個看似美國教授的年輕人領我進門，他穿著深藍色休閒外套、卡其褲、牛仔襯衫，裡面還穿了一件白色 T 恤。

大約二十個電腦怪咖坐在開放式的空間裡熱烈地交談。我看見那個俄羅斯人，他和一個一身典型哥德裝扮的朋友坐在一起，那個人黑髮、化了妝、穿黑色衣服、戴一對像塞子的耳環。不久，那位俄羅斯人帶我進入另一個房間，打開他的包，拿出金屬線、電線、一台 Muse、一台筆電、護目鏡，還有其他無法辨識的物品。

「你今天想做什麼？」他問。

我把問題拋回給他，問他有什麼建議。

「卡西納模擬試驗加經顱直流電刺激。」

「好。」我回答。

「基本上我會用低強度的電流刺激你的大腦。」

「好。」我說，然後拉過一張辦公椅坐下來。俄羅斯人用 Muse 幫我的大腦做了幾次掃描。我的腦波今天看起來比較平衡，他一面說，一面把兩個黏片貼在我的前額上，並用紗布纏繞我的頭，**我看起來肯定像是來自一九五〇年代的精神病患**，我向後靠著椅子時這麼想。俄羅斯人幫我戴上護目鏡和耳機後，機器開始運作，我臣服於科技之下，感覺太陽穴有輕微的脈動，然後粉紅和藍色的圖案出現在我眼前。

過了彷彿好幾小時之久，我開始納悶俄羅斯人是不是跑到外面去抽菸，把我給忘了。

聲音漸漸消失後，我聽見兩個人在房間的角落談論房地產的價格。很快地，俄羅斯人出現在我旁邊，幫我把護目鏡拿掉。

「有什麼感覺？」他問。

「嗯，這次比上一次久，也比較無聊一點。還有，這次出現的是粉紅色和藍色而不是黃色。」

「怪了，」他說，「這次和上次用在你身上的刺激是完全一樣的。」

我很訝異。他用 Muse 幫我做更多掃描，並開始解釋這些掃描的意義。他指出圖表的一部分說：「有可能是憂鬱的跡象。」

俄羅斯人現在把注意力轉向他的哥德風朋友，他將幾塊藥棉浸入一種叫 Piracetam 的液體藥劑中，然後塞進哥德風朋友的鼻孔裡。藥棉上懸掛兩條電線連接機器，接著他將一枚小型電腦晶片貼在哥德朋友的腦門上，並把另一條線貼在他的脖子上，等一切就位後，他便接通電流。

天色已晚，我該回家了。我離開時，哥德風朋友還冷靜地坐在椅子上，鼻子裡塞著通電的藥棉，俄羅斯人則研究著由哥德風友人腦門上的晶片傳輸到電腦上的資料。

卡爾 3月16　　我在辦公室裡為即將舉行的門薩測驗做準備，距離現在只剩一天了。

你的智商經估計為一一九。
90% 的人口智商低於一一九。

這是我第二次做同樣的測驗，嚴格來說，這是不公平的做法，因為我已經答過一次完全相同的題目。可是這樣作弊下來，也才進步三個百分點，一點也沒有向門薩的門檻靠近。

我在絕望中竭力嘗試提高智商，於是買了一本《終極智商測驗書》[12]。這本書宣稱，儘管一般認為智商到十八歲後就成了定數，但練習確實有可能訓練心智和增進腦力。

接下來五小時我都在做又長又沉悶的測驗。終於，我覺得自己已經準備好了，於是回去做最後一次門薩的線上測驗。

你的智商估計為一二六以上。

這是你能獲得的最好成績，我被告知自己很有機會符合門薩的資格。鐘形曲線上的箭頭告訴我，我在那裡，在非常遠的右上角，躋身愛因斯坦、福爾摩斯和外星人的行列。我從螢幕上截圖傳給安德烈。

安德烈 3月 17　晚上我和一個友人見面，他聊起最近生活上的問題，顯然他需要把注意力從這些愁楚轉移，所以我建議他做腦部掃描，他同意了。我從皮背包中拿出 Muse 戴在他頭上，和它奮戰五分鐘後，我成功取得訊號，然後便做掃描並給他看結果。

「這是什麼意思？」他問。

「我不知道。」我回答。

卡爾 3月 17　我在一個新校園的大廳，這裡距斯德哥爾摩車程二小時。一群年輕男子盯著手機裝忙。

「門薩測驗是在這裡做嗎？」我問了一個二十出頭的年輕人。

「對，呃，沒錯。」他看起來很緊張，繼續說道。「是我朋友。我是說，一開始是我朋友來測，幾個月之前來的，然後我覺得我也應該做一做。這對應徵工作來說很有利，放在履歷表上看起來不錯。」

一個年紀較大的男人從樓梯走下來，腳上穿著勃肯涼鞋及白襪。「你們是在等我嗎？」他把格子襯衫塞進褲子裡，勒緊褲腰帶，再拽起他的牛仔褲。

我們跟著他走上樓梯，然後走到一個鋪著漆布地磚的走廊。誰也沒說話，大夥兒的視線都黏在地板上。

測試的教室是一間物理實驗室，裡面堆放著亂七八糟的儀器。領導人坐在一張桌子前面向我們，面帶微笑，並調正眼鏡說：「你們都做過我們網站上的模擬試題吧？」

我們點頭。

「成績都不錯吧？」

大家再次點頭。

「做同樣的測驗超過一次是沒意義的，而且有的人做了三、四次。」

大家都笑了，我也笑了，但心情比其他人還緊張。

「以你們在網站上的分數來看，」這位試務領導人繼續說，「你們都天賦異稟。」

他針對隨高智商而產生的困難，說了一段感性的話：「你們可能已經發現在學校很難受，對吧？沒刺激？你們做完數學練習的時間，大概比別人早很多吧？」他停頓一下，讓我們點頭稱是。「沒錯，那也是我遇到的狀況。」

他讀了三個模擬題，然後測驗就開始了。我們有二十分鐘答題。

我輕鬆做完第一題，但題目變得愈來愈難，我開始覺得緊張得要命，真是不可思議。還有十五道題還沒答，可是我發現時間快到了，**媽的**！我回到還沒作答的題目，填些東西進去，接著隨便回答最後幾題。

時間到，沒戲唱了。不論我有過什麼通過測驗的天真幻想，現在全化為泡影。

大家離開教室，我走到後面。

「可以占用你一點時間嗎？」只剩下我們兩人時，我問試務領導人。

「當然。」

我告訴他我們在進行的計畫，還有我有意參加門薩的一些社交活動。

「那現在跟我來吧，我正要去酒吧見其他會員。」

我們只走一小段路就到了酒吧。天色很暗，但不冷，已經春意盎然了。

他們已經在等我們了，一男一女，在酒吧的後方喝啤酒。

「你們為什麼要加入門薩？」我問。

所有人經歷過的事似乎都大同小異：在學校有段煎熬的時光、無法融入，學校那些出鋒頭的運動員沒給他們好日子過。從學校畢業後，他們在社交方面依舊不好過。第一次聽到門薩時，他們心想這裡或許是自己的容身之處，他們猜得沒錯。那個男子敘述他在門薩的第一次聯誼會，當時認識了另一個會員，兩人原本是要和其他會員一起出去吃晚餐，可是交談數小時後，他們才發現晚餐時間已過。後來認識其他會員後，也有這種相談甚歡的經驗，他恍如第一次得到解脫。

「你們有沒有因為成為會員而被嘲笑？」

「一直。」兩人異口同聲地說。那個女子解釋道，在工作時，她只要做錯事，同事絕對不會放過嘲笑她的機會，會說：「噢，我還以為妳很聰明哩。」我問他們對於門薩被指控為一個菁英主義俱樂部的事怎麼想，他們認為這個說法離事實十萬八千里，那個男人說，在他們之間，只把門薩稱為社交障礙俱樂部。

我問他們有沒有花很多時間玩智力遊戲和做其他增進智商的活動。結果只有一個人這麼做，那人就是試務領導人，另外那兩人看起來對這些毫無興趣。

「那你們平常做什麼呢？」我問。

「我們只是和朋友一起閒晃，其實就是社交。」那個男子說。

「這可是約會的好機會啊。」那個女子說完便笑了起來，間接提到男性和女性會員人數上的不平衡。

我和這三位門薩會員愉快的聊了幾小時。要離開時，男子說等我收到接受申請的信件時，他很樂意再和我在這個酒吧聊天。

「當然。」我說，但是心知這是永遠不會發生的事。我喜歡他們認為我和他們是相當的，但是我的智商大約只有平均水準，這是鐵錚錚的事實。

我前幾天在一家倫敦中央咖啡館的菜單上發現了防彈咖啡，很好奇那到底是什麼。我得知它的創造者戴夫·亞斯普雷保證，這種飲料可以讓智商提高 20%。他在尼泊爾徒步旅行時無意間有了這個點子，當時他喝下當地的酥油茶後，瞬時感到茅塞頓開。回到美國後，這位雲端運算創業家便想出一個結合咖啡、奶油和椰子油的食譜，每一杯的熱量都在四百卡以上，儘管這種飲料的脂肪含量高，但亞斯普雷宣稱可讓人變得更苗條和更聰明。

因此我蒐集好需要的食材來煮咖啡，用勺子挖出奶油，再從罐子裡舀出椰子油，用新買的手提式攪拌器把它們混合在一起。做好後，看起來大概就像你在星巴克可能會點的飲料。第一小口比我預期得美妙，帶一點熱帶的口味而且非常濃郁。喝完飲料十分鐘後，我注意到目前為止懶散的心情確實有所改善，我變得防彈了嗎？

當天稍晚，我開始讀亞斯普雷的新書《防彈腦力》[13]。結果這種咖啡只是一個龐大系統的一部分，如果真想提升腦力，就必須遵守一套嚴格的程序。每天早上要以裸露皮膚曬太陽十到二十分鐘做為開始，之後蹲二十五下，做五回合深呼吸。此外，必須讓飲食升級：避免攝取糖分，吃很多顏色鮮豔的食物，並喝防彈咖啡。為了變得完全防彈，我應該每天運動、靜坐，且減少使用所有讓人分心的數位產品；至為重要的是我應該在一個沒有一絲光線，有溫度控制的房間睡滿八小時，並在睡前避免觀看螢幕，以便讓我的睡眠品質最佳化。

我剛學會魔術方塊的解法，就得趕去咖啡館和贏得三屆瑞典記憶冠軍的馬提雅斯·里賓會面。

我告訴他我的記憶練習，他說我必須更有效率地運用符號。我想的故事

太長了，而且我應該想辦法把這些方法與生活結合在一起，如此一來就可以無時無刻記住所有東西。

我問他怎麼記住洗亂的撲克牌順序。他的個人紀錄只略多於一分鐘。

「我不覺得這些事情很重要。」

「不重要嗎？」

「那不過是派對上的把戲。」

可是我不在乎是不是派對上的把戲啊。

「我想學習記憶圓周率前五百位數的方法。」我說。

「那個真的很難。你需要整套符號系統，從一到一百，而建構一個系統需要花時間。」他說。

他說明他在多年前為瑞典錦標賽做準備時，如何設計他自己的一套系統，從一到一千。

安德烈 3月 20

我痛恨寫電腦程式！再多的防彈生活也不能改變這點。

卡爾 3月 21

所以說，如果我想記憶圓周率，第一件要做的事情是建構一套符號系統，從一到一百，而且這些系統應該要個人化，讓符號更容易被記誦。

我已經知道怎麼把數字轉換成字母：0 = S，2 = N，3 = M 等等，但這是簡單的部分。

現在我必須做的是選兩個子音，再加入母音，讓它們變成一個可以記憶的名詞，然後這個名詞就會變成我專屬的特殊符號。

我從 11、12、13、14、15、16 開始。11 變成 tits。（11=tt）我必須將 i

擠進兩個 t 裡，再在末尾加上 s。tit 這個字應該夠好記了，而且可以被放大或縮小。此外，我從《記憶人人 hold 得住》學到，一個符號愈詭異下流，就愈容易回想，性愛暗示的符號尤其強烈。我接著用瑞典文建構了一系列名詞：12 ＝桶子（tunna），13 ＝拇指（tumme），14 ＝女式三角褲（trosa），15 ＝糞便（tolle），及 16 ＝泰山（Tarzan）。

密集工作約六小時後，我為所有數字建立了個人符號，從 1 到 99。現在該開始記憶圓周率了，我選擇我們住的公寓當作記憶宮殿，從大門開始，記憶圓周率小數點後六位數（3.141592）。我決定在門把上掛一件女式內褲（trosa ＝ 14），在內褲裡放了一坨糞便（tolle ＝ 15）和一根香蕉（banan ＝ 92），我可以用心靈之眼看見它，對，這會讓我留下深刻的印象。我打開門，繼續用這個方式，填滿玄關的衣櫥。

在午夜前上床睡覺時，我記住了小數點後二〇四位數字。

安德烈 3月22

今天我做了一些線上智商測驗。第一個測驗很簡單，我拿到 100% 的分數後，立刻傳給卡爾。之後，我在 iq.test.dk 上做一個比較長的測驗，要在四十分鐘內答三十九題。第一部分很簡單，但是約二十分鐘後答得就很勉強了，我試著用靜坐的方法來讓心思集中，不過我內心卻渴望能盡快逃離現場。

結束後，我得到的成績是一〇六，只比平均高一點，離天才的分數遠得很。我把結果寄給卡爾，篤定這可以讓他心情變好。

卡爾 3月22

我現在記住了小數點後三百位數字。

安格拉・梅克爾（10）在我們家浴室裡，修女們（22）在蓮蓬頭上保持平衡，從一條長皮帶（64）上滑下來，進入盥洗台中。喬

治‧布希（96）坐在馬桶上，吃著臍帶（28）。我們的公寓變成一間精神病院，裡面都是神經兮兮的動物和名人，做著無法用言語描述、令人不安的活動。我是不是幫自己建立了一個讓人發瘋的鬼屋，像《鬼店》裡的飯店那樣？

安德烈 3月 22

　　我得取消原訂的門薩測驗，梅兒生病了，我得照顧她。我夾在卡爾和梅兒的要求之間左右為難，不管我做什麼，好像都讓他們失望。

卡爾 3月 23

　　大約是六點吧，我一起床立刻走到廚房坐下繼續進行背誦。我把所有東西都寫下來：包括數字、符號，以及它們如何連結，看起來像是電影的分鏡，此時，有太多數字、故事和符號，所以沒法專心記在腦子裡。午餐後我記住超過五百位數，我寄給安德烈一封電子郵件，告訴他我現在要往一千位數前進。

　　深夜，我坐在廚房裡，盯著牆壁，試圖記住更多數字時，恍然明白一件事：安德烈永遠不會做我正在做的事，他絕不會投入同樣多的時間在這個計畫中，而且有可能會視這件事為浪費時間。我上個月浪費了數百小時在體育館裡（最後付款將近二千美元），這個月則是費了數不清多少小時在記憶上，學會怎麼解魔術方塊則花了至少二十小時，說不定更久。

　　我不禁情緒低落。他正在進行其他計畫，和別人一起，然而這件事現在卻成了我唯一的工作。

安德烈 3月 24

　　今天我從卡爾那邊收到一封很長的訊息，他要我退出其

他正投入進行的所有活動，只專注於我們的計畫，他用了「一夫一妻制」這個詞。雖然我覺得選用這個詞感覺很怪，但我現在沒法去思考我們的關係，因為我只剩下幾天可以學派森了。這件事可以下個月再處理。

卡爾 3月 25

嗨，安德烈，

搞定！我現在背完了圓周率小數點一千位。

祝好

卡爾

附註：你這個月達成了什麼？

安德烈 3月 25

今天是今年截至目前最糟的一天。早上六點被女兒的尖叫聲吵醒後。我弄了些食物和一台 iPad 給她後，便坐下來寫電腦程式，我正在做一個相當簡單的程式練習。在這個月一開始時，我以為自己已經掌握寫程式的要領，但現在卻了無意義，我的心像落在垃圾場裡發臭的池塘，這整個月幾要以失敗收場。

下午，我發覺麗塔一整天沒出門，便帶她去遊樂場。她在沙堆裡玩耍，我則坐著遙望遠方，思考著我的失敗，我的眼淚正瀕臨潰堤的邊緣。

卡爾 3月 26

我記住了世界各國的首都、歷任美國總統、瑞典首相、圓周率小數點的一千位數，也能解開魔術方塊，還完成門薩測驗（但肯定是無法通過了）。

但我還沒學法語，現在著手為時已晚了嗎？我在紐約認識的那位學者明明說很容易學的。

安德烈 3月29

今天接受了自己失敗的事實，這表示我得接受懲罰。我發電郵給卡爾，表示到時候我可以來一次毛澤東式的自我批鬥大會，在群眾面前承認自己的錯誤。卡爾熱情地回覆說：「這個好。」我問他標題該怎麼下，他建議的題目是：「我為什麼是個混蛋。」我說我可以在倫敦海德公園的演說者之角進行。

「好極了！」卡爾說，然後給我致命一擊，「什麼時候？」

這個玩笑怎麼會變成一個有期限的計畫？

卡爾 3月30

安德烈學寫電腦程式失敗，現在準備去演說者之角懲罰自己。我這個月的目標是要學法語，但沒完成，因此提議我的懲罰應該是在四月學法語。為了確保我沒有逃避懲罰，我必須接受四月底前的法語廣播電台邀請，並用法語受訪。

安德烈 3月31

卡爾打電話給我，我看他蒙著眼睛背誦圓周率一千位數，花了將近一小時。然後他一邊解魔術方塊，一邊背誦出美國總統的名字。

我有什麼東西可以為自己展示的？

我花了一百多個小時嘗試學寫電腦程式；讀了一疊有關提升心靈的自助書籍；嚐過防彈咖啡、嘗試經常運動、嘗試睡眠充足、嘗試神經回饋、嘗試靜坐、嘗試經顱直流電刺激、嘗試用雷射刺激後腦、嘗試健腦食物、嘗試正念。在嘗試所有這些變聰明的做法後，唯一的結果就是，我覺得我比以前更笨了。

4月／人際關係

認知行為療法幫助我了解的是，我無力改善這個情況。
安德烈不願意改變，所以我必須接受他同時會去做別的事情、
接受我會是推動這個計畫的人、接受他會因此而怪我。

安德烈 4月1 三月已經結束，現在可以把程式語言拋諸腦後，但是有
一件事卻逃避不了，就是和卡爾之間岌岌可危的關係。我們
以前有過幾次衝突，但現在才進行這個計畫三個月，彼此的關係就已降到前
所未有的冰點。

我們必須處理我們之間的關係，這表示也許要接受治療。我明白我們私
下都討厭這個想法，但想要度過這一年，就得想點辦法。

卡爾 4月1 「我寧可找女醫師。」在瀏覽 skypetherapies.co.uk 網站上
一長串治療師名單時，我對安德烈說。

「為什麼？」

「因為我覺得男人已經夠煩了，這整個計畫都是和男人有關。」

「有道理。」

「還有我想找專門做認知行為療法的治療師。」

「認知行為療法？」安德烈說，聽起來非常驚訝。

「對呀，怎麼了？」

「只是……」他停頓一下。「唔，怪怪的，**你竟然會建議認知行為療法。**」

他說得沒錯。我的博士論文研究的是法國精神分析學者雅各‧拉岡，他比任何人都鄙視致力於提升人類的治療師，並嘲諷地稱呼他們為人類工程師。拉岡和認知行為療法就像牡蠣和口香糖一樣不合。理論上我應該是站在拉岡那邊，但現在我們得快速修復關係，而認知行為療法似乎是一條該走的正確道路。奧利佛‧詹姆斯之類的批評者說這是一種快速解決的幻想，效果並不持久，但是市場的論調完全不同。認知行為治療是這幾年最受歡迎的治療方法，年收益有八十億美元，且所有的報告似乎都指出，隨著工作而產生的憂鬱消沉與強烈倦怠感增加，這種療法也會愈來愈受到歡迎。在只關注工作與生產力的時代裡，人們要的不是對深不可測的人性進行哲學思考，而是想要講究實際的方法來讓自己變得更好，效率更高、職能更強。

「就這個吧。」我說。

「你確定？」

「對，你聽這個，**經驗豐富的認知行為治療師，具專業資格。**還有這個：**為病患提供個人療程，讓病患能解決自己的困難，繼續生活。**你看，你不覺得這正是我們需要的嗎？」

「好。」安德烈說，然後我們便結束視訊。

我寄電郵給這位網站上的治療師，敘述我們的狀況。一小時後，她回信給我們，我們安排下星期一第一次會面。而我和安德烈會先分別和她談話。

我沒學成電腦語言，依照今年初我和卡爾擬定的合約，失敗就是要接受懲罰。在三月的最後幾天我開玩笑說要以「我為什麼是個混蛋」為題公開演講，卡爾卻當真了。

抵達演說者之角時，我看見有好幾百人徜徉在美好的春光中。他們大都聚集在一位穆斯林傳教士四周，另有一小群人分別在聽一位穿西裝的基督徒、一位留著鬍子的自由主義者和一位談論英國政治的胖男人演講。

我逐漸上升的焦慮感在朋友賽門出現後才得以緩解。

「每個人都有東西可以站上去，」他指向廣場上的演講者，「你有嗎？」

「呃，沒有。」我回答。

「別擔心，我來幫你想辦法。」他說完就消失了，幾分鐘後拿著一個廚房用的梯子回來。

「那邊那個人借給我的，」他說，並指著一位穆斯林老紳士。「我告訴他，你不會說任何對伊斯蘭教不敬的話。」

沒問題，我只會說我自己的壞話而已。

我在穆斯林傳教士和自由主義者間找到一個位置，然後站上梯子開始演說。「我要談一個你們從來沒在這裡聽過的主題，我為什麼是個混蛋。」不到一分鐘，就有大約五十個人聚集在我前面。我開始敘述我的失敗時，他們哈哈大笑。「我比別人占優勢。」我解釋道，「我是有條不紊地在做這件事，而且我根深柢固地認為我應該得到所有的特殊待遇。」我的台詞是引用自亞倫‧詹姆斯的書《辦公室混蛋理論》[1]。我面前的人群在我列舉證據時很快失去了興趣，一個個離開轉移到另一位剛開始演講的穆斯林教傳教士陣地。

一個男子邊聽我的演講，邊喝著罐子裡的傑克丹尼爾威士忌和可樂，並把攝影機對著我。演講結束時，我得到剩下十個人禮貌的掌聲，我走下工作梯，內心混雜著愉快與丟臉的感覺。

卡爾 4月 2

　　我又去了海邊的屋子，天氣陰冷、多雲又潮濕。莎莉和愛絲特在院子裡，耙著樹葉。我在屋裡，躺在沙發上，蓋著毯子，邊用手機看著影片。這支影片的內容是安德烈在向一群人解釋他為什麼是個混蛋，這一幕真是讚啊，不是因為他讓自己丟臉，而是因為他展示出實現這個計畫的決心。

　　我的懲罰和他不同，但丟人現眼的程度並不亞於他。我們的前一本書剛被翻譯成法文，我們受邀去巴黎參加簽書會。今早和發稿文宣說話時，她問我願不願意用法語接受採訪，我說願意。

　　這事說起來很扯，我學過兩年法語，是十四、十五歲時，可是當時一星期只上一、兩次課，從來沒有認真學習，而且說老實話，我其實都忘得差不多了。我會的法語和我的德語、義大利文或西班牙文不相上下，意思就是只比我的俄語、阿拉伯語或世界語要好那麼一點點。

　　我得快速學習，而且我認為最好的著手點就是跟隨提摩西·費里斯。我在他的部落格上找到一個帖子，**在最短的時間內學會外語的 12 條法則——你所需要的唯一帖子**。這是一篇客座帖子[2]，是一個名叫班尼·路易斯的人寫的，他是長大成人後才開始學習語言，在短短數年之後，現在已精通十一種語言。

　　首先，我必須從學習單字開始。班尼建議用單字卡應用軟體 Anki，於是我下載了最常用的五千個法文單字，開始練習。理論上，我應該要花很長時間才對，因為以英語來說，只要三百個單字就足以組成高達所有書面資料的 65%。

　　另一個訣竅是讓自己沉浸在這個語言裡。假使你想學法語，就聽法語電台、看法語電視、看法文新聞、和法國人在網上交談。簡言之，創造你自己私人的法國。

　　班尼接著建議使用一個學習語言的應用軟體多鄰國[3]，他說這「極為好

用而且完全免費」。我下載這個軟體，定下一天上五課的目標，這是目前最雄心勃勃的目標，叫做「瘋狂」。

許多小時後，莎莉和愛絲特從寒冷的外頭走進來，我明白自己已經一整天動也不動。我不只是上五堂課，而是五十堂課，拿了五百分。

上床前，我寫下一套這個月的規定：

只聽法語電台（法國文化電台）
只看法文報紙《世界報》
只看法語電台和法國電影（法國二十四電視頻道）
只聽法國音樂
只看法文書
每週和法國人吃兩次午餐
每週和法國人講三次電話
每天上五十堂多鄰國的課程

安德烈 4月 4

今天我去治療師那裡做第一次治療。我以前只去看過一次治療師，那是多年以前的事，所以我對接下來會發生的事感到相當緊張。治療前，我填寫治療師寄給我們的一張 A4 大小的表格。**想一件你們覺得很難的關鍵事件**，表格上這麼要求。「我沒有達到卡爾的期望卻要面對他時。」我這麼寫。下一個問題：那個情形在我身上引發哪些情緒？「焦慮。」我繼續下一個問題：那個情形導致什麼行為？「逃避。」最後一個問題：**你有什麼生理反應？**我用力地想，然後寫了：「感到戰戰兢兢、坐立難安、洗碗盤。」

我上樓去臥房，拉了一張凳子過來，面對窗戶。治療師和我用 Skype 視訊通話，另一端是一位說話輕聲細語的中年婦女，坐在她家裡的沙發上。她

自我介紹後，問我為什麼要做治療。

「哦，我和卡爾在合作一個為期一年的計畫，但此刻我們之間出現了很多矛盾。」我解釋。

「你跟他認識多久了？」她問。

「差不多十年了。」

「這樣啊，你們以往相處得如何？」

「雖然我們合作第一本書時，曾經有過一些衝突，可是這次計畫的情況完全不同，卡爾從一開始、從第一天起，就擅自認為我不打算盡全力，我覺得那是因為我的努力都沒有真正受到卡爾的重視。」

「最近發生什麼事情？」

「上個月卡爾指責我不夠投入。」

「那麼，你是怎麼想的呢？」

「這個說法不公平。」我說，「我覺得我今年已經完成一些事情了——寫一本書、跑完超馬、努力學習寫電腦程式，可是卡爾都沒有意識到我的努力，他好像認為我做的一切都與這個計畫無關。」

「唔。」她說。

「我也在擔心我是不是真的有能力完成這個計畫。我上個月一直在努力，卻徒勞無功。」

「那麼，對這個治療而言，這表示我們要一起解決的問題是什麼呢？」她問。

我想了一下說：「我猜真正的問題在於我該不該繼續下去，若是該的話，要如何繼續。」

今天和治療師做我的第一次治療，我把我的看法告訴她。其實真的很簡單，我在這個計畫上花的時間至少是安德

烈的四倍，我把所有的事情都推到一旁，但是他沒有。我告訴治療師，我們在寫前一本書時，也發生過同樣的情形，我們安排的幾次 Skype 視訊會議，他都失約，而後來他保證會把他寫的幾章內容寄過來，結果也沒有，最後好不容易傳來稿子，卻又往往是濫竽充數，可我指出這些事情時，他又有抵觸、推諉，怪我讓他自我感覺不好。

「你們在寫前一本書時是由你主導嗎？」

「呃，主導？唔，是啊，我想是這樣沒錯。」

「而且現在這個計畫也是你主導？」

「呃，對，可能是。」

「你覺得角色調轉一下，讓安德烈主導如何？」

「我求之不得！」

「你覺得繼續當這個計畫的領導人如何？」

「這個嘛，也無妨。可是如果他不願意努力，如果他還是要怪我讓他感覺不好的話，我就不想當。」

「明白，你認為不公平。」

「是啊，我為這個計畫犧牲很大。」

「你覺得安德烈沒有同樣投入這個計畫？」

「就是這樣。拿今天來說吧，我受邀為一家報紙寫一篇文章，而我也很想寫，可是我拒絕了，因為這會妨礙我們的計畫。但若是換成安德烈，就絕對不會做這樣的事。」

她沒有說話。

「我跟你說，對我而言，這個計畫非常特殊。我只希望他也有同樣的感覺就好。」

我在宜家家居（IKEA）的一個巨大展示間裡，坐在一個

螢幕前挑選廚房用具，不禁開始思索電影《鬥陣俱樂部》中的一幕。艾德華‧諾頓在用 IKEA 的目錄訂購家具時，意識到自己的人生多麼可悲。

我感覺到一股焦慮感在上升，於是掏出手機傳了一個簡訊給卡爾，問「IKEA 焦慮症」裡有沒有任何瑞典的用字。他回答：「沒有，不過去年夏天有一個傢伙在一家 IKEA 門市裡刺傷兩個人。」這時我已經煩躁到開始亂買一通：兩把傘、四個燈泡、三包塑膠袋、一張折疊凳。

回到家後，我走上樓，開始搜尋針對我這樣迷焦慮徨的現代男性的自救資訊。有一個網站引起了我的興趣，那是一個保證可以把像我這樣的人改造成一個「新戰士」的男人營，聽起來正符合我所需。我發了一封郵件，然後一個名叫布瑞特的男子很快地回信，說他們數週之內要舉辦的營隊還有一個名額，我可以參加。基於某個緣故，我覺得加入一個陽剛的戰士教派，會是應付卡爾誇張的要求以及 IKEA 焦慮的最佳辦法，畢竟這實際上就是艾德華‧諾頓在《鬥陣俱樂部》所做的事。然後我突然又有另一個想法，那卡爾不就變成那個有精神病的泰勒‧德登——我的分身了嗎？

我在家快速翻閱波特萊爾寫的《惡之花》[4]，一個字也看不懂。這時我們的法語宣傳珊姆打電話過來。

「我跟你說，我在趕時間。我只是要告訴你我安排了一場電台訪問。」

「用法語嗎？」

「當然是啊。沒問題，對吧？」

「呃，對。」

「你會在一家很可愛的書店展示你的書。」

我們掛斷電話後，我去廚房，熱一道法式微波食品油封羊，並幫自己倒一杯法式白酒，以鎮定我緊張的神經。法國傳奇歌手塞吉‧甘斯柏的歌聲從喇叭放送出來。餐桌上的盤子旁邊，是一堆我剛買的書，巴爾札克的《高老

頭》[5]、莎岡的《日安憂鬱》[6]、卡繆的《異鄉人》[7]、大衛·比松的《門後面的孩子》[8]，儘管這些書被標示為易讀，但對我來說實在太複雜。

我很享受活在這個法語化的泡沫中，但我不喜歡必須想著要戳破泡沫，去接觸真正的法語生活。

大約下午四點左右，治療師在 Skype 上敲我。

「我們上次談話之後你過得如何？」她問。

「還好，」我說，「不過我覺得我一直在迷失方向。」

「怎麼說？」她回答。

我形容每一個月看起來如何像是一個熟悉的循環。我們滿腔熱情地展開新的題目。卡爾全心投入其中，可是我卻沒有那麼認真，然後卡爾生氣，我感到焦慮，直到此時我才開始真正地努力。

「那麼衝突是在這個過程中的什麼地方開始的？」她問。

「在一半的時候吧，我想。」

「你沒辦法早點開始處理這個問題嗎？」

「我認為可以，可是該怎麼做？」

她繼續說明我們或許可以如何調整互動的方式。

結束通話後，我回到樓下時，覺得心情輕鬆了一些。梅兒用一種消遣中夾雜著輕蔑的態度看著我。

「你剛才在做什麼？」她問。

「接受治療師的治療。」我答。

「治療什麼？」

「如何改善和卡爾的關係。」

「還真是令人鬱悶啊。」她說，然後打開電視。

我們的 Skype 治療師坐在沙發上,她想要聊一聊關於這個計畫的點子。

「一般來說⋯⋯」她頓了一下,「是誰提出這個點子的?」

我回想這個計畫是如何開始的,幾年前,在一輛機場的計程車上,我滔滔不絕地說著而安德烈則一邊做筆記。還有前一本書──也全都是我出的點子?安德烈呢?

「我想大部分的點子都是我出的。」我說。

「唔⋯⋯嗯,好。」她柔聲說,「一直都是這樣的嗎?」

「不是一直,不是,但大部分時候是。」

「唔⋯⋯嗯,那你認為為什麼會是如此?」

「我提出一個想法,」這樣跟一個全然陌生的人談論安德烈讓我覺得怪怪的,可我是花錢做這件事(一小時六十英鎊),所以決定不保留地說。「他把生活中的一切視為他必須做的事,也就是別人告訴他去做的事。舉個例子,有一天他從 IKEA 傳簡訊給我,他當時和梅兒,也就是他老婆,在那兒看廚房設備,他抱怨說不想去,說是被她逼著去的。」

「所以,他不喜歡帶頭。」

「唔,情況更複雜一點吧,我想。這就是他建構他全部生活的方式,他把所有一切都變成他的義務,所以他在做的就是**處理**事情。他常常用這個字眼,**處理**。」

「所以現在他得處理你了?」

「對,這很讓人鬱卒,老實說。」

安德烈 4月 8

卡爾向我挑戰,月底去巴黎來一場拳擊對打,這個想法真可怕,他比我高了快三十公分,而且手臂比我長多了。可

是如果這場拳擊賽真的要發生的話，我希望做好準備，所以今天我去上了第一堂自由搏擊課，後來又報名上十堂課。

卡爾 4月 8

今天是我第一個真正的考驗，和一個法國人一起吃午餐，這個人是在大學的法語系工作。

我練習法語已有一星期，夜以繼日地練習，而且是嚴格遵守規則，只聽法國文化電台、只看《世界報》、只煮法式食物。

大約十五分鐘後，我就快累死了，於是我們改說瑞典語。

那天下午我在第一次去練拳擊時，在地鐵上接到安德烈打來的電話，他說他沒有方向。

「可是我以為你會在養兒育女上面下功夫。」

「是沒錯，可是我看了一堆東西，卻還是不得要領。」

「可是你能做的事情多的是啊。」

「比如說？」

「你可以做虎媽之類的，教你女兒寫電腦程式？」

「她才三歲，卡爾。」

「這不是重點，重點在於你得去嘗試。」

我們講得愈久，安德烈聽起來愈沮喪。我現在已經站在拳擊俱樂部外，也感到愈來愈難過。

「可是只剩下兩個星期了。」

「不只兩星期，是三星期，這個月才剛開始。我跟你說，我這個月在學他媽的法語。」

安德烈不作聲，我也不吭氣。

「我的拳擊課兩分鐘後就要開始了。」我說完掛上電話。

安德烈 4月 9

我已經受夠了夜以繼日全神貫注在這個計畫上。

一直在思考它、感受它、做它。這些想法縈繞在腦海時，我想起治療師的建議：「**盡量取實事求是的觀點。**」我問自己**這個月的計畫是什麼和真正必須做的是什麼**，然後列出一張表：演說者之角、治療、有氧拳擊、男人營、巴黎。看起來好像已經很多，可我還是不禁覺得自己做的不夠，為什麼會這樣？我不能把什麼都怪到卡爾頭上，我必須思考一下自己的動機，這才是解決事情的唯一方法。

卡爾 4月 10

我打開右上角蓋了門薩學會標識的信封，上面寫著：

測驗成績：三十五／四十五
您的成績高於 82% 的人口。
相當於智商一百一十四。

我失敗了，成績比錄取要求的一百三十一還低了將近二十，可是我不在乎。我唯一能想到的就是做測驗的那天晚上，莎莉在工作，我得找人照顧女兒，為了做這個測驗還得來回開車四小時。安德烈本來也打算要做這個測驗，可是卻在最後一刻取消了，他有事，另一個該盡的義務，另一件他必須**處理**的事。

安德烈 4月 11

「你和卡爾之間如何了？」治療師問，「你們最近通過電話嗎？」

「有啊，我們星期五通過話。剛開始挺好的，可是後來又落入原來的模

式。」

「你現在感覺如何？」

「不知該如何是好，這個計畫已成為我生活的全部，我希望自己有時候能退後一步。」

「這個計畫對你而言究竟是什麼？」

我不知道要說什麼，但仍做了一些模糊抽象的描述。這些話從我嘴巴裡冒出來，可是我不知道這些話的意思是什麼，我真的知道自己這一整年做的事的涵義以及原因嗎？

「你在這個計畫裡的角色是什麼？」她問。

同樣的，我不知道。我會是艾德華‧諾頓在《鬥陣俱樂部》中飾演的那個角色，讓我的生活被我自己的瑞典版泰勒‧德登占據了嗎？

卡爾 4月 11

「最近好嗎？」治療師問。

「不好。」

「不好啊，為什麼呢？」

我向她解釋這個情況。包括安德烈對做我各種指責，他說我強迫他在演說者之角演說，但事實並非如此；又說我喜歡看他丟人現眼，而這也不是真的；還說我現在在拳擊俱樂部鍛鍊，這樣在巴黎過招時就可以擊敗他，這又是一個謊言。

「你知道嗎，我受夠了，我現在要停止，退出這個計畫。」

「你確定？」

「我不知道，我只知道情況不能再這樣下去。而且我發現他在對我們一個共同的朋友說我的壞話，說我對他發號施令，而且不擇手段的方式讓他感覺很糟。」

「這讓你有什麼感覺？」她問。

「糟透了。」

「也許你需要暫停一下，或者你該有一個星期左右不跟安德烈通話。」

安德烈 4月18

治療師打電話來，開頭便問我這一星期過得如何。

「情況有所改善。」我說。我不想提到卡爾這星期幾乎都沒有跟我說話。「我一直在關注我的行為模式，特別是逃避。」

「為什麼是逃避？」

「唔，我認為我常常逃避一些難做的事情，即使是小事也一樣，我常常拖到最後一刻。」

「為什麼會這樣，你覺得？」

「我會承諾做一些事情，但後來又反悔。我猜想我到頭來常常問自己某件事情沒有我是不是還能進行，若是能的話，我就退出了。」

「這有沒有可能只是一個設法讓你覺得自己被需要的方式？」

我停頓一下想了想。我們的治療才十分鐘，可是我已經想要結束了。

我們一掛上電話，我便衝向健身房，練習我的揮拳和迴旋踢。這遠比修補我和卡爾的關係更讓人滿足。

卡爾 4月18

「你這星期過得如何？」治療師又坐在她的沙發上。

「好一點了。」我說，「你說的不要跟安德烈講話真的有用，我必須拉開距離。」

「很好。」

很奇怪，我覺得治療師是站在我這邊的，感覺她好像也對安德烈感到灰心。也許這只是一種推測，也許是治療師的手法，不論如何，這都讓我更加喜歡她。

這個治療幫助我了解的是，我無力改善這個情況。安德烈不願意改變，所以我必須接受他同時會去做別的事情。我必須接受我會是推動這個計畫的人，而且我必須接受他會因此而怪我。我很願意換一種方式，可是我們每次嘗試，都以失敗告終。

「我想你現在已準備好重新跟安德烈談談了。」治療接近尾聲時，她說。

認知行為的作用就是這樣嗎？讓你接受現狀？

安德烈 4月21 為參加男人營做準備，我必須煮一頓飯給三個男人吃，上面說煮的要是「有益健康的」。於是我決定煮義大利燉飯，這不是特別陽剛氣的餐，但不行也得行，我在打包行李時，想起我有多討厭露營。

卡爾 4月22 沒有安德烈的電郵，我很開心地看著我不斷從多鄰國收到的鼓勵的訊息，今天它恭賀我連續二十二天學習，說我的「學習力旺盛」，然後詢問我是否要挑戰再花一天用這個應用軟體學習，以達到十四級目標，我立刻就接受了。

安德烈 4月22 門打開，我被帶到一間幽暗的房間，裡面圍著十來個人，穿著黑衣服，並用黑漆抹面，牆上蓋著黑布。

「你是二十一號。」一個在陰影中把我抓到一張桌子前的男子說，我得在桌旁把個人物品交出去，這些東西被丟進一個黑色塑膠桶時，我懷疑自己到底報名參加了什麼。

一個穿著蘇格蘭裙、面容粗獷的男子帶我走上一段樓梯，進入一個漆黑

的房間。「坐下。」他說。在光線消失之前，我才發現約有三十個人和我一起坐在地上，我忍不住覺得我們即將被處決。

過了半小時，我們被帶出黑暗的空間。「列隊！」其中一個全身黑的人喊道，「用這些蓋住眼睛！」大手帕被塞到手中，我們是不是即將被用來祭祀什麼上古之神？

我們蒙著眼睛行進，鼓聲愈來愈響亮，我們跟著加快步伐。

「摘下眼罩。」有人喊道。我發現自己在一個大房間裡，四周約有五十個人，他們全都穿著黑色，臉全都塗得黑黑的。

「誰沒有帶食物來？」一個全身黑乎乎的人喊道。

一個在後面的小個子慢慢舉起手。

「我帶了湯……可是在機場安檢時被沒收了。」

「你為什麼優先考慮自己？」台上那個一身黑的人吼說。

那個沒有湯的人試圖為自己辯解，但在一連串辱罵後，他的嗓音突變：「對不起，我應該想到別人的。」

然後另一個一身黑的人說了一段儀式般的致辭：「數千年來男人需要通過成長儀式，但是現在這個男子氣概被打破了，被關在籠子裡。所以我們必須成為有使命的男人，改變這個情形。」

我最不想變成的就是有使命的男人，可是這幾個月經歷那麼多嚴酷的折磨之後，我確信若是我想撐過今年的話，就必須做「猛」一點的事，說不定這個男子氣概速成班正是我要的。

接著一個頭髮及肩的德國人上台說：「閉上眼睛，想像你是一個冒險家，並模仿他的動作。」

我張開雙臂，像李奧納多‧狄卡皮歐在《鐵達尼號》裡的船首那樣站著。

「現在，想像你是一個狂野的人！找到你內心那個狂野的人！像你那個狂野的人那樣站著。」

我張開兩條腿，推出我的胯部。

「像你內心那個狂野的人那樣吶喊！」

啊啊啊啊啊啊啊啊啊啊。我努力更進入狀況一點，啊啊啊啊啊！歐耶！啊啊啊啊啊啊啊啊啊啊啊啊！

「做一個小男孩，」他接著說，「然後把球丟到半空中！」

我把一顆想像的球丟到半空中。

「發出男孩的聲音！」

呀呀呀呀呀，啊啊啊啊啊，耶耶耶耶耶，我覺得好爽。

短暫休息時，我喝了一口花草茶，並且試著和一個禿頭的中年男人說話。我問他為什麼來參加，他唯一的回應就是：「鐵人約翰。」我當時完全不理解他這話的意思，後來才知道，鐵人約翰的故事來自美國詩人羅伯特·布萊寫的一本關於男子氣概的書，在暢銷書排行榜上雄踞六十三週，為男權運動提供了主要的靈感。這個運動在一九八〇年代是針對女權運動的崛起而生，宣稱男人已經和男人的意義脫節，想要重新找回他們的男子氣概，就必須被引介加入其他男人的共同體，接觸布萊所謂的「宙斯能量」，就是我現在所接觸的這些之一。

我們被召回。其中一個黑衣男子下達口令要我們想像心中的動物，我心中出現一隻猴子。

「描述這個動物的特性。」他指示。**貼心**？嗯，貼心可以。「貼心的猴子」會是我的名字。

我們一個接著一個地跳進一個大圓圈的中央，並且叫出自己的新動物名稱，做出這個動物的動作。有狼、鷹、鷲、虎、獅、狐狸，還有一個傢伙變成「直覺的外星人」，另一個是「不能交配的犀牛」。我跳到中間大聲說：「貼心的猴子。」我在圓圈中央做著猴子的動作時，我四周的男人們齊聲吼道：「你是貼心的猴子。阿霍！」

然後當天晚上，我躺在露天大穀倉的一個擔架床上，想要像我心中那個

小男孩那樣地哭。這是我終於接觸到我的宙斯能量的跡象嗎？

卡爾 4月 22

我又到了海邊的屋子，坐在沙發上看《世界外交論衡》月刊，這時我們的法語宣傳珊姆來電。

「卡爾，ça va（還好嗎）？」

「ça va bien, et toi（很好，你呢）？」

珊姆用法語跟我說話，速度很快，單字從手機裡湧出。

「珊姆，對不起，你可不可以說英語？我還是理解得很吃力。」

「喔，對不起，我只是想說我已經幫你約好三家電台採訪，第一個採訪是在你到達的當天。」

掛斷電話之後，我的心臟狂跳，兩隻手顫抖著，心想，我幫自己招來什麼麻煩啊？

安德烈 4月 23

砰砰砰。鼓聲

「起床！」兩個男人吼道，「洗澡時間到了。」

我們走進嚴寒的晨光裡。

「衣服脫掉！」

前面是三個蓮蓬頭，連接在一個看起來令人發怵的牆壁上。

「列隊。」

我們全體都一絲不掛，因此冷得瑟瑟發抖。第一組三個人站在蓮蓬頭下邊淋浴邊大叫，其他人則大聲計數到六十秒，結束之後，大夥兒擠在一起取暖，此時我感覺到一股兄弟情湧上。我在想這是不是就是東尼・羅賓斯寫早上冷水浴的靈感來源。

回到屋內，一個德國人回到台上。「躺下來想像自己飛到空中，然後快

速飛過天空。」他說，不久耳邊傳來迪士尼的音樂。「你來到一座森林，這裡有一個洞穴，你進入洞穴，一直往裡面走，然後被卡住了！」迪士尼音樂達到高潮。「開始挖土，」德國人喊道，「為了你的生命而挖。」

我像是在接受虐待狂教練的循環訓練似地挖啊挖。

「朝光線走去！他就在那裡，他就是你……小男孩的樣子。」

我努力把自己想像成一個八歲的男孩。

「現在於內心深處想像那個小男孩想要什麼。」

我想了一些字眼：勇氣、遊戲、創造。

「這些字會變成你的使命。」他說。

我對自己複誦這些字眼，聽起來像是沒有說服力的企業價值觀聲明。

「想像一張投射到天空的圖，那是你的小男孩的完美世界，這個世界看起來是什麼樣子？」

我心中浮現的第一件事是我青春期對建築設計的痴迷。還記得八歲時我計畫如何在我家附近的空地上開發一個購物中心，這時忽然想到，原來我以前是一個小霍華·洛克，就是艾茵·蘭德的自由主義經典之作《源泉》⁹中那個有自信的建築師。

那天下午，我們默默穿過最近才犁過的田地，我思考心中那個小霍華·洛克。那個小土地開發員發生什麼事了？為什麼我會忽視他這麼多年？然後我試著甩掉這個想法。**到底是怎麼回事？我來這裡是要發現我的宙斯能量，而不是心中那個自由主義者！**

我們回到室內後，分到一些鼓，並拍打著一個節奏。十幾個已經入門的男人走進房間圍著我們唱誦：「勇氣、勇氣、勇氣、勇氣。」唱誦聲逐漸消失後，一個男人喊道：「把地毯拿出來！」三大塊圓形的地毯被抬進來，接著我們就散成幾個小組，一個新成員站了出來。

「你的使命是什麼？」我們的小組領導人用濃厚的倫敦腔問。

「創造一個友愛的世界。」沉思的新成員說。

「誰是第一個讓你覺得這沒有可能的人？」

「我母親。」

「他會當你的母親。」倫敦腔指著另一個男人說。「告訴他你的感覺。」

那個沉思者開始對著替身媽媽喊叫，不久便失控地哭泣。

「你現在想要擺脫這種感覺嗎？」倫敦腔問。

「是的。」沉思者回應。

比較有經驗的男人們聚集在一起，小聲地說話，然後開始從一個大木箱裡拖了一些東西出來，包括運動墊、曲棍球棒、大毯子。他們把曲棍球棒遞給沉思者，他接過來並攻擊穿戴著墊子的媽媽。

我現在愈來愈擔心，因為我不想用曲棍球棒攻擊我母親，也不想攻擊我父親，連卡爾也不應受到曲棍球棒的伺候。

類似的程序重複對每一個新成員進行。有個人通過一個捲起來的地毯做成的產道重生；另一個人被大家用雙手抱在懷裡，我們還一面為他唱著〈奇異恩典〉。有些時候我覺得自己好像置身於卡拉瓦喬的畫作之中——男人們吶喊著要活下去。

輪到我了，可是我想不到要說什麼，如同一個沒有台詞的演員。

「放開你的理智。」倫敦腔喊說。

我用力地想。

「我需要勇氣。」

「我知道我們要做什麼了。」倫敦腔回答。我被蒙上眼睛，然後被帶到高高疊起的箱子頂端，從一個突出的地方踏出一步，向後落下，被下面的十個男人接住。我不禁感到失望，打造這個團隊的標準是不是太「聳」了？

但就在我覺得自己真是不知好歹而產生罪惡感時，我的兄弟們把我抬到他們的頭上方，我開始像男高音般全力大叫。我不知道自己有沒有什麼大突破，但我絕對有感覺到一股宙斯能量在體內沸騰。

暮色灑在蘇格蘭的山峰上，舉行入會儀式的時候也隨之到來。

「你叫什麼名字？」一個留著白色鬍鬚的老者問。

「孤獨的狼。」一名新成員回答。

「你現在的名字是什麼？」

「友愛的狼。」

整個團隊唱誦：「友愛的狼、友愛的狼、友愛的狼、友愛的狼！」我走上台，聽到那個老者說：「你原本是貼心的猴子，現在是勇敢的猴子。」其他的人吼叫：「勇敢的猴子！」

在得到新名字之後，我們拿到一隻筆和一張紙，要寫信給自己，這封信會在六個月後寄給我們。我寫了信，最後以詩人里爾克的一句短語作為結束，**你必須改變你的生活**。

天色已黑，我們被帶到外面，身上不著一絲寸縷而且蒙著眼睛，把我冷得直打哆嗦。我們慢慢步行了大約十分鐘，然後我聽到鼓聲和火焰燃燒的劈叭聲。

摘下眼罩，一個男人正在咆哮著。

我看到一個巨大營火的四周圍繞了五十個人，全都一絲不掛，而且全戴著同樣的項鍊。接著我們加入他們，開始繞著火跑，愈跑愈快，過了十五分鐘左右，我們停下來肩併肩地站著，我們是一夥面對面圍成一圈的裸男。

「男人這麼做已有數千年。」一個白鬚老男人說，然後每一個新成員拿到一條項鍊，他們說這是我們神聖的護身符。我們在臉上抹灰，新的名字被大聲地呼喚，輪到我時，我拿著我的護身符，聽到我的兄弟們叫著：「勇敢的猴子，你是勇士！」

4月23 卡爾　　今天我在多鄰國上完最後一課，這個月我天天使用這個應用軟體，從早到晚。現在，這個月只剩下幾天了，我已經來到了法語樹的盡頭，流暢度到達 51%。

我好奇著想要評估自己的程度，於是登入一個社交群體，那是多鄰國的愛好者炫耀個人成就之處。然後我看到一個使用者同時在學十九國語言，包括挪威語和威爾士語。「我第一個語言樹用三個月完成。」這個經由數位學習通曉多國語言的人說，「之後我在一兩個月內完成其他語言樹課程。」

我本來想要吹噓自己的成就，可是要對誰說？又不能對老婆和女兒說，因為他們現在很受不了我成天盯著手機或電腦，也不能對安德烈說，因為他人在某個男人營，我考慮在多鄰國社群平台上貼一個帖子，但看起來也沒啥意思。

安德烈 4月24

大清早的，我們已經全身赤裸裸地在一個大房間裡，配合殺手樂團的專輯《光明面先生》跳舞。在釋放內心的狂野男人之後，我們圍成兩個圓圈坐下來，依舊赤身露體。一個長相疑似傑瑞米‧克拉森的中年男人坐在圓圈的上首，手上握著兩大支木製的陰莖，圓圈裡的男人一個個輪流拿一支陰莖並談論自己的性欲，片段片段的個人性史逐一被說出來。輪到我時我說，儘管是在一個對性開放的家庭環境下長大，但是我不喜歡談論性。「阿門。」克拉森說。

我們還是赤裸著身體，但現在已穿上鞋子，並穿過凍死人的田野，直到抵達一小塊空地，空地中央生著一個大火堆。我們環繞著火堆，皮膚上的雞皮瘩疙開始消失，一張張紙張被扔進火堆裡，那是我們在這個週末一開始時所填寫的問卷，火焰裡的那個，就是以前的自己嗎？

數小時後，我坐計程車去機場，手上拿著我的護身符。我還是不知道要如何去理解這兩天的經驗，或者這對我與卡爾的關係可能意謂著什麼，可是這麼多年來，我頭一次感覺和男子氣概有了多一點點的接觸，不管那是什麼東西。

在坐火車從巴黎戴高樂機場進城時，我設法和珊姆說法語，可是我說得太慢太爛，所以她改說英語。

「計畫改變，你今天本來要做的訪問取消了。」珊姆說。

「謝天謝地。」我說。

「明天你會在書店介紹你的書，然後星期五你會做一場較長的廣播訪問。」

呀，這表示我還有一點時間練習。

我來巴黎和卡爾度過幾天，希望把我們兩人的關係問題拋在腦後。

晚上，我們在小巷子裡的一家小書店舉行新書發表會。大約有四十張椅子塞在這個小小的空間裡，座無虛席，還有人站在後面。

卡爾全程用法語念他的講稿，並用法語回答了一些問題，然後改用英語，實在難以相信卡爾不到一個月以前才開始認真學法語。能與他共事，我與有榮焉，可是我私自感到一點慚愧。卡爾一個月之內學會了法語，而我做了什麼？和五十個男人圍著營火裸舞？

「Je suis très heureux d'être ici（我很高興來到這裡）。」我開始說。我們坐在舒適的椅子上，我和安德烈一起面對著讀者。這家小書店擠滿了人，我的心臟在狂跳。

「J'ai une confession que je veux fair.（我要招供。）」是的，我要招供。是關於我的法語，我那蹩腳可悲的法語。我解釋說，一個月前，我的法語更破，可說是完全不會。「Je n'ai pas parlé un mot de Français il y a un mois.（一個月以

來，我一句法語都沒講。）」可是我一直在努力提高我說法語的能力，我向讀者們保證。不過，如果他們覺得我說的法語聽起來刺耳的話，我可以理解，這感覺像是一個必要的預防措施。

我的心裡七上八下，今天一整天都是一種折磨，我一直在準備這場演講，而且坐在一家小酒館裡，努力用少量的紅酒鎮定我的神經。

「D'apres l'application de Duolingo je parle 51 percent Francaise.（根據多鄰國應用軟體，我的法語口語能力評比為 51%。）」

他們現在哈哈大笑，甚至給我小小的掌聲。我告訴他們關於安德烈的超馬和我自己在舉重世界的冒險，然後繼續說明我們前面這本書主要的論點。

發表會結束後我鬆了一口氣，可是事情還沒有結束，明天會更慘。

安德烈 4月 29

這一整個月，我們雖然置身兩個不同的國家，但都在努力修補彼此之間的關係。可是今天我們重聚在一起了，並與治療師約診。

我們坐在彼此身旁，在沙發上和螢幕裡的治療師說話。「我只能維持這樣一年。」卡爾說。「而且，安德烈的第二個孩子就快生了。」我大吃一驚，因為我是私下告訴卡爾這個消息，現在有五個人知道我們有喜的事了，就是梅兒、我、醫師、卡爾、我們的治療師，一切順利的話，孩子會在耶誕節前誕生。

後來，我們走進一幢有股鍋子味的大樓，那裡有一個另類的小電台。兩位年紀稍長的婦人迎接我們，她們要用法語採訪卡爾，他同意這麼做時令我十分驚訝。稍後我們坐在電台裡，卡爾穎用法語回答問題，於是在中途放音樂的休息時間裡，我向卡爾道了恭喜。

我們晚上好好地吃了一頓昂貴的晚餐，吃完回家時順路去了一家夜店。跳舞時，我的宙斯能量燃起，我開始像野人一樣地發出嗚嗚啊啊的聲音——

赫嗚赫，啊啊啊！嗚，赫，赫，啊啊啊啊！一群男人聚集在我四周，其中有一個人加入我的叫囂。一會兒之後，我把他帶到一旁，看著他的眼睛告訴他，他是一個男人，這個消息令他頗為愉悅。我感覺到一種男人之間的交流，於是把我的護身符給了他，然後揚長而去。

4月 29
卡爾

「所以我們該跟治療師聊什麼？」我們在一家典型的巴黎小餐廳吃早餐時，我問安德烈。

「唔，她好像真的熱中於談行為模式，所以我想可以談那個。」

我大笑。

「怎麼了？」安德烈說，一臉迷惑。

「你就是這樣！」

「怎樣？」

「我們付錢做治療，所以治療應該要以我們的需求為主。可是你想到的卻只是她想要從談話中得到什麼。」

一小時後，我們回到那幢公寓裡，開始了治療：

「你們現在覺得如何？情況有所改變了嗎？」治療師問。

「我想說什麼都沒有改變，但一切又都不一樣了。」

「怎麼說？」

「我覺得我就是那些辭去工作的怨婦之一，接受老公出軌的事實，因為她們心底知道，到最後，他們還是會回來的。」安德烈和治療師看起來有點不安。

「那安德烈，你覺得呢？」

「嗯，我不知道。」他說。

治療結束後，我得準備電台的訪問。

數小時後，我們走進電台，在一個小房間裡見到那兩位節目主持人。他

們看起來很開朗，開始和我閒聊，以為我會說法語，當他們了解並非如此後，便開始擔心起來，珊姆插嘴說，她可以幫忙。

我們現在在錄音間，珊姆走了。他們問了我一個我不是很懂的問題，但我猜了一下，然後便開始盡可能地回答問題，低頭看我的筆記、猶豫地朗讀一個句子、重複我說過的話、說話結結巴巴、停頓、再翻閱我的筆記。我像是被困在那裡，無處可逃。

接著珊姆進來錄音間，拿著一袋啤酒，遞一罐給我。不久我就找到一個新的節奏，比較充滿戲劇效果的是，我想像自己是喝醉酒的法國傳奇歌手塞吉‧甘斯柏。這應該可以解決問題，我心想，但是主持人看起來一臉茫然，後來我堅持讀了一段很長的話。

一小時後訪談結束了。我有點想嘔吐，腦袋瓜也暈暈乎乎的。不過安德烈上來給我一個擁抱後，我反而有些想哭。

5月／靈修

房子裡安靜下來後，我回到樓上打開《聖經》。
這一星期以來，我在各個教堂禱告時體驗到極度的平靜。
在穿過鄉野走向坎特伯利大教堂時，我有一股強烈的目標感，
可是迄今尚未如願得到超自然的靈修體驗。

安德烈 5月 1

　　我跨過那座十九世紀教堂的門檻時，拿到一本英國聖公會的讚美詩集標準本。三十個人安靜地坐在長椅上，我找了一個不起眼的位置坐下來。

　　星期天早晨上教堂對許多人而言，是這世上最正常的事。每個星期天，英國有七十六萬人去英國聖公會做禮拜，但這對我而言卻是一件大事，因為我是無神論者，不記得自己在二十歲以前曾經踏進過教堂。

　　教區牧師登上講道壇，教友們開始唱聖歌，我跟著哼唱，一面拚命在聖歌本裡搜索正在唱的那首歌。一位老先生站起來開始誦讀，提到一些我不認識的人名，在布道結束後，一些老人走過來跟我握手，我也笑著和他們握

手。

　走出教堂後，我步入燦爛的晨光，內心頓時感覺輕鬆了起來，心靈變得清新，但卻沒有那種我希望得到的超凡感受。穿過公園時，我懷疑到月底時是否能擁有真正的靈修體驗。

　　　　　　　　我坐在床上，用手機搜尋靈修活動。陽光從窗戶折射進來，讓我的雙腿變暖和，看來春天已經到來了。

　一小時後，我訂了三天的新時代靜修活動。這個月是有難度的，因為我的靈性可說和烤麵包機不相上下，我沒有宗教信仰，新時代的能量，像是查克拉或瑜伽脈輪在我看來像是脫離現實的，而且我討厭焚香的氣味。當然，有些有關靈性的事物我是喜歡的，像是塔可夫斯基、索科洛夫、泰倫斯‧馬利克的電影。記得二十來歲時我喜歡看赫曼‧赫塞的小說，大約在同一時期我也喜歡看古印度的《奧義書》[1]和《薄伽梵歌》[2]。可是赤腳在森林裡舞蹈和擁抱陌生人？這不是我會做的事，至少目前還不會。

　下午我與一位友人在一家能遠眺海港的素食餐廳吃午晚餐。

　「我這個月可能要吃素。」坐下來時我說。

　「是喔，為什麼？」

　「為了我的靈修之旅，之後說不定我就會成為素食主義者了。」

　「這樣啊？」

　「我可能也會嘗試生食。」

　友人不表示意見。

　「然後說不定就不吃不喝地結束這個月。」

　「這樣就會讓你變得比較有靈性嗎？」

　我看著牆上的一塊木牌，上面寫著：**生活、歡笑、愛，生命中最重要的事情不是物質。**

「我想會吧，對。」我說。

「你看看這個。」卡爾用 Skype 說，傳了一個他要去參加的新時代靜修連結給我，地上有一群嬉皮面對領導人盤腿而坐。「我的計畫是這個月直接深入新時代的靈修。」

「可是你不是討厭新時代的東西嗎？」我說。

「噢，我從來沒有認真地試過。」他頓了頓，「所以，你有什麼計畫？」

「我會嘗試各種宗教。」

「呃，好啊。」卡爾說，可是我聽得出來他的狐疑。

「我覺得我可以連續四星期每星期嘗試一個新的宗教。」

他默不作聲。

「我會專注在世界各地流傳最廣的宗教：基督教、伊斯蘭教、佛教、印度教。」

「然後？」

「到月底時，我會把所有對靈修的洞察集中在一起，並且登頂英國最高峰，希望能有一個超凡的靈修體驗，這些事情我以前一件也沒做過。」

「對不起，可是我不懂，這和自我提升有什麼關聯？」

「拜託，卡爾，宗教是最古老的自我提升方式，那些自我幫助的東西只不過是把各種宗教在好多個世紀以前建議的東西加以巧妙偽裝的山寨版罷了。」

我的聲音愈說愈大聲。

「現在熱門的自我幫助是什麼？正念，對吧？這只是給冥想靜坐改個名稱罷了，可是這事佛教徒已經做了好幾千年；清晨五點起床？數以百萬計的穆斯蘭天天都這麼早起；每天對自己吟誦格言？印度教徒已經做了一千年；長時間沉思漫步？基督教的朝聖者也做了好幾世紀。」

卡爾不吭聲。

「他們要傳達的訊息基本上是一樣的，以經典的自助書籍為例，諾曼・文生・皮爾的《向上思考的祕密：奇蹟製造者的困境突破術》[3]講的全是上帝：保羅・科爾賀的《牧羊少年奇幻之旅》[4]講的是一個男孩穿越北非的個人朝聖之旅，每隔一頁就會提到上帝。」

我聽得出來卡爾還在電話線上，所以繼續往下說：

「宗教也囊括所有自我提升的方法。我剛在《金融時報》看到一篇文章說，倫敦中心的教會從 TED 演講中汲取靈感，使他們的服務更吸引人。」

「很好。」他說，便掛斷了電話。

我和女兒並肩坐在沙發上，用手機瀏覽提摩西・費里斯的部落格。「從來沒有參加過靜坐嗎？」他問，「這些引導靜坐的應用軟體會使你的感覺大不相同。」他推薦使用 Calm 和 Headspace，我兩個都下載，然後在 Calm 上報名一個十天的課程。

現在我坐在地毯上，盤著腿，戴上耳機。

「你在幹嘛？」愛絲特問。

「我在靜坐。」

「為什麼？」

「要讓自己平靜，找到內心的平靜，給我十分鐘就好。」

我閉上眼睛，把自己交給耳朵裡那個輕柔的聲音，她說到工作和日益增加的壓力、從某件事到下一件事，我們似乎得永遠處於待機狀態，接著她說到放鬆、平靜、靜坐的重要。我對這些說法感到意外，她是社會評論家嗎？應用軟體竟然能使我逃離資本主義，感覺有些奇怪。

靜坐的引導開始，我依照她的口令：用鼻子吸氣、用嘴巴呼氣，審視我的身體、留意我的感覺，數息。十分鐘後，她要我張開眼睛，我感到十分平

靜。愛絲特還坐在沙發上看一部影片，她看向我，露出笑容，問我現在平靜下來沒有。

「有，我覺得有。」

晚上，我聽一支稱為《七個脈輪》的播客，訴說一個平凡的美國人拜正念之賜，擺脫原本貧窮又憂鬱的日子，進入展現個人能力和實現自我價值的新生活。

我繼續我的研究，在《富比士》的一篇文章中看到，正念不但會幫助我更專注，還能對抗焦慮、憂鬱症、對身材的羞慚、種族主義、年齡歧視；練習正念會讓我成為一個更注重當下的父親、更專注的員工、更加寬容的朋友、更有同理心的情人；正念也會幫助我體驗到「更新奇的性愛」，《赫芬頓郵報》如是說。

倘若這些說的都是真的，也就難怪靜坐搖身成為一門大生意，二〇一五年，靜坐和正念的市場價值幾乎達十億美元，市場上最熱門的應用軟體 Headspace 已被下載六百萬次。

我穿過一個開滿了古雅小茶店的村莊，來到朝聖之路，這是位於溫徹斯特和坎特伯利之間的新石器時代人行道，全長將近有二百公里。喬叟《坎特伯利故事集》有部分內容就發生在這裡。

這星期已經快過完了，我還在努力找出一個方法認識耶穌基督，我一直在讀聖經和上教堂祈禱，可是這並不夠。wikiHow 建議我應該要上教堂，與耶穌基督一起度過有美好的時間、領聖體、讀聖經、直接透過禱告跟祂講話。我也可以齋戒、儉樸、施捨、唱聖歌、使用聖珠或者⋯⋯ 鞭笞自己。然後我找到一個看起來完美的選擇，就是朝聖，這保證是靈修與健身理想的結合。史丹佛大學的神經系統科學家甚至做了一個研究，發現走在大自然裡可以大幅降低人們反覆的負面思考。

我開始往坎特伯利的方向展開三十公里迷你朝聖之旅，並努力讓大腦保持一片空白，專注於步伐、呼吸、風，以及斑駁的光線。我走進一個空曠的田野時自拍了一張，傳給卡爾，再往前走幾公里，看到一個路標說我已經走在一條歐洲重要的道路，可以一直通往羅馬。

我經過一家農場商店、草莓田、一隻死掉的兔子、一個拿著英國地形測量圖努力找路的健行者，以及對著他們的狗謾罵的一對老夫婦。

接著出現另一個路標，寫著：「從這裡你可以看到坎特伯利大教堂。」我可以依稀從遠處辨識出這座教堂，但它還遠在十公里外，我知道繼續這麼走下去，會趕不上晚上的禮拜，於是跑了起來。

跑著跑著這條路漸漸變成一條較寬闊的道路，並通往一個美麗的村落。教堂的鐘聲敲響三下，我經過啤酒花栽培地和一座已廢棄的流動工人活動房屋車營地，接著穿過一條公路後，我的體力開始減弱，於是設法找到心中的那個野人，又吼又叫地跑上一個陡坡。

走進大教堂時，禮拜已經開始，我則是揮汗如雨，這時一位穿著黑色斗蓬的婦人讓我坐在後面的一個座位上，和其他做禮拜的人隔得遠遠的。我穿著短褲和 T 恤，大聲喘著氣，前面是唱詩班，而聖壇的四周則有十位穿著最精緻長袍的牧師坐在那裡，當天正好是一位聖徒的紀念日。

在回家途中，我坐在火車上喝啤酒，感覺像是辛苦工作一天後回家。可是我的工作是什麼？照顧我的靈魂嗎？我今天走那麼長一段路有沒有讓我的靈魂強大起來？有沒有使我接近靈修體驗？我不太確定，不過我確定自己很高興在一個燦爛明媚的春日裡踏著英國的鄉野。

卡爾　5月 7

我在海邊的房子後面，一個人閉著眼睛，聽著那個虛擬的正念女性柔聲對我說話。我就在那裡，在當下，專注地感受我的身體，數息。忽然之間，有人從後面衝上來，搖著我的肩膀，對著我

的耳朵尖聲叫著：「哇！」是愛絲特，她找到我了。

「不好玩。」我生氣的說。

那天下午，看完五十頁保羅·科爾賀的《牧羊少年奇幻之旅》後，我爬到屋頂坐在屋脊上，裸著上身，準備靜坐一下。十分鐘後，在平靜且神清氣爽的狀態下，手機響了，是臉書發來的通知，說我在一張照片中被標記，我打開臉書，出現一張我在屋頂半裸的照片，是幾分鐘前從陽台拍的。這一次不是愛絲特在鬧我，而是我老妹。

第二天午餐時，我騎自行車去一家靈修中心，就位於斯德哥爾摩中心一條空蕩蕩的小巷子裡，我沿著一道海報牆走上幾級台階，這些海報都裱框而且排列得相當整齊，包括佛像、花卉、智慧箴言。我脫下鞋子，進了門被漆成藍色的主廳，在擺著一排靠枕的長沙發上，有一個年輕的男子在靜坐，他穿著內衣，兩腿交叉盤坐，眼睛閉著，雙手放在膝蓋上，食指和拇指相抵圈成一個圓，其餘手指伸直，伸向空中、宇宙、萬物。他的身形瘦削、敏捷、長相好看，褐色捲髮垂在肩膀上。

我走到那個小接待區，背對那個年輕人，因為他還在靜坐。

「我想要加入會員。」

「好的，沒問題。只要交一百元，你可以試上所有課程一個月。」一位年輕的金髮女子說，

「好，謝謝。現在有什麼課嗎？」

「正念課，二十五分鐘內就開始。等待上課的時間裡，你可以喝一點茶。」我走到休息室，幫自己倒了些薑茶，坐在一張大餐桌旁，翻閱一本講脈輪的書。

二十五分鐘後，我走進一間牆面是白色的小房間，在一張靜坐座椅上坐下來，盤腿面向講師，她是一位白髮並穿著白色衣服的年長婦女，用跟 Calm 應用軟體裡那個女性以及 Headspace 裡那個男性說話時同樣平靜、具有撫慰作用的語調說話。我們坐了三十分鐘，審視自己的身體、注意自己的呼吸，

放下心念。上課的人就只有我和三位中年的專業人士，他們三個好像都是利用午休時間到這裡來的。

在我在更衣室裡換衣服時，其中一位從事金融業的德國人問我為什麼會來。

「我就是好奇，想要嘗試一些新東西。」

「你來到這裡並非偶然。」感覺他像是在測試我。

「不是嗎？」

「不是，因為這是一個非常特別的地方。一個非常特別的地方。」他直視我的眼睛，讓我覺得我好像是一個叛徒、一個間諜、一個內鬼，好像我即將被誰發現。

安德烈 5月 8

房子裡安靜下來後，我回到樓上打開《聖經》。這一星期以來，我在各個教堂禱告時體驗到極度的平靜，在穿過鄉野走向坎特伯利大教堂時，我有一股強烈的目標感，可是迄今尚未如願得到超自然的靈修體驗。

在當基督徒的一星期結束之前，我想要讀完《新約》。我已看完〈福音書〉、〈使徒行傳〉、〈使徒書信〉，裡面的訊息感覺很熟悉，因為這些早已經融入我們的文化結構，包括與死亡的鬥爭、成為信徒團體一員的喜悅、超越苦難後就有希望的承諾，這些訊息每一個都不只出現在基督教的宗教藝術裡，也出現在許多我和卡爾今年看過的許多自我提升書籍裡，唯一的差別就在於：《聖經》要求你信任上帝，而大部分自助書籍則是要求你相信自己。

在結束當基督徒的這一週之前，我讀了《新約》的最後一部分：〈啟示錄〉，結果大驚失色。那些場景真是讓人膽顫心驚，宛如電玩《地獄神龍》的用酸高手發明出來的，看完最後幾個字後，我闔上我的綠色《新約聖經》小本子。

這些奇怪的毀滅想像如何能與我星期天做禮拜時的柔和平靜相應？我喜歡溫和的基督教精神更勝於〈啟示錄〉的可怕景象。

<table>
<tr><td>卡爾</td><td>5月
9</td></tr>
</table>

傍晚我走進靈修中心去上一節脈輪冥想舞蹈課。我在一個名為 chakradance.com 的網站上了解，這個課用的是「即興舞蹈，配合特定的脈輪共鳴音樂」，以便把整個能量系統重新調整，讓我接觸到神聖的內心，我不太確定這個意思是什麼，但值得一試。

我換上跑步穿的緊身褲和一件運動衫，走進一間白色的大房間，裡面的牆壁和天花板漆了一些勵志的字：

連接，徹底，參與

我們面對講師，赤腳站在一個象鼻神塑像前面，他長得又高又瘦，穿著寬鬆的運動褲和一件胸前寫著**保持真實**的黃色運動衫，一頭白髮綁成馬尾。

「我們必須接觸到自己的怒氣，」他解釋，「社會禁止憤怒，但是憤怒是重要的，這是生活，是能量。」

他解釋說，在這間房間裡，我們是自由的。我們都是個體，可以隨心所欲做想做的事，可以尖叫或吼叫、放聲大叫；我們可以做自己，用真心，不虛偽。

「一切都和父母有關，」他說，「你必須擺脫他們的束縛。」我現在完全懂了，因為我才與父母在海邊愉快地休養生息，大啖美食，度過一個快樂的週末。

印度音樂經由喇叭大聲放送。講師跳起舞來，我看著他的動作，看他的雙手在空中揮舞，隨心所欲地表達自己，然後他刺激自己的第三個脈輪，就在腹部四周。

我們所有的人也跟著跳舞，只是用不同的方式，不模仿彼此，做真正的自己。講師把音量轉大，一個穿著牛仔短褲和上衣的年輕女子在房間裡繞圈跑著，一面像風車似的轉動她的兩隻手臂；我旁邊是一位年長的婦女，臉色蒼白虛弱無力，整個人埋在她的長袍裡，她站在原地，在自己的宇宙裡，閉著眼睛和自己共舞。

然後邦喬飛的歌聲從喇叭傳出。

這是我的人生（It's my life）

一個四十五、六歲留著落腮鬍、髮長及肩的男子如同軍人行軍般，隨著樂曲大吼大叫：

把握現在，機會稍縱即逝（It's now or never）

他臉上的汗水狂流而下，嘴巴扭曲，兩條腿踢得高高的，也許是邦喬飛打動了他的心。他用手指指著自己、摸著自己的胸膛，大聲尖叫：

我的生命有限（I ain't gonna live forever）

我自己在窗戶下跳舞，汗水直冒，心生懼意。

他們現在放的是皇后樂團的歌，房間裡已經沸騰了，他們全在尖叫，並朝空中拳打腳踢。講師在繞圈跑、觸碰我們，然後停在象鼻神塑像前面，開始前後推動臀部，快速而有力，彷彿在跟空氣打炮、跟空間「炒飯」、跟空氣嘿咻。

然後我們躺在地上，在厚厚的毯子下喘氣，冥想音樂靜靜從喇叭傳出。我瞪著天花板，目光穿過窗戶，看向藍天，想著這個計畫，並努力試圖了解

我為何在此，為何要經歷這種瘋狂。

安德烈	5月 9

隨著另一個星期開始，我要拋開基督徒，準備探索伊斯蘭教。

根據 productivemuslim.com（一個住在達拉斯，名叫阿布‧生產的人設立的網站），《可蘭經》就是一本終極的自助書。我瀏覽這個網站，發現「高效體會伊斯蘭教計畫」，這個指南幫助我依不同類別列出我的目標：伊斯蘭教、個人、家庭、工作、社區、烏瑪（穆斯林共同體）。頂端是時間間隔：六個月、十二個月一直到二十年，然後是 Akhira（來生）。

在現階段，規畫我來生的目標，這個野心太大了點，所以我決定保持稍微短一點的時間範圍就好。

好穆斯林有五功：念（聲明對先知穆罕莫德的信念）、拜（每天五次祈禱禮拜）、課（做慈善）、齋（在伊斯蘭曆的齋戒月齋戒）、朝（到麥加朝聖）。

有一些功對現階段的我來說做不到，我無法信任一個我所知甚少的宗教。現在不是齋戒月，所以齋戒也免了，而且身為非穆斯林，我無法去朝聖。

這一來我就只剩下禱告和做慈善了，除此之外，我會努力經由讀經來了解這個信仰。

所以，一開始我選了一本企鵝出版社出版的《可蘭經》，經文分成一百一十四個章節，其中最長的〈黃牛〉位於全經之首，而最短的一章〈世人〉位於全經之末。

卡爾	5月 10

我去廚房倒了一杯咖啡但沒有加牛奶，因為我現在吃素了。然後打電話給安德烈。

「我在提摩西‧費里斯的網站上找到你可能感興趣的東西。」我說。

「是什麼？」安德烈好像只有稍為感興趣，也許他對費里斯仍然抱有遲疑。

「叫做三十天挑戰。一個月不喝酒、不手淫，他們稱之為 NOBNOM。」

「哦。」

「你在當穆斯林，對吧？」

「對啊，我的計畫是如此。」

「所以，你要加入嗎？你可以跟我一起挑戰。」

「好，隨便你。」

 凌晨四點半，我走進浴室，感覺到腳底下清冷的磁磚，開始在祈禱之前潔淨身體，雙臂和雙手洗三次，然後是臉，再用水洗嘴巴三次，接著把水吸進鼻子。最後將水倒在頭上、腿上、腳上，同樣的動作重複三次。現在，我感覺清爽又清醒。而東尼‧羅賓斯在寒冷的早晨淋浴的畫面再一次浮現腦海。

我穿好衣服下樓，鋪了一條小土耳其地毯，確定自己是面向麥加。

前一晚，我在 YouTube 找到一群澳洲人製作的伊斯蘭教祈禱指南，我按下播放後，依照說明做每天的第一次祈禱，稱為晨禮。

我舉起雙手，鞠躬並把一隻手放在心口，再鞠躬跪下。自始至終都是那個澳洲人在引導我，我完成最後一個動作，先向左邊的天使致謝，再來是右邊的天使。

還不到凌晨五點，我已經坐在桌子前工作，覺得精神集中而且有朝氣，也許這就是伊斯蘭教版的「清晨五點的奇蹟」。

75% 的美國人每星期至少祈禱一次，甚至有 17% 的不可知論者和無神論者說他們經常祈禱。根據我發現的一項研究報告，禱告會提高一個人的自制

力，減低怒火，使人更能對抗倍感壓力的狀況。

下午一點後不久，我再度鋪開墊子進行晌禮，正午的禱告。晚上六點後，我進行晡禮；日暮四合時，到了昏禮。十點鐘完成宵禮後，我的兩條腿因為做跪倒的動作一天下來而痠痛，可是我感覺平靜而疲憊，這些祈禱切斷了時間的連續性，而且我挺喜歡一整天都沉浸在我的靈修本質裡。

早上六點上完混合健身課以及一堂正念課後，我回到靈修中心，上這輩子的第一堂瑜伽課。

瑜伽從古印度的根源變成一個價值二百七十億美元的龐大產業。二〇一二年練習瑜伽的美國人在二千萬人以上，比二〇〇八年增加29%；同一時期，在瑜伽商品方面的花費增加87%。一般瑜伽修行者是中產階級背景（《瑜伽期刊》有30%的讀者收入在十萬美元以上），且其中有83%為女性。

我鋪開瑜伽墊坐下來，面向領導者，他是一個年紀四十五、六歲長相好看的男子，剛從加州的長途心靈啟發之旅回來。

老師指向頭上方的天花板，上面印著「**放下**」兩個字。他說明，要達到這種放下的狀態，必須透過三個步驟，第一個是要「在身體裡面」，第二是「要真實」，第三是「在一起」。

「使你來這裡的原因不會帶領你到達那裡。」他說，頓了一下，然後又說：「使你到**這裡**的原因，」他向地面指，「不會使你到達**那裡**！」現在他的手指向天花板的方向並且咧嘴笑而起來。

「如果你做了你一直以來在做的事，」他又一次停頓，「就會得到你一直以來得到的。」

我們頻頻點頭表示認同。

「我想要把已經在你們身體裡的東西拖出來。」

瑜伽的動作開始，我緊張地偷看別人，模仿他們的體位法。而我才剛剛

讓自己擺出一個新的體位，伸展雙腿，老師又打斷我們開始說話。

「現在沉思一下。你們是因為我告訴你們這麼做而做，還是因為你真的想要這麼做？」

我一面想這個問題，一面在接下來的一個半小時裡繼續按照他的口令做動作，最後他說 namaste（感謝），並告訴我們可以把墊子收起來回家了。

晚上我回到靈修中心上一節拙火[5]靜坐課。大廳裡滿滿的人，有些上完脈輪舞課的人坐在沙發上喝薑茶。我不想在那裡閒晃，於是換好衣服直接走進教室。

我們圍成圓圈，赤腳站立。上課的人有我、五個女的，以及一個令我害怕的老先生。他咧開嘴對著我們所有的人笑，並且盯著所有的人看，然後他衝向一個女的，抱住她不肯放手。這一幕擾亂我的心神，因為他看起來真的很淫蕩。

拙火指的是一種原始的性欲力量。出自梵文，意思是「盤繞的蛇」。那天稍早我和一個紅顏知己說過，她叫我要小心，她說她有一個朋友被亢達里尼的靈附身，發瘋了。

音樂很吸引人，聲音很大，而且不斷重複，讓我想到史提夫・萊許的音樂。我模仿老師的動作，她是一位身穿白衣、臉色蒼白的老婦人，她用腳跟跳上跳下，而身體的其他部位是放鬆的。用腳去踩地板，據說會激起一股特殊的能量，而這股能量是要在我們的身體裡運行，像一條盤繞的蛇那樣，一直到達頭頂，這會喚醒昆達里尼的靈，使這股性的原始力量復甦。我後來在 kundaliniguide.com 網站上看到：「喚醒這個靈可能令人心驚或引起混亂，可能令人驚恐或是充滿喜悅，而且通常會在喚醒這個靈的人身上引發數月到數年的新感受和改變。」

音樂開始加快了，我們圍著圓圈繞教室舞動，我變得愈來愈累，因為這一天實在太漫長。等音樂停止後，我們坐了下來，老師要我們保持靜止，十五分鐘不要動。結果證明這是一件難事，因為十二小時前上的混合健身課和

六小時前上的瑜伽課讓我的身體痠痛不已，現在我們可以躺下了，平躺在地板上，想要的話也可以稍微動一動，我躺在那裡，蓋著厚厚的毯子，想起瑜伽老師說的話：「你們是因為真的想要做而做的嗎？」

安德烈 **5月 13**　　　我在金絲雀碼頭上火車時，發現有兩位孟加拉的老先生和那些金融業人士站在一起。我可以從他們的衣著看出他們和我以及英國其他三百萬名穆斯林中的千萬人要做的事是一樣的，就是去參加清真寺週五的禮拜。

到目前為止，我一直是獨自探索伊斯蘭教，我僅有的嚮導是《可蘭經》和那位澳洲的伊瑪目，我在 YouTube 觀看他的影片。今天是我第一次和其他穆斯林一起做禮拜，事實上，這大概會是我這輩子去清真寺為數不多的幾次之一。

我到達東倫敦清真寺後，脫掉鞋子放在一個大鞋架上。這是英國數一數二大的清真寺，可以容納五千人。我感到緊張不安，也不知該如何做，這一點想必顯而易見，因為有一個男的走過來牽著我的手帶我到正殿，好幾百人正跪著等待禱告的開始。然後這位護送者拍拍我的背，帶我走上一道狹窄的樓梯，進入一個天花板低矮的長形房間。我從大窗戶可以俯瞰下面的主殿，裡面站滿了人。他們看得出我一竅不通，但我在這裡，看起來並不構成破壞。

「你要喝點咖啡還是茶嗎？」那位彬彬有禮的年輕男子問。

「不用了，謝謝。」我回答。

「你來這裡的原因是？」

「噢，我就住在這個地區，而我一直想要多認識一下伊斯蘭教。」

工作人員魚貫走入這個房間，然後默默地在樓下的人群中蔓延。

禮拜開始時，想必大殿裡至少有好幾千人吧。我應該和他們一起祈禱，

但我覺得自己能力不足，所以就站在一旁，感覺很尷尬。

禮拜結束後，唯一的白人工作人員帶我走出清真寺，穿過好幾百名發傳單和銷售香水的男子。儘管場面喧鬧，但我深刻感受到一種寧靜和善意。儘管不懂如何祈禱，但他們依然相當歡迎我。

每一件事都是從糟糕變成更糟糕，從奇怪變為瘋狂，從煉獄墮落到地獄。

星期六早上六點，我報名動態奧修靜坐班。奧修網站上寫著：「這個靜坐，是用一種快速、密集、徹底的方式，讓身心從過去的固有模式中解放，體驗在監獄水泥牆後的輕鬆與平靜。」這種靜坐是香卓拉‧穆罕‧簡（也稱為奧修）發明的，他在一九六〇年代走遍印度，鼓吹性開放，轟動一時，成為「性愛大師」。

在前往靜坐教室的途中，我拿了一個枕頭和一個睡眠眼罩，並找到一個角落的位置。我環顧教室，發現每一個人都在流鼻涕，這就奇怪了，因為現在是五月天，而不是一、二月容易感冒的時候。

原來擤鼻涕是靜坐前必需的準備工作，老師說，因為在剛開始的十五分鐘裡，我們會用鼻子用力吸氣，然後像手風琴那樣把空氣擠出身體。我蒙住眼睛俯身向前，手肘上上下下推，緩慢、深長、快速、短促，盡量避免陷入同一個模式。鼻涕從鼻孔裡湧出，我開始暈頭轉向。

「我做這件事是因為別人告訴我去做，還是因為我真的想要做？」瑜伽課的這些話再度在耳邊響起。

噹！！！

鑼聲響起，到了下一階段：淨化。現在每個人開始放聲吶喊、跳腳、大喊大叫、拍打他們的枕頭。

「我討厭你，去你媽的。」

我也在吶喊，不然還能做什麼？我在吶喊，不知所以地，而且不知道自己是在做哪一種吶喊，反正很大聲且聲音嘶啞。

噹！！！

我們在原地跳上跳下，雙掌放在耳朵邊，像是放羊的人被處罰一樣。每一次腳著地時，我們就發出呻吟聲。

嗅！嗅！嗅！

我們一起發出像是亞馬遜部落的聲音，準備戰鬥，腳跺著地面，恫嚇我們的敵人。

噹！！！

音樂停止，教室突然安靜下來。我們奉命站著不動，一步也不能移動，汗水從額頭直淌下來，讓我的鼻子發癢，最後滴落在地上；我們的雙手還在半空中，看起來有如牧羊人的人體模型；喘著氣，我的兩隻手臂慢慢垂下來，愈來愈沒有力氣，幾乎要垮下來了。

噹！！！

音樂重新從喇叭傳出，這次是錫塔琴，我們受命跳舞慶祝。我從眼罩下面往外窺探，旁邊的那個婦人在按摩她的乳房，動作像蛇一樣，讓她自己「性」起，現在她正靠在自己的手臂上摩擦。我重新退回眼罩下的黑暗，突然好想自己消失。

我沒有覺得性欲被勾起，也不覺得平靜，更沒有輕鬆和受到啟發的感覺，只感覺到空虛和害怕。

我做這件事是因為別人告訴我去做，還是因為我真的想要做？

安德烈 5月 14

一個孟加拉小哥大聲叫我。「喂大哥！」他可能十五歲吧。「你可以幫我買香菸嗎？」他邊說邊把一張皺巴巴的五英鎊鈔票往我這裡推過來。

我走進商店幫他買菸。把菸遞給他的時候，也把五英鎊退還給他，他一臉詫異。

在走回不遠的家的路上，我為自己幫助了一個窮困的穆斯林而感到自豪。我做了這星期的天課（慈善施捨），也實踐了伊斯蘭教的五支柱之一，就是施捨。

走進家門後我告訴梅兒自己小小的贈予。

「你為什麼要這麼做？」她問。「你設想一下，假使別人買了我們不想要麗塔有的東西給她。」

「你為什麼要對爸爸這麼大聲？」麗塔在小客廳說。

「因為爸爸在胡搞。」梅兒回答。

卡爾 5月 15

痛苦啊。看保羅‧科爾賀的書是痛苦的事，《牧羊少年奇幻之旅》是我這輩子看過最惱人的書；在一間中年人吶喊吼叫的教室裡跳舞是件痛苦的事；聽大師們說「關於父母的種種」、「放下」、「做真實的自我」也是痛苦的。

我坐下來發訊息給安德烈，告訴他我有多討厭這個月。

安德烈回給我一個連結，我把它點開，是提摩西‧費里斯的挑戰：「真正的心靈控制：二十一天不抱怨試驗」。

很好，那我就停止抱怨吧。

安德烈 5月 15

午夜剛過，我在讀《可蘭經》的最後一章，只有幾行，但感覺卻像是攀越了高山。

《可蘭經》的訊息十分明確，就是承認真主，接受他傳遞給穆罕默德並記錄在《可蘭經》裡的訊息。只要你這麼做，就可以幸福地躺在陰涼的花園

裡，一輩子飲用裡面有一片薑的涼水。

我把《可蘭經》放在一旁，回想過去這一星期。一天祈禱五次卻感到莫名的熟悉，好像是綜合了密集瑜伽、正念和宗教。

讀《可蘭經》的感覺比讀《新約聖經》更怪異，就像是看了來自另一個世界的訊息，是我不太能理解的。就我理解的部分而言，很明顯，我若真想被拯救，在信念方面就必須大躍進才行，但我覺得自己還沒有準備好這麼做。

我從吃素變成吃全素，現在隨著一個新的星期開始，我要採取新的飲食方式：生食素食。

走進附近那家生食餐廳的大門，離我家只有幾條街遠，第一個映入眼簾的是一堆我這個週末會去上課的新時代靜修中心的傳單。

我點了一客甜菜根漢堡和無堅果捲，然後在一張白色凳子上坐下來，翻閱一本生食的書，書上說生食是人原本該有的飲食方式，而且我們是這個星球上唯一吃熟食的動物，所以我們大概是最體弱多病的。在看這本書的時候，我在想，不知道在一切都是天然的、沒有烤箱、沒有爐子，直接從地上扯下植物並用兩手吃東西的「那時候」，平均壽命是多少。

食譜又長又複雜，需要大量昂貴的草本植物和堅果。為保持養分不流失，所有食材加熱不應超過四十九度。製作脆皮麵包要花大約兩天時間；把生的茄子切成細條稱為「義式麵條」；生的歐洲防風草經過食物處理機後稱為「飯」。這讓我想起在英國可以找到的袋裝薯片，英國的行銷天才們就有那個本事讓炸薯條聽起來像是一客有三道菜的耶誕大餐。

咀嚼了一小時之後，我走向隔幾條街的一家書店，買了一本生食食譜，然後回到附近的超市，買五袋堅果，一整籃蔬菜和一堆草本植物。

接下來四小時我都在下廚，做「義式麵條」（把西葫蘆切成細條）淋上

香蒜醬（不加帕瑪森乳酪）、一道草莓核沙拉加紅皮洋蔥、一個用番茄、胡椒、大蒜、芫荽做的西班牙甜辣醬（Romesco），以及一大盤沙拉。

味道不錯。可是等數小時離開餐桌後，我的肚子依然覺得餓。

新的一週，所以該換一個新宗教了。

我在佛教中心，面對一個脖子圍著一條白色袈裟的印度人。人們走來走去，把墊子疊起來坐上去。

雖然英國只有約十五萬名佛教徒，但是這個宗教系統是我感覺比較熟悉的。少年時，一個朋友給了我一本講佛法的書《The Teachings of Buddha》，這是我擁有的第一本宗教書籍。二十來歲時，一些朋友開始比較認真的探索佛教，其中一人後來還出家為尼，佛教似乎是唯一在後現代知識階層裡可以自豪談論的宗教。提摩西‧費里斯在接受著名神經科學家山姆‧哈里斯訪談時，討論了一些佛教的經驗，這個宗教似乎很適合像我這樣基本上無宗教信仰的人。

吟誦開始：「把意念放在呼吸上。」那個印度人用輕柔的聲音說。我數自己的呼吸，吸——呼，吸——呼，吸——呼。

我盤腿而坐，覺得平靜而放鬆，直到我的腿沒有知覺為止，它麻痺了，我試著把它戳醒，可是無濟於事。那個印度人讀了一首魯米的詩：

我是魚，你是月亮。
你摸不到我，但是你的光輝填滿了我生活的海洋。

我像魚一樣地煩躁不安，想要讓腿恢復知覺。這時一聲鑼響穿過寂靜，結束了！於是四周的人一躍而起，可是我做不到，我還動彈不了，就只是坐在那裡按摩我的腿，直到它恢復知覺為止。

**5月
21**

我在這裡已經待了一天。在離家三小個半小時車程的一個樹林裡，有一個老舊的火車站，我待在一側放著兩張雙層床小房間的上鋪，從窗戶可以俯瞰火車鐵道、田野、森林。

我在床上，看艾克哈特·托勒的《當下的力量》[6]：「不安、焦慮、緊張、壓力、擔憂——都是恐懼的形式——都是起因於過於擔心未來，和不夠專注於當下。」

我的下鋪是一位年老的大「腹」翁，他很快就睡著，呼吸很沉重。他生病了，而且可能就快要不久人世，這是他昨天告訴我的，在我們到達後不久大家集合的時候。我們在另一間房子裡圍成一個大圓圈坐，面對一位說話溫和的大師，聆聽托勒和來自牙買加的另一位靈修大師穆吉的智慧。而那位大腹男說他很害怕，說他沒有勇氣面對正在發生的事，他無法面對這個殘忍的情況，我很同情他，想要給他一個擁抱。輪到我時，我只說我是去那裡學習放下和活在當下的。

我到達後便關掉手機，這或許是我睡得這麼好的原因。窗戶開著，小鳥在歌唱，時間還早，但天空已呈現魚肚般白茫。我在床上又躺了一小時，看完書後下床去吃早餐。

一小時後，我們返回靜坐的屋子，坐在地上聽音樂。音樂停止後，大師睜開眼睛。

「歡迎。」他笑著說。他在教室的前面，坐在椅子上，朗誦穆吉的一段話：「當你可以在郵票背面寫自傳而且還有多餘的空間時，我希望認識你。」

老師旁邊是一張空椅子，他上前歡迎我們坐下來，邀請我們把自身的問題告訴他。

一個三十出頭的女子走上前坐在椅子上，她哭著說自己總是嚇跑別人。她說她遇到的男人都離開她，現在朋友們也疏遠她。

下一個上前的是一名老婦人，她說她已離開丈夫，她上次到這兒以後，

便真正開始獨立生活，不再去管別人怎麼說她。接下來一個三十多歲的年輕男人開口，他在哭，他說一切都是狗屁，他無法再這樣下去了。

午餐後，我們步行穿越樹林，我感到一片平靜與祥和。我們在林地裡靜坐，並努力對四周飛來飛去的蚊子置之不理。

我下午都在床上，看《白火》[7]，穆吉大師要傳達的訊息和托勒大同小異，但又更精細。「是誰給我們這種瘋狂的想法，以為我們應該知道如何生活？」穆吉問。聽起來是對自我提升概念的嚴厲批評，這挺諷刺的，因為我來這裡就是想提升我的靈修力量的，不是嗎？再往下看幾頁：「最好是什麼都不做。」

晚上，我們回到靜坐教室。現在一個五十多歲的婦人坐在那張椅子上。

「我害怕獨自一個人。」她說。

「你能描述一下那個感受嗎？」大師說。

「我很害怕。我覺得……我覺得像是快要崩潰了。」她的聲音顫抖。

「你可以試著保持那種感覺嗎？」

她閉上眼睛，雙臂靠在膝蓋上。

「感覺如何？」

她現在哭了起來，潸然淚下。

「沒事，我們就在這裡陪著你。」大師說。

我們坐在地上看著她，或者用大師的話說，是「看守她」。

她在顫慄、發抖、痛哭，說不出話來，哭的時候把頭來回地轉動，看起來好像快要吐出來的樣子，顯然是恐慌症發作。

「沒事的，保持這個感覺就好，我們就在這裡陪你。」

我回去時，站在房子的大門口，其中一個男人走向我。他是個大塊頭，有可能是一個舉重老手，他有著一張和善的面容，和如同小狗般的眼睛，讓我想到《鬥陣俱樂部》裡的肉塊。這個大塊頭走過來擁抱我，抱得又用力又久，我也用力回抱，又用力又久。穆吉的另一句話浮上心頭：「無論發生什

麼，都不要推開。」

安德烈 5月 21

《法句經》已在我的案頭放了好幾天，今早我開始翻閱它。差不多看到一半時，接收電郵的提醒聲吸引了我的注意力，是一家叫做 23andme 的公司傳來的，主旨說：「你的報告已準備好。」

數月前那個年輕的神經駭客建議我去把我的 DNA 分析一下，於是我次日便登入這家公司的網站，付了一百多英鎊，數週後收到一個小的塑膠瓶，在裡面裝了我的口水，然後寄去在荷蘭的檢驗室分析。

我打開這份報告，在「血統」上點了一下，一個彩色輪子出現，圖解我的 DNA。99.9% 是歐洲，0.1% 是中東和北非。41.6% 是英國和愛爾蘭，19.9% 是法國和德國，5.6% 是北歐，2.9% 是尼安德特。我點擊健康情況，然後一長串可怕的疾病冒出來：乳癌和卵巢癌、阿茲海默症、帕金森氏症、心臟病。每一個疾病的旁邊都有星星，我的心往下沉，天啊！我有阿茲海默症的遺傳體質？心臟病？帕金森氏症？

我剛才看到的像是我的死刑判決書，腦海裡全是心臟病突發的影像，一個上了年紀的我坐在椅子上抖啊抖的，或者迷惘地在周圍四處遊蕩。

我整個早上都在讀《法句經》，認識到生命變化的無常，而死亡是生命過程中的一環。是的，一切無常，可是我感到一陣心驚膽寒。

卡爾 5月 22

我在車子裡，看著火車站的那間屋子在我的後視鏡裡慢慢消失。我在路上經過一個室友，他正走向巴士站，我想以後可能再也見不到他了。

我現在已開上公路，開得很慢，沒有聽廣播，也沒有放音樂，周圍一片寂靜。「聆聽沉寂，無論身在何處，是凝神於當下的一個簡單直接的方法。」

托勒寫道。

週末讓我的情緒起伏很大，有太多的痛苦了。我一直沒有上前去坐在那張椅子上，因為覺得自己好像無事可說，不論我有什麼問題，跟這幾天來一直和我相處的那些人比起來根本不值一提。

去靜修中心時，我把靈修訓練想是一種中產階級的放縱。可是現在，在看到這些人遭受的痛苦以及他們想要轉好的迫切渴望後，我無法再笑著站在一旁。

我感到慚愧。去了那裡並介入他們所有的痛苦後，我不由得感到憤世嫉俗，像是剝削了他們一樣。

安德烈 **5月 22**

我坐在佛教中心的大雄寶殿，抬頭仰望一座巨大的金佛，他看起來很結實，好像有認真健身似的。這個團體的領導人開始讀一本厚厚的書，每讀完一段，我們就複誦他的話。然後我們一個接著一個走到祭壇的佛像前禮拜，點一支香，拿著香在頭的四周繞，接著再拜一次。

離開前，我拿了一部《金剛經》，剛才講經時提到過幾次這部經。在回家的路上，我不知不覺走進一座安靜的公園，坐在樹下開始讀經。有一些小蟲子落在經書上，我則小心地不去碾壓到牠們。看到最後四句偈時，我一直停留其上，天色這時亦因為雨雲而轉暗：

> 一切有為法，
> 如夢幻泡影，
> 如露亦如電，
> 應作如是觀。

徒步回家時，我對自己重複這四句偈，然後看到兩個穿著灰色運動服的男孩穿過公園，**這件事只會發生這一次，我心想。這兩個男孩以後再也不會站在那裡用剛才同樣的方式說話。**這是絕無僅有的，而且是一瞬之間的事。

也許我終於有了一次靈修的體驗，看著兩個十幾歲穿著運動服的男孩，沉思這一刻的絕對獨一性，在此同時也知道在我的 DNA 檢驗結果裡寫著的死刑。

卡爾 5月 23 我現在已經完全停止進食，只喝水，準備讀甘地的自傳來止飢。他在自傳中說，齋戒是一種自我限制的方法，有助於遏止獸性。他讚揚所有集體的克己忘我。這讓我想到我和安德烈參與的挑戰：不飲酒、不手淫、不抱怨。

安德烈 5月 23 我很享受當佛教徒的這一週，可是新的一週到來，該轉到印度教這個我毫無所悉的宗教了。

我在蘇活區一家印度素食餐廳，翻閱《薄伽梵歌》，這時一個體重超重、穿著西裝的印度漢子問我有沒有去過樓上。

「沒有，為什麼這麼問？」我說。

「上面有一個道場，」他解釋，「很乾淨。」

我放下我的大盤子，跟著他走出門，走進另一個入口，爬上陡 狹窄的階梯。這位新朋友脫掉鞋子，帶我走進道場，差不多是辦公室會議室的大小。牆壁上是把印度田園風光繪成觀景走廊的圖，房間的一端是一個巨大的塑像，後來得知這是巴帝維丹達·史華米巴布巴，國際奎斯納知覺協會的創辦人，或者，就是我所知道的哈里奎斯納；另一端則掛著華麗的簾子。

房間裡坐滿了人，我這位胖胖的朋友請我坐在一個蒲團上。

鈴聲響起，簾子打開。在兩個真人大小的瓷像之間，一個花團之上，出現了一個神龕，然後每一個人都起身，開始舞動。

哈里奎斯納，哈里奎斯納，哈里哈里，哈里拉瑪，拉瑪拉瑪。

隨後我加入了他們，跟著左右搖擺。

卡爾 5月24　　我在斯德哥爾摩北邊一小時車程外的一個地下室裡，躺在瑜伽墊上，身上蓋著毯子。我和七個婦女在那裡圍著一位薩滿，薩滿正在打鼓。

我在 shamanicdrumming.com 網站上讀過關於薩滿旅行，也就是靈魂的翱翔。這個觀念是在平常的日常覺知之外，也有一種「非平常的第二個覺知」可以「透過像打鼓這樣的做法達到薩滿的意識轉換，也可以說是一種接近迷幻的狀態。」

體驗薩滿的過程裡我們前往靈性世界去見各自的力量動物。先有一陣卡嗒卡嗒的聲音，然後是鼓聲。我閉上眼睛，試想自己掉入一個泥濘的洞，頭朝下，穿過根爬下去，深入挖掘自己，直到從一個黑暗的大空間裡出來。藍色的煙從後方飄過來，我從上方可以看見自己，渺小又孤寂。於是我將畫面放大，就像在電玩遊戲那樣，回到自己的視角。

鼓聲在後面砰砰作響，我想像自己騎著摩托車穿過黑暗，深入地下。騎上坡時，景色變得明亮，色彩柔和。我聽到身後的灌木叢傳來一個聲音，於是停下來拾起眼前那張壞掉的椅子，轉身後才發現我的力量動物，是一隻老虎。老虎？我感到失望，因為這一點都不稀奇。可是我不敢抗拒我的想像，我得擁抱這隻老虎。

現在我騎著這隻老虎，抓著他的鬃毛，並問牠會不會痛，可是老虎說牠感覺不到疼痛。牠帶我穿過一個祕密入口，進入一個充滿柱子和平台的未來式綜合建築，狀似我女兒用沙盒遊戲「我的世界」堆出來的東西。

我們爬進建築裡洗了熱水澡，牠的朋友也和我們一起，是一隻鱷魚和一隻北極熊。

鼓聲大聲地響了七下，然後停下來。該回去了，我飛過山坡，進入漆黑的空間，順著根往上爬，鑽進泥土裡，重新浮到上面，最後回到教室。

「把你的旅行告訴我們，卡爾。」薩滿說。

我熱切地說起那隻老虎還有北極熊和鱷魚。

「**你的**旅行如何？」薩滿轉頭對另外一個女的說。

「我今天無法進入靈性世界。」一個女人說。「辦不到。」

「我也是，」另一個女子抱怨說，「能量……太……有點不對勁，能量是從這裡來的。」她指著我的方向。

「也許是卡爾的關係……」第三個女子說。

他們全指責地看著我，我不發一語。

「不，不是卡爾的關係。」薩滿最後說，幫我解圍，「那股能量在他來到之前便已經有了，我也感覺到了。」

安德烈 5月 24　　　我一直努力不去想我的 DNA 檢驗，可是今天我登錄 23andme 想要看得仔細一點，才發現我誤會了。我錯誤解讀了檢驗結果，我並沒有會得各種可怕疾病的先天體質，看來是我為自己虛構了錯誤的死刑。這是我對人生無常進行佛教冥想的結果嗎？

卡爾 5月 27　　　今天是我齋戒的第五天，也是最後一天，我在一個漂浮在鹽水之上的大黑艙裡躺著，設法進入深度冥想。

漂浮艙是約翰‧李萊於一九五○年代發明的，這位腦精神科學家一直致力於模擬一種出生之前那一刻的不存有狀態。他說，在漂浮艙裡吸食迷幻藥

可以得到最好的結果。

可能是缺乏迷幻藥的關係吧，我體會不到這種感覺。我在艙裡的兩個艙壁之間來回跳動，只感到坐立不安和肚子餓，就是無法讓自己靜止不動。

一個半小時後提醒時間到的音樂終於傳來，我打開艙門，洗掉鹽水，穿上衣服，付八十美元，然後前往城市的另一邊，因為我和一位有特異功能者有約。

她的面容和善，穿了一件鮮豔的長袍。她帶我走到地下室一間有著粉紅色牆壁的房間，請我坐在一張小桌子旁，旁邊是一張覆蓋著金色天鵝絨的床。

她在研究我的光環和能量，「你很緊張，這裡在想很多事情。」她指著我的頭說，「但是你很擅長解決問題。」她沉默片刻，接著說：「有時候你會對妨礙你的人感到惱火。」她吸一口氣說，「你有很大的創造力，可是你覺得沒有得到機會充分展現自我。」然後她再度沉默。

她在桌上排塔羅牌，中間是一張陰暗嚇人的牌，上面有骷顱頭和一隻黑色的烏鴉。我問這是不是凶兆。

「不是。」她說。她瀏覽其他牌，解釋說我是一個忠誠和充滿愛心的狗。她說我施予很多愛，並解釋說有施者和受者，而我是施者。然後她再度嚴肅起來，解釋說人就像是汽車。

「汽車需要燃料，我們也需要燃料。」她列出各個加油站的名稱，說這些是汽車去加油的地方，而人們也需要去一些地方獲得能量。她說我必須更善於接收愛才行，不能只是一直給予。

桌面攤出更多的牌，出現一張女人的圖出現。

「你會遇見愛情。你會遇見一個女人，一個工作上的人。」

我點點頭，一副她說對了似的。我不想令她難堪，可是她根本說錯了，因為我現在的婚姻很幸福。

在回家吃飯之前，我去了趟健身房，看到我那兩位個人教練真好。我上

星期沒有去，因為我沒有體力做混合健身。他們拿出磅秤，我站了上去。我這兩個星期掉了六公斤多。

我走上狹窄的樓梯進入道場。我這星期來這裡的時候，裡面幾乎空無一人，但今天卻擠滿了人。

我一直知道哈里奎斯納是存在的。他們似乎都是穿著黃色袍子，理著奇怪的髮型出現在幾乎任何城市的市中心。可是我直到現在才真正去看他們的核心信仰，這些觀念包含在一本名為《自我實現的科學》[8]。我從書中得知，信仰奎斯納的意識就有可能讓自己免於靈性的死亡，也就是重新和他們所謂的「至高的神」連接。事奉神的方法有很多，其中之一就是研讀《薄伽梵歌》，而我這星期已經讀完了。另一個是在儀式上唱誦《大頌歌》[9]。「只要唱誦這個頌歌，」我讀到，「人就永遠不會累。唱誦愈多，心裡清除的物質塵埃就愈多，在這個物質世界裡解決掉的生活問題也會愈多。」我今天就要來驗證這個說法。

唱誦由一位穿著沙麗的金髮婦人領唱，她的臉上帶有一種狂喜的表情，坐在她身旁的是一位打鼓的年輕男子，他的頭左右搖動，全副精神都放在節奏上。她的另一邊是一個演奏小風琴的年輕男子，同樣沉浸在音樂中。那個婦人一遍又一遍的唱誦同樣的字。

哈里奎斯納，哈里奎斯納，哈里哈里，哈里拉瑪，拉瑪拉瑪，哈里哈里。

唱誦配合著音樂，時快，時慢。

我游目四望，發現地上有一個空位，於是慢慢開始移動雙唇，做著口形說**哈里奎斯納，哈里拉瑪**。剛開始還有點勉強，但漸漸的，隨著每一次循環，我的唱誦便愈來愈大聲，愈來有力。節奏加快又減慢，差不多一小時後，我唱誦的強度和領唱的婦人已不相上下。我閉著眼睛，所以沒有發現神

龕的簾子已經打開，大家已經轉過臉不再對著樂師，而是對著那些神像唱頌。這無所謂，因為這時我已失去自我感知，完全沉浸在唱誦裡。

我在唱頌數小時後離開。回家的途中，我心中奇怪何以唱誦同樣的幾個字竟對我產生這種奇怪的作用。我在《大腦與行為》[10] 期刊最近刊載的一項研究報告找到答案，研究員發現當研究對象被要求唱誦咒語時，心不在焉的情況大幅減少，他們不會反覆思考過去或未來，而能夠把精神活動專注於現在，對他們產生鎮靜作用。

我走進家門後，給梅兒看我在道場商店購買的新服裝以及念珠，她發出不滿的聲音。

「你看起來像地理老師。」她說。

我無所謂。

我回到樓上，放了一張拉維‧香卡的唱片，坐下來。唱誦一○八遍瑪拉咒。

卡爾 5月 30

吃完早餐後，我逐漸恢復以前的意識。這個月真不好受啊，大部分時候我都是痛恨的，唯一喜歡的是正念，因為已經證明相當有效，諷刺的是我發現自己是倚賴這個方法好撐過其他的瘋狂之舉。當大師們說明他們關於脈輪和生命能量的荒唐理論時，我把注意力放在自己的呼吸上面；當四周都是在打枕頭和吶喊的人時，我背誦正念的理念：不要批判別人。

儘管如此，我現在沒有以前那麼憤世嫉俗了。去新時代的靜修中心讓我接觸到這些人心理的苦和生理的痛，他們覺得孤單悲哀。有的人在瀕臨死亡，他們並不可笑，因為他們要只是讓日子好過一點點，痛苦少一點點。

現在是我三十九歲生日的凌晨三點四十五分，我開始攀登本尼維斯山，英國最高峰。

光線只足以看到山路，一開始的緩坡很快就被陡峭不平均的攀爬取代。約一小時後，我發現自己位於一座小湖附近的平原，太陽冉冉升起，景色美不勝收。我繼續往上，經過由山腰飛瀉而下的小瀑布，小路變得平坦。

登頂後，來到一個廣闊平坦的區域。我的一邊是雲，另一邊是被陽光照亮的山巒，我現在位於四面八方數百公里內的最高點。

卸下背包，我本能地閉上眼睛，採取靜坐的姿勢。我檢查額頭，感覺有點緊繃，於是設法緩和這個緊繃，接著檢查肩膀有沒有放鬆並數息。我感受到陽光照在臉上的溫暖，時間已經變得不重要，一種愉悅感輕輕的擴散全身，偶爾傳來小鳥的啁啾聲反而更顯示出這種純粹的寂靜。

我一直閉著眼睛，長時間在這種無我的狀態中飄浮，等我重新張開眼睛後，便拿出唸珠開始唱誦。

唵唵唵唵唵唵唵。

一朵孤獨的雲飄過天空，我跟在它後面。一切似乎都是在緩緩的移動，細微得察覺不出。我想要餘生記住這一刻：溫暖的陽光照在臉上，寂靜、無聲，鳥鳴，一朵雲。

這個月就要結束了，我在眺望遠山之際，心想這可能就是我努力想要得到的靈修經驗吧。

6_月

性愛

一流的把妹達人看起來比較像街頭藝人而不是尋覓伴侶的男人。

我是新手，圍著一條晃來晃去的長圍巾、

穿著低胸的 T 恤、掛著念珠。我還準備了一份小抄，

上面有一些標準的開場白……

卡爾 6月 1　　　　我和安德烈有十年的交情，卻從來沒有談過性愛一事，所以我們原先想要跳過這個月的想法也是意料之中的事，可是避不開。

　　我對我的性生活很滿意，只是沒有興趣研究和討論這件事罷了。

　　幾個月前，我最早跟莎莉說我要讓性愛達到最佳狀態時，她說「好好玩吧，但別把我算在內」。以我這樣一個奉行一夫一妻制的人來說，這一來就只剩下一個選擇，那就是自慰。我決定這整個月都用來改進個人私底下的自體性生活，也可以說是成為一個專業的自慰者。

　　坐地鐵去上每週一次的網球課時，我找到一個很紅的播客叫做「和艾蜜

莉一起做愛」。

「快樂自慰月。」艾蜜莉用高亢的聲音尖叫說。

自慰月？

我上網查了一下，發現那是上個月。可是誰在乎啊？六月就是**我的**自慰月了。

我聽了前面幾集，不久，一個全新的世界開始出現。自慰不只是「釋放」而已，艾蜜莉解釋，這事與健康幸福有關。自慰時，至少應該陪自己二十分鐘，用潤滑劑按摩自己的敏感地帶，了解自己性亢奮的週期。艾蜜莉也建議使用一些情趣用品，特別是 Fleshlight，一種矽膠製的人造陰唇，裝在一個狀似手電筒的管子裡。我聽過別人說 Fleshlight，但只是把它當成雄風不振的象徵拿來取笑的，我從來沒有想過用這個東西。

下午在從辦公室回家的路上，我騎腳踏車到鎮上去參觀幾家情趣用品店。我以前從來沒有進去過，但是發現市中心有三家，位置都相距不遠。

我把腳踏車鎖在馬路上，走進第一家店，感覺好像走進了拉斯維加旅館的大廳，地上鋪著紅色絲絨地毯，天花板懸吊粉紅色的燈罩，絲絨地毯一直延伸到地下室的脫衣舞表演場地。現在才下午兩、三點，脫衣舞表演要到半夜才會開始。

我是唯一的顧客，櫃檯後面的女子眼睛直盯著一台大電腦。我清了清喉嚨，把我的計畫告訴她，並說明我這整個月都要嘗試讓性事做到最好。

她以一種事不關己的態度看著我。我列出我到今年為止已完成的事情：舉重、學法語、記憶技巧、正念，接著我解釋說，希望這個月做類似的事。

「我在想，或者，若是有可能的話，我可以知道如何達到高潮而不用……你知道的……撫摸我自己？」我說。

好不容易，她有反應了。她離開櫃檯，走到地毯的另一端，我則是跟在後面。

「那你需要用這樣的一個東西。」她指著一個小盒子。

「那是什麼？」我問。看起來像是跑車的變速器。

「這是攝護腺按摩棒。」

我沉默。

「攝護腺按摩棒？」我感覺緊張。

「對。」

「所以，呃，就是插上插頭就好了？」我問。

「對，就是這樣。」

「然後等嗎？」

「對。」

「然後我就……呃……高潮了？」

「對。」

「一面看 A 片？」

「是啊，就是這樣。」

把一支黑色的橡皮把手插進我的屁眼，然後被動地等待事情發生，在我看來不太像是什麼了不起的自我提升。

「你有沒有什麼其他可建議的？」我問。

她帶我到另一頭，到一個排放數百個盒子的大架子那裡。盒蓋上是半裸的 AV 女優圖片，我看了一個盒子的說明：Fleshlight。

「這是經典版。」她拿出一個說，「這是全球銷售量最高的男用情趣用品。」盒子看起來像是裝芭比娃娃的，只不過裡面沒有芭比娃娃。

「然後還有這些。」她走到左邊，從上面拿下來幾個盒子。「它們是按著有名的 AV 女優樣子做的。」她把這些盒子拿給我時說。

我告訴她，我可能過一、兩天再回來，然後走到馬路上，往一個窄坡上走。

我的朋友已經到了，等在第二家情趣用品店外，我那天稍早打電話給他，問他願不願意陪我一起去，給我精神上的支持。我們走下陡峭的樓梯到

地下室，再穿過一道兩側是自慰亭的狹窄走道。這裡比較粗糙，迎合喜歡極端性愛的人。這裡符合我對情趣用品店的想像，漆成紅色的水泥地，還有一種頹廢的感覺。我們研究那些大展示櫃，裡面盡是些鏈條、皮製面具、大如美式足球的肛門插。房間的一頭有一扇門，上面掛著一塊紅色的牌子：**男同性戀電影院。遨遊。**

二十分鐘後，我們爬上樓梯，推開門回到街上，過了幾個馬路，走進第三家也是我單子上的最後一家情趣用品店。這一家完全不一樣，有木地板、波斯地毯、雕花玻璃吊燈、古董櫃、白色灰泥牆。

這家店鎖定的客戶群是女性，他們販售性感內衣、女用貼身內衣褲、人造陽具、按摩油。只有一個貨架是男性用品，上面的商品也是熟悉的——Fleshlights 和攝護腺按摩棒。我們在店內四處看時，一名女子走過來問我們需不需要她做介紹。我把我的計畫告訴她，她立刻表示感興趣，她向我們解釋攝護腺按摩棒的作用方式，我則向我詢問了一些關於自慰工具和技巧的問題。

在我離開前，她拿了幾本自慰的書給我看。其中一本是關於道教和性愛，另一本則是如何達到多次高潮，我兩本都買了，重新感到充滿希望。我現在好像有了一個具體的目標，就是學習如何達到多次高潮。

性愛，在我四周觸目可見，但我已學會視而不見。我對性愛不是維多利亞式，而是韋根斯坦式的，亦即**這件事不能宣之於口，必須保持緘默。**

把性愛視為某種嗜好的人，就像園藝、義大利烹飪、網球之類，一向令我費解。

因此，我對把整個月用來設法優化我的性生活採取保留的態度。

我想起我們的治療師和她的建議，她的建議是，我應該採取實事求是的

立場。作為第一步，我應該學習閱讀和談論性愛。我在男人營裡已經邁出一小步，全裸地和其他男人圍成一個圓圈，手上拿著一根陽具，告訴其他人性愛對我的意義是什麼。可是那只是一次性的事，我得再進一步，投入更多。

我前往離家最近的書店，然後在那裡找到一本《慾經》，這可能是在市面上能買到的最主流性愛商品，然而我付錢時還是覺得尷尬。那天晚上我勉強把這本新書拿給梅兒看。

「你幹嘛買這本書？是和你那個愚蠢的計畫有關吧？」她看起來無動於衷。「所以，你這個月要做的是什麼？」

「性愛。」我靜靜地說。

「性愛？」

「對，我覺得我應該學習來討論這件事。」

「喔，我猜對你來說可能真的是說的比做的要容易。」她說。

我默不作聲，覺得很尷尬。

「我們一個月差不多才做一次，而且還要我逼你才做。」她說。

我啞口無言。

「拿最近這三次做愛來說吧，我們有兩次是為了要懷孕，另一次是我主動的。」她說。

沉默。我知道我得說點什麼，畢竟這個討論是我起的頭。

「你有什麼想法？」我問。

「這個嘛，我覺得你對做愛沒那麼大的興趣。」

「你說得可能沒錯。」我回答。

「對，反正，你好像沒什麼興趣跟**我**做愛。你只跟**你自己**做。」

她又說對了。

「為什麼會這樣？」她問。

這個問題沒有答案。

在一陣尷尬的沉默之後，我試著解釋自慰是一件單調的瑣事，就像潔牙

或是淋浴一樣，只是照顧自然的需求。

「你知道，因為我投入靈性發展，我已經有將近一個月沒有自慰了。」我告訴她。

「呃，好吧。」

「那你對這件事怎麼看？」我問。

「失望。」

這整個對話讓我無地自容，於是退回樓上看《慾經》。我發現許多在做愛時能使用指甲的方式，我突然覺得看關於性愛的文字比談論性愛要讓我自在多了，更何況是身體力行去做。

「直男為什麼無法談性？」《時尚》雜誌的一個專欄提到。那位專欄作家解釋，女人談論性愛時被視為「有傷大雅」，是因為挑戰了風俗習慣；男人談性時，則被視為是反進步思想的，彷彿是想要保持現狀，或者就只是在吹牛。如果直男將自己定位為性愛專家，她繼續說，「通常會被視為一個想要控制女人和他發生性行為的怪胎。」

她說得有道理。在討論性愛時，我一向覺得自己像個怪胎，這就是我何以通常會避開這個主題的原因。我設法向友人珍妮解釋這個立場，她為報紙撰寫關於性愛的專欄，她和我不一樣，她的本事很了不起，能有見解而且又妙趣橫生地談討這個主題。

「哎，如果非說不可的話，我也是可以談性事的。」我們在我家轉角一家便宜的印度餐廳一起吃午飯時我說。「只不過，你知道，我對談這件事不是特別感興趣就是了。」

我們對這個題目談得愈深入，就愈可以明顯了解我以前從未和任何一個朋友認真的討論過性。在我成長過程中，談性的男孩子通常都是爛人，胡吹亂謅他們征服的性伴侶。我對此一向深惡痛絕，可是現在，在緘默二十年

後，我在思考的是，一定有一個可以談性又不會讓我變成一個爛人的方法。

那天晚上，我在去跟幾個同事喝一杯時，順道去了那家比較雅緻的情趣商店，裡面鋪著木地板，女店員也比較有見識的那家。我下決心買攝護腺按摩棒和 Fleshlight 那做起來能有多難？我是可以放鬆地接受性愛，對吧？

我走進去之後，發現店裡是另一個女店員，她告訴我，我朋友已經下班。我經過櫃檯，走下幾個台階，走到賣 Fleshlight 和攝護腺按摩棒的商品區，伸出手臂正準備從貨架上拿下那些商品時，突然愣住了，我聽到身後有咯咯笑聲，於是慢慢轉過身，看到三個青少年看著那些超大的陽具，然後再看著我，發出輕蔑的笑聲。

我的心開始狂跳，心情盪到谷底，汗珠從額頭上滴下來。

我站在那裡的幾秒鐘像是幾個光年一樣。我恨不得趕快離開，把空背包甩在背上，匆匆上樓，經過店員身邊走到街上，過了幾條馬路，然後在一家酒館坐下來，點了一杯啤酒。我打電話給安德烈，告訴他行不通。我覺得自己像是個怪胎。

安德烈 6月 4

我開始明瞭自己一直以來完全把性愛想錯了，這不只是一個三不五時需要處理的自然本能，而是一個需要紀律與精心訓練的演出。有了這個想法後，我便找尋提升性愛遊戲的方法，很快地發現了性愛運動，這是一種保證可以提高性愛表現、提升體適能水平、改善心靈健康的技巧。結果這原來是金‧卡戴珊最喜歡的健身。

我在 YouTube 上發現一支叫做艾許的性愛教練的影片，他的一隻手臂上爬滿一個很大的刺青，穿乳環，體型非常健美。他的公寓有一半被健身器材占據。

艾許的運動接近尾聲時，雙手合掌做祈禱的姿勢表示「祝福」。我關掉電腦，穿上運動服，走向公園。不知道艾許會去哪裡做他的性愛運動？當然

是湖中心的那座假中國寺廟囉。

我在靠近那座寺廟的草地上找到一處，便按照性愛運動的流程做了一次，交替做和空氣打炮與收縮會陰肌肉。

結束後，自動進入靜坐姿勢，緩緩吸氣，思考靈修、性愛、健身之間的關聯。然後，驀然響起一聲：「哇！」

一個無神論的小孩走到我身後想要把我嚇得屁滾尿流，不過我就像艾許一樣輕鬆鎮靜，不會輕易被嚇倒，而只是回到我的性愛涅槃狀態，深吸氣，先是用嘴巴，然後是用鼻子，這時候我開始聞到一股氣味。我用力地嗅了嗅，聞起來像是……是什麼呢？我看向四周，是屎！我現在才明白，我做性愛運動的位置同時也是一群鵝的廁所。

我在《多重性高潮男人》看到性愛功夫發展為中醫學的一個分支，這本暢銷書被 GQ 瀟灑男人網稱為「為現代男性寫的直白教學」。

「要學習有多重性高潮，就必須提高自己對亢奮速度的覺察。」我得知，「男人從勃起到射精的速度通常就像賽車一樣。」

我打手槍一個星期，設法精進這個技巧，而且在學習了解自己的興奮週期，以及如何區別高潮和射精的不同，我一直以為它們是一回事，其實不然。高潮是好的，射精卻是不好的；高潮和生命有關，射精則和死亡有關。照他們的說法，我必須避免落入「射精後昏迷的溝壑」。

我很興奮讀到關於性愛功夫大師（他們如此自稱）的文章。他們炫耀自己經歷高潮，一次又一次的，直到渾身都處於高潮，連大腦也可以有高潮。竅門就是在於把性愛的能量灌進身體，讓它在整個高潮中循環。不過，我懷疑我躺在那裡練習這些技巧時會看起來充滿靈性。

我按照五步驟練習操作。首先在陰莖上塗潤滑劑（「油通常比乳液

好」)。第二，自娛一番（「記住要摩擦和刺激整個陰莖、陰囊、會陰」）。第三，我密切注意自己亢奮的程度（「注意陰莖根部的麻刺感，注意勃起的階段，注意心跳速度加快」）。第四，在快要射精時，我便停下來（「注意在收縮期高潮時會陰肌肉和肛門的收縮」，以及「盡量擠壓攝護腺四周的會陰肌肉」）。第五，重新獲得主控權，重新開始（「想有幾次就做幾次」）。

多重性高潮書籍攤開在我旁邊，所以我可以看到勃起的陰莖素描，還有一隻手說明各種不同擠壓的方法，如「陰囊牽引」。我在定時器上設定二十分鐘，並放映異性戀的色情片。色情片是讓自己亢奮起來的絕佳方式，書上這麼說，可是我一興奮起來就必須關掉影片，因為書上說，色情片會讓我的心思不在自己身上。「做的時候，必須往身體裡感受自己的歡愉，而不是別人對歡愉的想法。」

我關上電腦，開始專注在自己身上，努力拿自己當情人，就像書上說的那樣，可是一推開電腦，我就變得有自我意識，並生出輕微的排斥感。於是我重新播放那部影片。我不禁為這樣躺在床上，塗了潤滑油、努力自娛而覺得不太自在。我可以想出一大堆我不想和他們發生性關係的人，而我自己就是其中之一。

安德烈 6月 10　我第一部色情片是在鄰居家看的，當時十二歲，那是一支 VHS 卡帶，是鄰居爸爸的。在我整個青少年歲月中，記得只有偶爾翻看雜誌才會看到色情照片；到二十多歲時，我視色情為剝削女性的文化垃圾。這輩子我看過的色情電影只要一隻手就數完了，在大家談論色情片時，我便盡可能裝酷，然後盡快轉移話題。

我知道我對色情的反感，使我與社會上的多數人不合拍。美國有四千萬人經常上色情網站，網路有 35% 的內容是色情的，25% 的搜尋引擎搜尋的內容與色情有關。**這是一個龐大的產業，美國每一秒鐘就有三千多美元花在購**

買色情物品上面。我原以為色情是只有男人才感興趣的事，但顯然看色情內容的人有 1/3 是女性。從廣受歡迎的程度來看，我想知道觀看春宮對我尋求方法面對性愛這個問題，是否會有所幫助。

為更深入了解，我登錄全球最大的色情網站之一，Pornhub，這個網站的使用者每年觀看九百二十億支影片長達四十五億小時。第一個映入眼簾的是八十五個色情影片的分類，這就是艾蜜莉·威特在她的書《性／愛未來式》[1]中描述的「人類史上最全面的性幻想視覺庫」。面對這麼多種類的刺激，反而讓我無從選起。選擇太多，可是我不懂那個語言，我好像缺乏確切的關鍵字去把我的口味與看似無限選擇的幻想連接。

我快速做了一番計算。如果我在番茄鐘上設定每一個類別看二十五分鐘，加起來大約就是三十七小時，那可就是把一整個星期上班的時間都拿來看啊。有的人可能喜歡這麼做，但我不然。聽起來挺掃興的，就像連續看兩天連續劇一樣。何況，每一個類別看二十五分鐘，這個時間比英國用戶每次登錄後在這個網站停留平均花九分四十秒的兩倍還多。

我點進去看的第一個類別是「英國」。主角是計程車司機、警察、秘書、老奶奶，我隨便挑了一部影片。一個計程車女司機載了一名男乘客，兩人在聊天，還有比這個更英國式的了嗎？兩人閒聊了一下他的「警棍」後，影片切到停車場。在計程車裡，她揉搓他的小弟弟，接著吸吮，然後用各種姿勢做愛。全片就在他打手槍而她張開嘴巴，好像打算要吞嚥一帖噁心的藥之中達到最高潮，影片結束在那個女子像吞漱口水似的大口吞下他的精液。我只看了半小時，但已經覺得膩味，我帶著一點堅忍的責任感，移到下一個類別。

接下來那個星期，我看了以前從不知道的春宮類別：熟女、辣媽、「女性專屬」、老奶奶、卡通、60FPS、亞裔、素人、阿拉伯等。後來我發現Pornhub 在英國最熱門的類別是蕾絲邊、青少年和辣媽。以全球而言，男性最常見的搜尋關鍵字眼是辣媽、繼母、繼姊；相對來說，女性最常用的三個

搜尋字眼是蕾絲邊、蕾絲邊的磨豆腐體位、3P。

我看得愈多，愈覺得意興闌珊。我的網路瀏覽器突然之間好像都是住在附近的「辣媽」和「待操」的廣告，我在等某種性亢奮出現，但是沒有等到。我面對的好像是與美國被歸類為對色情上癮的二十萬人完全相反的問題。我的挑戰不是**停止**觀看，而是強迫自己**繼續**看，希望我嚴格的番茄時鐘工作計畫表會有所幫助。

我發現有幾種類別看起來比較愉快；變態，日本卡通色情有一種奇怪的審美情趣，有的類別有一點點趣味。一個叫做「辣媽獵人」的角色很凸出，他是一個叫做鱷魚獵人的色情版，每天在佛羅里達州瞎逛，尋找「辣媽」，與之「狂歡」。

有一些沒那麼吸引人的類別，像是一部由一名七十歲德國婦人主演的影片。她主要的角色就是全裸站在一個煤渣磚的車庫裡一個淺池中央，周圍是十個不同年齡的人，他們全都戴著黑色滑雪面罩，她慢吞吞地搓著他們的小弟弟，等著剩下的人輪流上場。

看了數小時這些影片之後，畫面好像都變成模糊一片，我發現這些影片讓我難以聚焦，於是打電話給卡爾討論我的問題。

「你得用點科學方法。」他建議。

「什麼意思？」

「記錄你看的所有影片」他建議，「或許可以用你的腦部掃描器。」

我聽從他的建議，建立了一個 Excel 表格，有類別、美學、道德議題、勃起的次數、達到的整體性亢奮，然後戴上腦波測量裝置 MUSE 頭帶，在看色情影片時追蹤我的大腦活動。

那週的影片馬拉松結束後，我查看那份表格，上面有很仔細的筆記，再對照我的腦電波圖，試圖得出一些結論。我到底喜歡什麼？還不如要說不喜歡什麼可能還容易得多。我加上數字後，發現女性專屬的色情片是我最喜歡的。原因？可能是因為這些影片據稱是給女性看的，所以讓我少了一些**觀看**

後的罪惡感吧。

卡爾 6月15

　　我和一個朋友相約吃午餐時，這個月已經過了一半。她是我認識唯一體驗過多重性高潮的人，我跟她說過，我剛開始對成為打手槍做愛高手的那分積極已經消失。我一直是個乖乖牌學生，按照口令做呼吸和收縮練習，而且每天一定撥出二十分鐘打手槍，可是儘管盡了最大努力，還是陷入困境。證明到達多重高潮是令人氣餒的挑戰，需要的不只是紀律和努力，似乎還要某種存在主義轉變的先決條件。

　　午餐時，她說明她是如何學會達到多重高潮。

　　「就跟靜坐一樣，學會以後，真的很簡單。」她解釋。

　　「所以你可以隨心所欲地高潮？」

　　「對，我現在在這裡就可以有高潮。」

　　「什麼？怎麼做？」

　　「我有一個我和我男朋友在一起的特定心理意象。」在比較詳細描述那個影像後，她補充說：「我想像自己看著那個影像，再用手做，然後把全副心神放在我自己被那個影像引起性欲就好。我只需要這樣就可以了。」

　　「什麼，所以要訣就在於想像對著自己做愛的影像打手槍？」我要怎麼學習這麼做呢？我問自己。

　　「你需要更了解自己如何能獲得歡愉。你能把和莎莉做愛的過程拍下來嗎？那會有所幫助。」

　　「我可以問問看，不過不容易說服就是了。」

　　「你在打手槍時也可以這麼做，拍自己或是看鏡子都可以，重點在於你必須了解自己，還有你在那個狂喜狀態下的樣子。」

　　這時我才開始了解我遇到的障礙和什麼有關。對我來說，性愛就是逃離現實。當我和老婆行房時，我傾向去想到有關她的事而不是我自己；在打手

槍時，想的則是別的事情，不是想我自己。我找出問題所在了，問題在於我自己，我想要把自己從性愛的等式中抹除掉，不論是和別人做還是只有我自己。

回到家後，我問老婆能不能在行房的時候錄影。

「想都別想。」她說。

我只好另闢蹊徑。

月初時，我去了一個朋友家。孩子們在一起玩時，他問我在做什麼案子，我告訴他，我正在設法把性愛發揮得淋漓盡致，他是少數沒有立即轉移話題的人之一。

「你有沒有觀察過搭訕藝術？」他問。

「那是啥？」

「基本上，就是男人用特殊的方法色誘陌生女子。」

我起初持懷疑態度，我已有老婆和幼女，沒興趣去跟陌生人搭訕，但儘管如此，我不能否認被勾起好奇心。

我一向不太敢主動接近女人，把搭訕變成一種藝術的概念對我而言也全然陌生。可是我試圖要了解更多，於是從尼爾·史特勞斯的經典作品《把妹達人》[2] 開始著手，書中闡述史特勞斯如何成為洛杉磯把妹達人，然後使搭訕成為一個全球產業的故事。史特勞斯自述為「轉型的記者」，寫過的東西各種性質都有，從與克魯小丑樂團同行，到如何像 A 片男星那樣做愛。我發現史特勞斯是卡爾崇拜的大師提摩西·費里斯的朋友，這個人是我的男神。

我在看許多技巧的解說時，意識到把妹達人們利用許多我們這一年來實驗過的自我提升方法。一個認真的把妹達人應該上健身房，必須展現真實的自己、朗誦一些正面格言、做一些「心理建設」、使用神經語言程式學掌握暗示的力量、練習催眠。真正有決心的把妹達人精通譚崔、禪定、正念。

我也學到「馬子快克」（任何一種心理測驗）、「靈魂注視法」（長時間看著某人的眼睛）、視化技巧（想像自己置身於一個覺得很舒服的地方）、以及改善姿勢的重要性（亞歷山大技巧裡建議的過程）。

儘管這些傢伙很風流，但我不禁對他們自我提升的決心感到大為驚奇。這是一種非常奇怪的自助方式，因為他們對自己的興趣並不大，只是把這些當作把妹的方法。

卡爾 6月 17

光是在美國，情趣用品業一年就有一百五十億美元以上的營業額。按摩棒是最夯的產品，占總營業額的兩成，美國有 44% 的婦女和 20% 的男性都使用過。

我自己沒有購買的經驗，也從未握過按摩棒。

午後不久，我第三次走進那家高級情趣用品店，店主一個人在店裡，正在摺一件內衣。

「我決定要買一支攝護腺按摩棒。」

「喔，好的，我來幫你拿。」她說著拿出一個盒子，「這是標準款。」是黑色彎曲的棒子，令人望而生畏。

「會不會太大了點？」我問。

「大小沒有什麼差別，一旦進到裡面以後。」

「沒有嗎？」我的聲音顫抖了。

「然後還有這一款！」她拿出一支藍色按摩棒，日本製的，看起來更像是先進的廚房裝置而不是汽車零件。

「等一下，」她說，「我想我有更好的東西。」她從一盒裝滿待售產品的籃子撈出一個豪華的大盒子。

「對嘛，我就知道在這裡。」她說，「這東西已經在這裡一年了，可是都沒有人買。這是攝護腺按摩棒的勞斯萊斯。」

「勞斯萊斯？」我一邊研究這個盒子一邊重複她的話，這讓我想到昂貴的比利時巧克力。

「現在是半價銷售，應該是超級棒的。」

那天晚上我躺在床上，與我的勞斯萊斯按摩棒獨處。我把它從盒子裡拿出來，插上插頭充電，一面看說明書。

> 雷沃（Nexus Revo Stealth）遙控攝護腺按摩棒是男性快感技術的未來。可充電式的雷沃產品採用革命性技術，擁有無與倫比的功能，專為男性創造另一層次的快感。

這正是我一直在尋找的。**快感，男性快感技術的未來**。我繼續看下去：

> 有兩段轉速旋轉軸，有會陰刺激按摩棒提供深層徹底的按摩，並有六種振動模式可選擇。此外，雷沃備有超流線型的遙控器，讓你在獨自使用或是和伴侶一起使用時有更大的自由。雷沃會鎖定最需要的部位提供你想要的刺激。

在我仔細看說明書時，這個勞斯萊斯裝置已充滿電。我感覺一陣焦慮，在那兒坐了一會兒，仔細觀察那個轉著圈震動，像一隻搖晃蠕蟲的黑色橡皮頭。

我脫掉衣服，打開筆記電腦，隨便放一支色情影片，把定時器設定在二十分鐘，塗上厚厚的潤滑劑，然後開始摸自己，盡量讓自己有感官上的滿足，並享受愛自己的感覺。一分鐘之後，我開始亢奮起來，於是拿出勞斯萊斯放到特定的位置。

那是我身體從未被探索過的部分，我緩慢輕柔地將勞斯萊斯推進去，感覺很不真實。等它就定位後，我伸手拿遙控器，按下一個按鈕。按摩頭開始

繞圈轉動，我的肚子感覺好像在做內科檢查似的。我按下另一個按鈕，於是開始低速按摩，我再按一下這個按鈕，希望可以減慢速度，不料反而加快。我試著把注意力放在影片上面，不去想自己的感覺，可是機器的嗡嗡聲太大，於是我再按下遙控器，把震動改為脈衝模式。再按一下，變成更用力更強勁的脈衝，再按一次，脈衝更強。我又按另一個按鈕，按摩頭開始動得更快。我同時按下這兩個按鈕，希望可以停下來，可是並沒有，我失控了，我想要驚聲尖叫。

就在我準備把自己從肛門恐怖的感覺中解放出來時，機器停止了。我鬆了一口氣，又可以呼吸了。

我不得不恢復適當的情緒，專注看那部片子，輕柔緩慢地愛撫自己，彷彿是在為對身體做的這些不適當的事情道歉。

勞斯萊斯還在原處，靜靜的插在那裡，等待我的下一步指示。我一次按下兩個按鈕，低速震動，像一陣和風，接著按摩頭慢慢的移動，像是在溫柔的按摩，這次好多了。就在我漸漸進入情況時，發生了一件真的很奇怪的事。我看著螢幕上的那個男的和女的，兩人仍處於前戲階段，她把一隻手指滑入自己的體內，我看著手指頭不見，然後看著她的臉，看著她閉上眼睛，不禁感覺離她很近，好像她就是我或者我就是她。

再繼續十五分鐘，慢速轉動和慢速震動。我補充更多潤滑劑，輕輕的揉搓自己，我防止自己到達無法回頭的點。兩個星期的練習成功了，我已經熟悉自己的亢奮週期，知道何時該慢下來，如何使用手指，以及哪裡要使勁。我不會說自己現在已經是性愛功夫大師，但確實做了以前從未做過的事。我和自己有性行為，而且是激烈的，甚至可說是激情的。

然後，在漫長的二十分鐘後，定時器嗶嗶作響，該發射了。我把自己推下比喻中的峭壁，然後發出長長一聲嘆息。身心俱疲，現在只想翻倒睡覺，可是不行，因為按摩棒還在我身體裡轉動和震動，而我拔不出來。我試著鎮靜下來，可是全身僵硬又緊張，開始想到所有以前聽過的那些關於病人因為

異物卡在屁眼裡而被送到急診室的故事。我再深吸一口氣，放鬆肌肉，使出渾身解數地拔，它終於彈出來了，像酒瓶塞一樣。我重獲自由，懷著既憎嫌又自豪的心情，跑進浴室清洗自己。

安德烈　6月17日

　　該自己練習搭訕了。在進入這個領域前，我必須做好準備。第一步是「扮酷」，一流的把妹達人看起來比較像街頭藝人而不是尋覓伴侶的男人。我是新手，圍著一條晃來晃去的長圍巾、穿著低胸的Ｔ恤、掛著念珠。我還準備了一份小抄，上面有一些標準的開場白：「你好，只是想請教一下——我有位男性朋友，他跟前女友還是保持朋友關係，可是他的現任女友為此而不高興——他該怎麼做才好？」還有一些關於身體語言的技巧（「身體往後靠，挺胸，取得主控權！」）和聲音（「小聲、緩慢、大聲」）。

　　準備好了。

　　我查了一些資料，發現試驗搭訕技巧的完美地點是：四周有數十家酒吧圍繞的一座倫敦市大庭園。每年到此時，有很多酒客是附近銀行和法律事務所的實習生，他們都是最近才來到倫敦，急於認識新的人。

　　可是我一到那個庭園，自信心就消失了，想到要真的走進一群女人堆說一句開場白，就令我感覺難受。我退到一家酒吧裡，喝了一杯價格過高的葡萄酒，一面等朋友來當我的把妹護法。顯然把妹社群一個重要的靈感來源就是電影《捍衛戰士》（還有催眠以及身心語言程式），「把妹護法」、「鎖定目標」的典故就是出自這部電影裡。

　　我的護法終於出現後，我們就到外面，我給他上了一堂搭訕藝術的速成課，掏出小抄，開始唸一連串的理想搭訕：

　　面帶笑容和掌控這個空間。無論何時走進一個空間時，都必須看起來是

正向的。

三秒鐘法則。看到感興趣的女子，要在三秒鐘內接近對方。

用你記得住的開場白，而且最好用開放式的問題開場。

重點關注這個群體，尤其是裡面的男性領袖。對你「鎖定」的女子要視若無睹。

「打壓」目標對象。用正面的評價但是後面接否定句。例如，「指甲很漂亮，是真的嗎？」

把個性傳達給這個群體。你可以用事先練習好的套路，像是秀出你生活中不同時期的照片。

再對目標對象做一次「打壓」。

孤立目標對象。帶她們去一個安靜的地方，找尋興趣指標，包括目標對象問你一些個人信息，像是你的姓名、工作、住在哪裡。

做一些特殊的事情展現你的價值。你可以變魔術、做心理測驗，或者甚至是假裝你有電子穩定車身系統。

重點關注目標對象的內在素質。人們喜歡聊的話題是自己。

停止說話。目標對象有重新展開對話嗎？若有，你的進展順利。

收尾。親吻或是說你得走了，然後拿到對方的電話號碼。

我唸完後，我的把妹護法靠在我的桌子旁。

「看見坐在桌子對面那個女的沒？」

「看見了，怎麼了？」

「她一直在聽你說話。」

「真的嗎？」

「她看起來被嚇到了。」他說著朗聲笑了起來。

「喔，該死！」我覺得丟臉，然後轉移話題。

不久，開始下起大雨，所有的人都不見了，我說服我的護法我們應該轉

移陣地。

「好啊，我知道有個很棒的地方。」他說。

約半小時後，他帶我走進倫敦北區一家社區酒館，和我們先前獵妹的地方相當不同。那種地方吸引的是想要獨飲的老男人，和想要隱身的年輕小夥子。等我發現有幾群女人散落分布在酒館裡之後，剛開始那股失望便消散了。

我們坐在吧檯，點了啤酒，聊了一會兒。幾杯酒下肚後，我累積足夠的勇氣首次嘗試靠近目標對象：一群三、四十歲的女人。我用先前準備好的一個問題作為開場：「我正在做刺青的研究——不知道你們有沒有人有刺青？」因為沒有男性領袖要重點關注，所以我把注意力放在女性領袖上。這個問題好像引起了一點興趣，她們有的人有刺青，有的人沒有。打開這個群體，就該建立友好關係。她們很友善，但清楚表現出興致不大，所以我便退出，回到吧檯。我的護法嘲笑我，於是我告訴他，身為我的護法，他應該支持我，而不是取笑我。

我鼓起勇氣接近另一群女子。這一次她們更迷人也更年輕，但她們沒有人對我的刺青問題感興趣，於是我在大約三分鐘的單音節回答後便識相走開。我看著我的啤酒，一敗塗地，我的護法再次無情地笑話我。

這時第一群裡的一個女子走到我們這邊來。她是到目前為止最迷人的一個，而且看起來是真的感興趣，和我們聊了大約有二十分鐘左右，或許是對她視若無睹那招奏效了。

她離開後，我看著吧檯後的那個傢伙。他穿著德國健行客喜歡穿的那種破破爛爛的牛仔短褲，身體隨著音樂上下起伏，猶如一個十歲的女孩子在玩新的跳鋼管舞套裝玩具。我環顧酒吧裡其他的男人，他們可能大都是男同性戀者。我回頭看那兩群我交談過的女人，那個女性領袖占有性的把手放在其中一個跟隨女性的大腿上。「這是男同志酒吧嗎？」我問，然後我的護法又把我笑了一頓。

不久就快到收尾的時間，我還沒有完全失敗，因為轉角有一家夜店。我再度看著小抄：「掌握空間。」上面這麼說。於是，我走進那家夜店時，便展現出熱情的笑容，試著表現出一種正面積極的態度，我也想要表現一切操之在我的樣子，所以便直接走向一個素昧平生的男子，要他請我喝一杯啤酒。他問我原因時，我哈哈大笑，然後便走向下一群人，然後再下一群人。

很快我便發現一個非常動人的女子，我直接走向她，並用了「直接」的開場白：「你看起來很吸引人。」她似乎很開放，但是兩分鐘後便告訴我她已經有男朋友了。在研究求愛藝術時，我了解到任何一位堅持不懈的把妹達人都視長期關係為暫時的阻礙。音樂聲很大，然後她便溜走了。現在我終於明白為什麼許多把妹達人喜歡「白天在街上搭訕」了。

我縱情狂舞，並被幾個女的搭訕，男的更多。可是我再次看到那個動人的目標對象，並且接近她，這次她是和男朋友一起，「重點關注他。」我心想。他說他是以色列的軍人，是你不會想與對方有糾葛的那種人，可是我盡量正面思考，因為把妹專家建議：**我不是在跟這個傢伙的女友搭訕，我是在幫他的忙，讓她勾起欲望。**

大約此時，我明白我的護法在設法從這家夜店遁逃，我一把抓住他，拖著他下樓回到夜店裡。「我需要我的護法！」我大叫。他只好不情不願地回來，可是我剛一轉過身，他便不見了，我猜他是看夠了我出盡洋相吧。所幸音樂差不多一個小時後停了，我立刻如釋重負地跑出夜店，叫了一輛計程車回家。

卡爾 6月 22

第二次嘗試用攝護腺按摩棒失敗，這個經驗感覺更像是在強暴自己而不是和自己做愛。失敗之後我又回到那家高級情趣用品店，很高興發現我朋友也在，於是我開始告訴她我不願意用那支按摩棒，她說通常要一點時間才能適應。我告訴她我打算試試別的，也許用

Fleshlight 看看。

因為這個產品是一九九八年發明的，迄今賣出四百多萬支，而且有 45% 的購買者是回頭客。官方網址描述 Fleshlight 是「最暢銷的男性情趣用品」，提供「男人所知最真實的性交刺激」。

「你應該試試看，」她說著便拿出一支透明的，「真的很棒，因為你進去以後可以看得到自己。」

我不喜歡那個說法。看著自己在一個透明的塑膠管裡進進出出，還有比這更令人反感的嗎？可是我還是聽從她的建議，買了回家。我騎自行車回到家後直接走進浴室，這個東西又大又黏滑，放在一個圓筒狀的籠子裡，我拿出黏滑的部分，在手裡掂了掂，濕濕滑滑，好像水母。

我把說明書仔細看了一遍，在裡面注滿熱水，這樣是要讓它有比較自然的感覺。然後我走進浴室，讓自己進入適當的情緒，塗上潤滑油，先是塗自己，然後再塗在這個新裝置上，之後才讓自己接觸這個黏滑的東西。我仰躺著，陽具上套著一個大塑膠管一柱擎天，完全可以想像自己現在看起來有多麼可笑。

依照情趣用品店女店員的建議，我低頭看著自己，可是透過那個厚厚的塑膠管，我只看得到模模糊糊的肉。這並沒有幫助我了解自己的歡愉，於是我抬頭盯著電腦螢幕，假裝自己不存在，接著便開始覺得舒服和溫暖，我明白了這個東西為什麼會熱賣。

結束之後，一股羞恥感強烈襲來。我再度走進浴室，心往下沉，只覺得噁心。我從盒子裡拿出那個濕滑的水母，用手指打開人工陰唇，把它放在水籠頭下面，把熱水往管子裡沖，然後把它浸在酒精裡清洗，再沖一次，接著就把它放在洗手台上晾乾。一小時後我回去，在開口處拍了一點粉，放回塑膠籠和盒子裡，最後放進一個袋子裡，藏進衣櫥裡。

「求愛藝術」（Venusian Arts，把妹達人常上的一個網路論壇）的一些常客指出，譚崔對掌握你的「內在遊戲」非常好。尼爾‧史特勞斯形容譚崔是一種靈性經驗，促使「釋放自我，與另一個我結合，消解掉四周震動的原子，連接穿過萬物的宇宙能量。」在五月時體驗過宗教之後，我躍躍欲試想要知道更多。

有一本很受把妹達人歡迎的書，是由神經生理學醫師搖身成為心靈和性愛導師大衛‧戴伊達執筆的《超男之道》[3]。我一向以為譚崔就是在延後和強化快感，可是從戴伊達這本書發現的卻大異其趣。原來只要完全接受我的男性內心本質，便可以超越超級陽剛的金剛或是新時代的軟腳蝦。他的話讓我想到男人營，「對自由的追尋，是男人內在的性核心。」他說。我看了第一章後，了解自己尚未解放至關重要的內在天賦，我必須停止退縮，伸出雙臂，向世界敞開我自己；我必須發現內在的優勢，並且擴大它。如果我照他說的去做，我有可能學會如何「操到變成碎片」。

這是我必須試驗的。上網快速搜尋之後，找到一個過幾天就要舉行的譚崔研討會，於是立刻報名參加。

我把手伸進衣櫥後面，拿出那兩個大盒子，一個裡面裝的是攝護腺按摩棒，一個是我的 Fleshlight，我也拿起我的潤滑劑和電腦，跳上床。

約五分鐘後，潤滑劑總算到了該去的位置，我開始用遙控器四處對準，然後伸手拿我的 Fleshligh，塗上潤滑劑後，便把它直直往下推，透過透明的塑膠可以看見我的小弟弟。

我只是躺在那裡，等著事情發生。回想這個月第一天在情趣用品店裡見到的那個女的，她說只要把按摩棒插進去就夠了，然後快感就會飛快而至。

她真是錯的離譜！

　　過了十分鐘左右，我放棄了。我兩手抓著那個管子上下移動，就在快到高潮時，我停了下來。因為某種緣故，我想要錄下來給安德烈看，也許我是想要他看我現在受的這種羞辱。我按下電腦上的錄影鍵，一面看著內建的鏡頭，一面慢慢把自己推到懸崖。我只能想像自己看起來有多麼可笑，躺在那裡，妄圖讓打手槍這件事臻於極致。

　　　　　　　　　　星期天一大早，我在去譚崔研討會的路上，把梅兒和麗塔丟在家裡。

　　開門的是一個四十來歲的婦人，我跟著她走進一個社區大會堂，裡面堆滿舊家具，大廳正中央有四十個人圍成一圈坐在地上。

　　「請過來和我們一起。」領導人說。

　　她叫做莎曼姍・山西斯特。在她旁邊的是一個穿著一身白的男子，脖子上掛著一塊男人營護身符。圓圈的正中央是一個嵌在扎染布裡的小型印度人像。

　　「現在，我們從跳舞開始。」

　　迪吉里杜管吹奏的聲音從音響裡傳出來。

　　「和你們的臀部通電。」

　　我們開始動起來。

　　「讓你們的臀部引導你。」

　　我旁邊的一個女子在打呵欠。音樂停下來時，那個打呵欠的女子就站在我前面。

　　「好的，你們要和站在面前的人合作，我們要沿著界線做練習。」莎曼姍說。

　　所有的女人去到房間的一邊，男人去另一邊。迪吉里杜管被水滴聲取

代。我被指示要慢慢走向我的搭檔，我聚焦在那個打呵欠的人身上，開始我的旅程。可是她舉起手，於是我停下來；過了大概是幾分鐘吧，她放下手，於是我繼續緩慢地接近。走了幾步，她的手又舉起，然後發出防禦性的聲音。等她放下手之後，我再度出發。走十公尺好像花了半小時。我走到離她一公尺處時，她攔下我。**這個女的腦子裡在想什麼啊？**

在吃茶點休息時間，那個打呵欠的女人問我為什麼會去那裡。

「喔，我對自己的性快感有點脫節了，想要重新探索一下。」我說。

「唔，所以你現有的這段關係是長期的。」

「對。」

「那，你的伴侶呢？」

「哦，在家……做家庭主婦，你知道的。」

沉默。

「所以，你會把今天學到的帶回現有的關係裡。」她說。

「這個嘛，噢，我想是會的吧。」

交換了彼此的感想之後，迪吉里杜音樂重新響起，於是我們又開始跳起舞來。這次我發現自己是跟一個四十多歲的運動型迷人女子搭檔，這個練習是要探索我們對於當帶領者的感受。她先對我咆哮，像一隻豹似的，我看得出來她眼中閃現的性能量。我做出像是她獵物的樣子，她站在我上方，準備展開攻擊，然後我便屈服了，接著我們便被死亡之舞四面圍住。

迪吉里杜音量減弱時，我們兩個又累又興奮。剛才突然爆出的那股強烈能量和剛才與一個陌生人之間的那種親密感，令我感到訝異。等喘過氣來後，她告訴我，她以前參加過很多譚崔研討會，有的有穿衣服有的沒有。我猜這表示，當你更投入之後，就會比較願意裸體。

下午，男人們圍成一個小圈圈，女人則站在圈外。我發現自己和一個穿著休閒服的女人面對面。莎曼姍透過音響系統下達指示：

「我要你們讚揚站在你們面前的這個男人，讚美他的本質以及當父親的

潛能。」

我面前這個女的顯然相當不安，她緊緊盯著我看，快要哭出來了。

「跪在他的腳下，讚美他。」主持人說，「讚美你的父親。」

我的搭檔緊張起來，然後顫抖。

「你不用這樣做。」我說。

「不行，我會做的。」她堅忍地說。 她跪在我的腳下讚美我。等她站起來後，她說：

「你的眼睛跟我父親很像。」她要哭了。

我們順時鐘轉，我這次是與來的時候幫我開門的那個女人面對面。我們奉命要找到一個空間，拿一些枕頭和羊皮做一個窩。我不太喜歡接下來會有的情形。

聲音又從揚聲器傳來：「看著你面前的女子，她是女神，崇拜她內心的夏克提（性力女神）。你會獻出什麼給你的夏克提？」

我很驚訝自己問：

「夏克提，我可以請你跳一隻舞嗎？」

「好的。」她低語。

我起身開始做出我印象中的印度色情舞蹈。

「我可以躺下來嗎？」夏克提說。

「可以的，夏克提。」我回答。

她躺在那裡，彷彿是夏日午后躺在床上，準備從看色情小說改為使用她的按摩棒。我舞動手臂，她看起來似乎更加歡愉，然後我開始用雙手撫摩她的雙腿和肩膀。

聲音從擴音器傳來：

「現在角色互換。夏克提，讚美你的濕婆神。」

「我可以撫摸你嗎？」她說。

「可以。」我回答。

她撫摸我的臉，然後是我的肩膀。她撫摸我的胸部，雙腿，雙腳，大腿。接著她開始低語，愈來愈進入角色，並開始用爪子抓我，對我發出嘶嘶聲，然後我們開始劇烈的移動，現在我勃起了。

「每星期做這個會很棒。」她在我耳邊輕聲說，我沒有回應，只是繼續的屈服在她的猛烈攻擊之下。

不久之後結束了。大部分人坐在那裡聊天，我穿上鞋子筆直朝門口走去。夏克提站在門口跟我道別。

「說不定我還會在這類活動上見到你。」她說。

「唔，說不定。」我說。

朝地鐵車站走去時，我強烈地感覺自己一下午都在打炮，我感覺到那股性交後放鬆下來的歡愉。扮演濕婆或是被性感的豹攻擊似乎對我發揮了作用，而看幾小時的色情片、多階段性愛練習、搭訕藝術則沒有這個作用。

我不太確定自己是不是發現了內心神聖的自慰本質，但我意識到也許我不應再如此嚴肅看待性愛。

卡爾 6月 30　這個月已經到尾聲，我必須承認失敗，性愛功夫並不適合我。希望擁有多重快感的嘗試失敗了，我所經歷的一切既尷尬又丟臉。可是我沒有就此放棄，而是決定做最後一件事，就是面對我的羞恥感，完全地接受它。

我回到整整一個月前展開性愛實驗的那條街，天氣又熱又潮濕。我走近那家情趣用品店時放慢腳步，覺得很尷尬，穿著尼龍短褲和藍白條紋牛津布襯衫一點幫助也沒有。街上一個五十多歲的人走過我身旁，戴著細框眼鏡，一頭金色短髮，白襯衫緊緊塞在卡其褲裡，像是賣保險的。他看起來就像二十年後的我，他緊張地往後面瞅了一眼，然後便溜進情趣用品店。

一七一六年，一個不具名的人寫了一本小冊子，名叫《手淫》，把自慰

形容為自我汙染、十惡不赦之罪。現今儘管大部分人承認自慰（在美國有94% 的年輕男性和85% 的年輕女性），但是對現代人而言禁忌的意味並未減少。在《永旺》雜誌刊登的一篇文章名為「手的歷史」中，一位歷史學家說明人們雖然喜歡跟陌生人聊一些露水姻緣，但是對於和自己自慰的話題依然三緘其口。「認為自慰是邪惡的觀念重新浮現，時至今日，它以『性癮的形象和在網路色情的影響下而沉迷的形式』出現。」這位歷史學家說。

我尾隨未來的那個我走下陡峭的階梯，穿過窄道，走進一個亭子。亭子就像飛機上的洗手間，又小又擠，裡面除了螢幕和閃爍的儀表板外，沒有燈光照射。角落裡有一張像貨車座椅的柔軟皮椅，椅子上方是一個小架子，上面放著一盒衛生紙。

我依然站著，深吸幾口氣讓肺部充滿空氣，我全神貫注於讓我的胸腔擴張，然後吐出空氣。**你現在有沒有感覺到什麼特殊的情緒？** 我想像從我的正念應用軟體傳來輕柔的男聲說。「不論你現在有什麼感覺，都沒有關係。」我閉上眼睛，重複那些從練習正念得到的心得：寬恕自己、敞開心胸，沒有任何情緒是不對的。

我坐下來，把幾個銅板塞進投幣孔，螢幕上出現一個影片，距離我的臉孔只有一吋遠。我拿出電話，按下計時器，這次我沒有打算在這裡多待一分鐘，這不會是二十分鐘長的自愛之舉。

四分半後，我跑上樓，汗流浹背。我半哭著匆匆走上街頭，然後衝進一家咖啡館，把自己鎖在廁所裡，洗手洗了大概有十分鐘之久，呼吸沉重，看著鏡子裡自己那張扭曲的、曬黑的臉，感覺像是個變態。

7月

快樂

近藤麻理惠說，有一天晚上她有了奇蹟似的突破。

整理不是把東西收好，而是找出那些真正帶給她快樂的東西，

然後把其他的東西都丟掉。在這分領悟之下，

她建立一整套她認為會改變人們生活的系統。

卡爾 7月 1

　　我要到市區另一頭的酒館見一個朋友，途中買了一包菸和一個打火機。他遲到，於是我坐下來點了一杯啤酒，開始看康乃爾大學文學教授理查·克蘭的著作《吸菸賽神仙》[1]。書的封底引述王爾德的一句話：「吸菸讓人心情舒暢，是一種極致的享受，但讓人不滿足。夫復何求？」我翻動有瑪格麗特·莒哈絲、香奈兒、畢卡索、亨佛瑞·鮑嘉、沙特黑白照片的書頁，上面全有發光的香菸。

　　二十分鐘後，朋友來了。我點燃四年半來的第一支菸，請他幫我錄影。前面幾口很嗆，我的喉嚨不習慣香菸，想要抗議。

　　克蘭說，香菸的味道不若糖果之於孩童的好味道。香菸會致病，有毒，

會害人性命，可是人們沒有因為它有害處而不吸菸。克蘭繼續道：「而是因為有害處而大量地、渴望地吸菸。」在康德學派的涵義裡，吸菸帶來的愉悅是負面的，或者說是極端的。愉快和痛苦交織在一起，用致命的方式。

我的生活中比戒菸難的事屈指可數。我從十五歲起一直是一個無可救藥的菸民，直到三十二歲才戒掉這個習慣。吸菸對我有很多傷害，我經常咳嗽，覺得不舒服，可是還是照吸不誤。

那天晚上，我從夜店走回家時，吸完了我的第一包菸。我可以感覺得到尼古丁在身體裡循環，喚醒我的大腦，除去所有焦慮，發出獎勵的訊號。真的，感覺很愉快，我想不出有什麼事情能帶給我比這更強烈、更立即的愉悅感。

安德烈 7月 1

今天早上我沒有遵循已經養成的良好晨間習慣，在破曉時分一躍而起，而是舒舒服服地在床上窩了一會兒，才去拿我的《享樂主義宣言》[2]。我看著上面寫道，自柏拉圖以來的西方哲學史一直是多災多難，懲罰「任何力圖頌揚積極生活的人」；幸而還有一個被隱藏的歷史，即「享樂主義思想菁英把快樂視為人生的終極目標，他們拒絕把痛楚與苦難變成知識與個人救贖之路。」反之，他們提議的是「快樂、享受、大眾利益」。為了成為快樂主義者，我必須精通追求快樂的藝術。

我把享樂主義宣言放到一旁，不知道第一步會是什麼。對我來說，享樂的意思就是吃吃喝喝，所以我會從這裡著手；我前往一家小商店，買了做培根三明治和血腥瑪麗的材料。向一個伊斯蘭教徒老闆買酒和培根的感覺不是很好，更糟的是，現在已經接近齋戒月的尾聲，但現在才早上八點。

回到家後我便進廚房調酒。煎培根時，梅兒從樓上下來。

「你在做什麼？」她問。

「做培根三明治。」我答。

「為什麼啊？」她一臉迷惑。

「這個嘛，根據最近的民調，培根三明治是英國人最喜歡的食物之一，所以我覺得就從這個開始好了。」

她搖搖頭走開了。

她的困惑是可以理解的。我茹素十六年，而停止吃肉的決定可能是我唯一保持的新年決心。

解決培根三明治後，我開始想自己忙豁這一通到底所謂何來。為什麼有這麼多人說這是他們最愛吃的食物？我一點也不喜歡。事實上，我寧可把卡爾的按摩棒塞進我的屁眼，也不想吃那一條條的煎培根。

數小時後，我走進一家酒館，一個年近八旬的男人第一杯酒已經喝了一半。嘴巴裡仍帶有一股早餐的豬油味，然而，我卻在一張桌子旁邊坐下來，點了一客漢堡和一杯啤酒。

卡爾用 Skype 打電話找我，打斷了我的寧靜。我們過兩天就要在斯洛伐克的布拉迪斯拉瓦舉行的 TED 大會演講。一如往常，卡爾負責主導並幫我們寫好完整的稿子，我看過幾次，現在他要我背起來。

卡爾聽起來很狂躁，他想要用接下來的三十分鐘過一次稿子，於是我拿出筆記電腦，打開文件，把稿子念一次。七月才剛開始，我們應該要享樂一番才對，而把稿子讀一百遍並且設法把每一句都背起來，不符合我的享樂主義。何況，我正在埋首於十六年來的第一個漢堡，不希望卡爾的小題大作來妨礙我。

第二天一早我在維也納國際機場和安德烈碰面，我們一起搭計程車去布拉迪斯拉瓦。下榻的旅館位於一條布滿綠樹的街道，我們坐在庭院裡喝啤酒，現在不過才早上十點。

「我們來練習一下演講吧。」我建議，可是安德烈不樂意，直到現在我才

明白他根本還沒有背起來。我們前一天在電話裡練習過一遍，可是他耍詐，他根本是邊念邊在酒館裡喝得酩酊大醉。

我抓狂了，他太不把這當一回事，儘管做過治療，但我們又退回到原點。

「我在你的個人戲劇演出裡，也不過是一個小演員。」安德烈說。

他媽的，我心想，**所有的事都是我做的，你就只會抱怨而已**。

布拉迪斯拉瓦很熱，氣溫奔向攝氏四十度，我們穿過舊區時，太陽正在當頭照。午餐是在一家不錯的斯洛伐克酒館吃的，安德烈說他累了，頭放在桌上，完全不理會其他食客作何感想。他閉上眼睛睡覺，我則離開餐館去吸菸。

一小時後我們抵達斯洛伐克劇院彩排，還沒有講多少，安德烈就出包了，他腦子一片空白，想不起他的台詞。明天我們可是要對七百個人演講的啊。

安德烈 7月3

「我們來做正念練習吧。」我在卡爾耳邊輕聲說。我們坐在劇院的前排，很不安，因為接下來就輪到我們上場了。

我們前面的講者是一位挪威的年輕人，講的是二○一一年奧斯陸和烏托亞遭攻擊時，他在挪威殺人魔安德斯·貝林·布雷維克的機關槍掃射下死裡逃生的經驗，觀眾起立鼓掌向他致敬，實在難以想像後面要怎麼表現才能比他更猛。我戴上 Jawbone、Muse、運動手錶，然後我們跑上台。

我們一講完，卡爾就閃了，其實我覺得演講進行得相當好，但是他顯然不這麼認為。我看到他一個人坐在外面，愁眉苦臉地吸著菸。我的成就感瞬間蒸發。

那天下午，卡爾冷靜下來，我們坐在戶外一張舒適的大墊子上，仰望藍色的天空、抽雪茄、喝紅酒。這是今年以來頭一次我覺得快樂，這才是我們

該做的事，我發誓當天晚上要釋放心裡的享樂主義者。

　　一切結束得非常快，事情沒有按照計畫走。安德烈是跳著舞步上台，像是嗑了藥的機器人似地移動，腦袋瓜前後晃動。我訝異了嗎？當然沒有。

前一天晚上我夢見他要放棄這個計畫，去做他自己的事。我在夢中氣得狠狠抓著他的頭去撞水泥牆，那一下用力狠了，他摔倒在地上，像一袋馬鈴薯那樣。血從他的嘴巴流出，我搖他，努力想要把他搖活過來，可是來不及，他死了。我是真心想要殺他嗎？

演講的時候，安德烈出包，兩次漏掉他的講詞。我們走下台時，我覺得空虛不安，我曉得我是對公開談論這個計畫感到不太自在。安德烈沒有把來龍去脈交代清楚，就提到我去自慰亭，然後我開始想到女兒和老婆，突然覺得這整個計畫是一個可笑的錯誤。這是我頭一次後悔展開這個計畫。

安德烈倒是挺樂的。我們到劇院外的一個平台上曬太陽，他接二連三灌了很多杯葡萄酒，然後借了一輛自行車，繞著噴水池沒完沒了地繞圈子騎，嘴裡還叼著雪茄。數以百計的人站在台階上不可思議地看著他。

那天晚上我們跟著主辦單位和一些講者去一個小酒吧。安德烈這次則是完全脫節了，他在賣弄他從男人營學來的技巧：大叫大嚷、雙腳跪地、摔倒在地上、滿地亂爬、親吻人們的腳。

「他一向都是如此嗎？」一個主辦單位的人問。

「這不是頭一次了。」我回答並且轉移話題。

　　在倫敦家中短暫停留後，我到了那不勒斯。中午時分，我喝著當天的第一杯啤酒，感覺在成為享樂主義者方面大有

進展。卡爾下午三點鐘來的時候，我已經很茫了。女服務生不以為然地看著我，我想我該走了。

　　我們在西班牙語區找到一家酒館，可以用一歐元買到一杯阿佩羅雞尾酒，不過這種酒真是要命，我喝了差不多有十杯，結果在酒館外面做了一百次起立蹲下。為什麼？我也不知道。附近一家餐館老闆覺得我太厲害了，說服我在他的酒館外面做同樣的事。做過頭的結果是我到附近一條巷子裡嘔吐，後來卡爾就把我拖回家。我顯然還很嗨，因為回到公寓後，我全身脫光光在公寓裡跳舞，卡爾坐在廚房的桌子旁，幫狀似變態的我錄影。直到半夜之後，我才覺得完成了當天的功課。

坐在那不勒斯一個陰暗的廣場，吸著當天的第一根菸，喝著冰咖啡，討論哲學，這一切應該是完美無缺的，可是安德烈的呻吟破壞了這一刻。

　　「如果這是享樂的話，那我不要了。」他說。我看得出來他是因為嚴重的宿醉而難受不已。

　　「不知道古伊比鳩魯派的享樂主義分子會不會贊同喝十杯阿佩羅，然後做一百下起立蹲下。那與他們提倡的快樂人生不符。」

　　「不符嗎？那什麼才符呢？」他問。

　　「對伊比鳩魯而言，快樂是靈魂的寧靜以及身體沒有疼痛，而不是喝醉酒、嘔吐、裸舞。」

　　我再吸一口菸，煙霧在火熱的太陽下消失無蹤。

　　「那他們做什麼呢？」安德烈問。

　　「三件事，」我說，然後吸完最後一口菸，「追求知識、培養友情，以及過有節制的生活。」

　　「有節制的生活？聽起來不太享樂主義啊。」

「他們專心追求生活中簡單自然的快樂，避免過度。」

「好。」安德烈說，又點了兩杯冰咖啡。

第三杯冰咖啡喝到一半，一面聽著卡爾敘述伊比鳩魯的快樂說，我恍然大悟，原來我把快樂想錯了。從現在起，我應該是一個正派的快樂主義者，每天盡情品嚐簡單的快樂，如知識和友情。

快到午餐時間時，我們穿過市區，朝貝里尼廣場附近一家有名的餐廳去，那是一家很棒的小餐廳，外牆披著郁郁青青的綠色植物。食物可口，甜點我吃的是啤酒米蘇——用啤酒做的提拉米蘇。

下午時光慢慢過去，我們聊彼此的遐想。要是我真的對自己誠實的話，我的遐想少之又少；然而卡爾的遐想卻有一拖拉庫，今年一整年就是卡爾實現那些幻想的藉口，學習法語、背誦東西、寫書——這些都是卡爾本來就想做的事，我只是不明白為什麼非得把我拖下水不可。我指出，這就像是電影《鬥陣俱樂部》，一個正常的人被拖進一個瘋子的生活裡。

「的確是，就像《鬥陣俱樂部》一樣，你是艾德華‧諾頓，他在電影裡叫什麼名字？傑克嗎？我是布萊德‧彼特飾演的泰勒德頓。」

卡爾一副頓悟的樣子說。

他繼續說：「就是這樣，這表示我並不存在。和這一切有關的都是你，我只是一個虛構的複製品，你必須求助於我才能把事情完成。我就是那個你可以推諉一切的對象，然後你必須殺掉我。」

我想要駁斥他的說法，但想起恰克‧帕拉尼克是在上完地標訓練課後才寫的《鬥陣俱樂部》。不是卡爾一月的時候強迫我去上地標課的嗎？是他還是我？情況實在是令人愈來愈迷糊。

卡爾 7月 10

　　我們登上一艘開往卡布里島的渡船，然後坐一輛敞篷轎車上山，在一個安靜的廣場上享用了一頓很棒的午餐，喝更多葡萄酒、抽更多香菸，然後步行去參觀一位瑞典名醫以前擁有的美麗村莊；之後再坐計程車下山到海岸，我們爬下峭壁，跳進綠色的海水，然後游到一個幽暗的洞穴裡面再出來，漂浮在鹹水之上。最後我在陽光底下晾乾身體，吸另一根香菸時心想，還有比這快樂的事嗎？

　　回到下榻的寓所時，天色已黑。我問安德烈要不要看我前幾天晚上拍他在屋子裡裸舞的錄影。他說好，可是他的臉色因為看到自己那晚的行為而羞愧得扭曲起來，後來我們放我自慰的錄影，但是沒有影像，沒有色情，就只是我臉部的特寫，可是看著那些臉部表情以及我的嘴巴半張眼睛半闔的樣子——實在讓人受不了。我們跌坐在地上笑得連滾帶爬。

　　我還是不知道自己是誰，或者為什麼要做這些事情。我不知道自己是泰勒德頓還是傑克，還是別人，或者誰也不是。

安德烈 7月 12

　　今早帶著十天享樂過度造成的要命宿醉醒來。或許我該更密切遵循伊比鳩魯的觀念才對。

　　為了處理這個可怕的情況，我開始搜尋治宿醉的辦法。我看了羅馬嘔吐食譜，蘇格蘭人喝無酒精飲料 Irn-Bru（那篇文章指出味道像是溶化的塑膠），還有一份解密的祕方，是蘇聯時代格別烏特工用來對抗酒精作用的化合物。看這些令人作嘔的對治方法反而令我感覺更糟，也許我一直都想錯了，或者放縱的關鍵就在於尾隨其後的痛苦。只要處理得當，宿醉也可能令人愉快。一整天趴著無可否認也是吸引人的事，只要放輕鬆，大吃垃圾食物，看影片就好，對我來說，獲准偷懶的吸引力比獲准喝酒更大。我下決心要讓宿醉維持久一點，全心投入懶散愉快的生活。

第一站：麥當勞。

去全世界最大的漢堡店聽起來可能是一件稀鬆平常的事，但對我來說則不然，因為過去十年來我從未吃過麥當勞。剛開始食物的選單讓我一頭霧水，可是我從我的青少年時期找到一些經典商品：一客滿福堡和一客薯餅，我點了這兩樣，另外又點了一杯超大杯可樂。

薯餅吃了兩口後，整個嘴巴裡都是厚厚的油脂，於是喝幾大口可樂，把嘴巴裡的脂肪全部清除。滿福堡平淡無奇，但被一種不可思議的鹹味給拯救了。我加了番茄醬，然後把它給解決。之後在那裡坐了一會兒，茫然地盯著空的食物包裝紙，在我起身離去時，碰到我的跆拳道教練。

「安德烈！你去哪兒了？今天要來嗎？」

「啊，我去了外地，做了一次 TED 演講。」我回答。他好像覺得我很厲害。

「那今天呢？」

「啊，算了，我今天就只想蹓躂一下。」

「了解。」他回答，「不過你需要鍛鍊一下，那就下星期見囉？」

「或許吧。」我說。

卡爾 **7月 12**　我在那不勒斯機場抽菸化解最後的疲勞，然後把剩下的香菸留給安德烈。是什麼使這些細細的香菸讓人心情這麼愉快。我從《愉悅的祕密》這本書知道，它們控制了位於前腦的內在愉悅線路。

可是香菸是令人不安而且險惡的快樂。兩個星期的菸槍生活結束時，我每天抽將近三包菸，抽菸已經不是非常快樂的事了。

從那不勒斯回家時，我去了機場的一家餐廳，點一份奶油培根義大利麵和一杯紅酒。我吃得很開心，一面看《頹廢的食譜》[4]，裡面有番茄裡的貓食（Cat in Tomato，「剝貓的皮時，記住方法不只一種！」）、模仿貝蒂的狗

（Dog á la Beti，「殺狗之前，應把狗綁在電線桿一天，再用小棍子打，轉移脂肪組織的脂肪。」），還有波爾多式肋骨牛排。我從這本書中看到羅馬皇帝埃拉伽巴路斯「要廚房做大象的軀幹和烤駱駝」，以及卡利古拉曾經「用純金打造整個宴會，款待晚宴的賓客」。

在這些故事的啟發下，我決定將美食美酒做為我繼續追求享樂主義的下一個重點。我接下來的幾個星期將在海邊度過，所以何不把這段時間拿來烹調完美的經典菜餚並喝一些好酒？這樣的生活應該是對得起尋歡作樂的頹廢者的吧。

到達斯德哥爾摩後，我打電話給我的大舅子，他是我認識的人中最都熱愛美食美酒的人，那就是他的人生。我把想法告訴他後，他十分熱中，於是我便請他去買一些昂貴的紅酒，並說我會買單。

那天傍晚，在斯德哥爾摩海邊，我和大舅子煎了一些他從市場買來的美味牛排。他還買了兩瓶無比昂貴的葡萄酒，我開了一瓶二〇〇九年的波美侯紅酒，在料理晚餐時醒酒。

牛排煎得堪稱完美，紅酒也很出色。我吃完盤裡的牛排後，再倒了些酒，啜飲一口，閉上眼睛，在酒充滿口腔時細細品嚐。陽台沐浴在夕陽中，慢慢地，天空微微泛紅，我看著在花園裡嬉戲的孩子們在青綠的草坪上拖出長長的影子。

這是歡樂的一刻，近乎完美。我之所以說近乎，是因為少了一個重要的東西：香菸。這是祕密武器，必須添加才能達到歡樂的最高峰。我想起沙特嘗試戒菸時對香菸的反思。他害怕，沒有香菸以後，所有的體驗都會變得乏善可陳。觀賞戲劇演出不再那麼令人陶醉；早上工作的心情不可同日而語；晚餐也不若從前可口。

一天抽七十根香菸的做法難以為繼，因為會讓我嗚呼哀哉。可是我不得不認同沙特的話，我非常想念它們，特別是現在，在這個特別的時刻。我抽完最後一根菸已經有兩天了，我渴望抽菸啊。

數週前，我問我的芬蘭友人，對他來說快樂的意義是什麼？我們談到喝酒、吃東西、嘿咻。可是後來我們講到偷懶的快樂，就是待在家什麼也不做，聽起來有點像是伊比鳩魯追求一種完全寧靜的狀態。

「你偷懶的時候會做什麼？」我問。

「我打電子遊戲。」朋友告訴我。後來，我發現這個快樂獲得非常廣泛的認同。49% 的美國人經常打電子遊戲，平均每個美國公民一個月花一千七百三十七分鐘在這上面。

我決定要試驗一下這個快樂的理論，於是走進一家叫做「遊戲」的商店。我從十三歲以後就沒有玩過電腦遊戲，感覺像是一個文盲走進圖書館。有人建議我買《戰地風雲 4》，是第一人稱的射擊遊戲，銷售量在七百萬套以上；我也買了《俠盜獵車手》，是飆車競速的遊戲，這個系列的遊戲銷售量達二億三千五百萬套。我問那位在櫃檯後提供諮詢、臉色蒼白婦女問題時，她一臉同情地看著我。

我把新買的微軟遊戲機和遊戲帶回家後，便開始冗長的安裝過程。

二小時後，我已經玩了起來。

我的角色出現在一座遭洪水淹沒的、陰暗的學校走廊上，牆上掛著的學童畫作上面都是彈孔。我不知道自己是在哪裡或是在幹什麼，並且是在用一種不協調的方式在建築裡四處走動。我手上有一把槍，並與馬路對面的兩個恐怖分子槍戰。我被槍殺，死了一次又一次，好不容易成功殺死外面的兩個槍手；然後我移到下一幕，是在學校的一個中庭。玩一整天下來，我沒有感到愉悅或快樂，只感到空虛。

我為什麼沒有體驗到朋友描述的那種打電玩的喜悅？我搜尋神經科學研究後，發現打電玩會引起大腦釋放多巴胺，喝酒、嗑藥、嘿咻、賭博時也會釋放這種荷爾蒙。多巴胺的這種刺激表示電玩可能讓人上癮，為了得到這種

荷爾蒙的衝擊，有的玩家會連坐多日打電玩。我在賽門‧帕金寫的書《電玩致死》[5]發現一位二十三歲的台灣男子，他在一家網咖連打二十三小時《英雄聯盟》後，被人發現在電腦前暴斃。

對我來說，無法理解為什麼會有人打電玩打到掛掉。帕金解釋，這些遊戲這麼吸引人的原因，在於讓無力掌控現實生活的人們得到一種控制感。

我想我算是幸運的，沒有得到我的玩家朋友們那種愉悅感。或許我若是玩上幾個月以後，也會上癮，不過這似乎不是一個讓人快樂的前景。

卡爾 7月 14

我的尼古丁癮一天天減弱，我不怎麼擔心它復發。何況，就算我萬一失控，還有 Pavlok 電擊手環在手。

把注意力放在食物上也有幫助。我煮一些從未做過的東西，從炸飯球開始做起，我在卡布里島吃過炸飯球，味道可口，而且符合頹廢精神。我先做普通的調味飯，等米飯冷卻的空檔，便啜飲阿佩羅雞尾酒；我把黏黏的飯揉成球，中間挖一個洞，裡面塞莫札瑞拉乳酪和燻火腿，先把麵粉裹在飯上，再加一層蛋汁，最後再放到麵包粉裡滾一滾，之後浸入炸鍋。幾分鐘後飯球浮到油面上，呈現漂亮的金黃色。我把炸飯球當第一道菜端上桌，味道好得很。

在此同時，我們用慢火燉小牛膝。這道菜用的不是貓肉或狗肉，也不是用火鶴肉（也很受真正頹廢者歡迎）做的，我們用的是小牛膝骨。

吃完後，就該思考甜點了。陽台上的炸鍋還在火上面，我知道廚房的櫥櫃裡有一些巧克力棒，炸巧克力棒是無恥的頹廢最極致的表現。於是我把巧克力棒裹上麵糊，再放進沸滾的炸油裡。吃下第三根巧克力棒時，我一面想著卡利古拉。

那天晚上走路回家前，大舅子打開冰箱。

「這我可是誰都不給的。」他說，遞給我一塊肉，包在塑膠袋裡，這是豬

的嘴邊肉，是道地的義式培根蛋麵的主材料。「義大利培根和美式培根只是貧乏的替代品。」他說。他們前不久去義大利旅行時帶了這塊嘴邊肉回來。

「我們明天會過來吃午餐，別煮砸了。」他說，一副哥倆好的在我肩膀上拍了拍。

安德烈 7月 21

大約一星期前我冒出排毒斷食的想法，當時正和一個朋友共進午餐，我嚼著漢堡時，她問我有沒有想過喝果汁排毒。我沒想過，不過聽起來不錯，這個月我幾乎天天醉酒，上星期更是只吃垃圾食物。我平常一天的菜單上是蛋糕當早餐，漢堡當午餐，洋芋片是下午點心，然後晚餐吃一客大披薩，而且這所有的食物都是配一大堆可樂灌下去。現在我已經在氣喘，而且精神不振。我準備要改變，因為我得聽從伊比鳩魯的建議，用不同的方式追求快樂。

我回家上網看果汁和果汁客的訊息。這些部落客似乎都近乎虔誠地篤信把水果和蔬菜打成汁帶來的功效。最極端的果汁客建議使用「檸檬汁排毒法」，這套飲食方式是史丹利・巴洛斯在一九四〇年代提出的。他一九七〇年代出版了《檸檬汁排毒法》[6] 一書，書中鉅細靡遺地敘述這個方法及好處。後來我發現巴洛斯被控告違法販賣藥品、無照行醫，以及二級謀殺罪，但後來沒有被定罪。他是因為用檸檬辣椒楓糖水、草本茶、彩色光、治療性按摩為一名二十四歲的白血病患者進行三十天療程而挨告。

檸檬汁排毒法很簡單，在十天裡只喝檸檬水維生，可是為了促使腸子蠕動，晚上還要喝通便茶，早上再喝食鹽水灌腸。

於是我連續三天白天只喝混合檸檬汁，晚上喝一杯草本茶，每天早上醒來後再準備一杯食鹽水，就是把兩茶匙鹽加到一公升水裡。為了把這些食鹽水灌進喉嚨，我把自己想像成一個參加喝啤酒大賽的青少年。

檸檬水排毒法要一天時間才能夠發揮作用，但那天正好是女兒一年一度

的運動會日，我已報名參加爸爸的賽跑項目，於是在虛弱無力的狀態下成績墊底。我緩緩走回家，調了一杯檸檬水，然後躺在沙發上，此時任何從事有生產力工作的意圖都在我陷入沉睡後消融了。我夢見自己在吃東西，從睡夢中醒來但尚未完全清醒的我，心中生出罪惡感，然後花了三十分鐘才回到現實，明白自己還沒有破戒。

兩天後，我便期待早晨的食鹽水灌飲，那已成為一天當中最重要的事，可是我開始覺得無力和疲憊，喝混合檸檬水時，心情會暫時好一點，但之後又會陷入低谷。我會退回床上再睡二小時，醒來後會覺得頭暈，於是再喝一杯檸檬水，但也沒有用。

我的兩腿痠痛，感覺自己好像一直在跑馬拉松。閉上眼睛時，會出現幻覺，是一些混合渦紋圖案的龍。

正確的檸檬水排毒法應該進行十天，但我只勉強做到三天。若是這個月是專門要減肥或是增加痛苦的話，我就會繼續下去，可是我應該追求的是快樂，而不是痛苦啊。

卡爾 7月 21

過去十天，我用嘴邊肉做培根蛋麵，並用雞肝和義大利醃肉燉煮肉醬麵，然後又做了布魯曼索烤雞，這道菜可是花了兩天時間準備。第一天，雞肉必須在鹽水裡泡六小時，然後快速浸入沸水和冰水裡，再用毛巾包起來，放進冰箱；第二天，用烤箱低溫烘烤六小時，再用平底鍋煎，讓皮呈現金黃色。

接著做義大利麵。我研究了數十種食譜，從傳統做法到快速做法應有盡有。我把所有材料混合在一起：雞蛋、多加的蛋黃、兩種麵粉、鹽、油，用雙手攪和十分鐘，然後包在保鮮膜裡放進冰箱，一小時後拿出來，用桿麵棍把麵團桿得薄薄的，再讓桿成長長的麵皮在廚房的桌子上晾乾，然後捲起來再切成一塊塊。等我再把它們鋪開來時，就有了長條狀的寬蛋麵了。我把麵

條煮幾分鐘，再和燉煮的牛肉一起端上桌。

壓軸菜是有兩種餡料的義大利水餃，一種是牛肝菌，另一種是豌豆、義大利乳清乾酪和帕瑪森乳酪。我做了義大利麵的麵團，並把一些小麵團放進去，然後做番茄醬，用烤箱烤了一些甘藍菜，再把溶化的奶油混合鼠尾草、香草和白葡萄酒。五小時後，端上桌，我累斃了，但很滿足。

我這十天來喝紅酒、在海裡游泳、看小說、烹調精緻的食物，這些日子過得溫馨美好。

感覺我可以永遠這麼過下去，日復一日。這一輩子都住在一個島上，煮煮吃吃、看書寫作、游泳睡覺。

安德烈 7月23

就我記憶所及，我今天早上做的第一件事是去看有沒有收到電郵。年初在努力提高生產力時，我已經把這個動作減到最少，可是現在沒有限制了。我只要一覺得無聊，就會發現自己心不在焉地看臉書。這應該是一個令人愉快的小小休息，以便讓我度過一天，可是就在今天，這麼做卻不是一件樂事。

我在學術研究中搜尋，看到一篇在《管理信息系統季刊》[7]發表的研究報告，研究的是科技對六百六十一位專業人員的影響；研究報告的作者們推論，無時無刻存在的科技使專業人員壓力更大。或許經常受到數位干擾是妨礙我過愉快生活的原因？

我繼續搜尋，看到數位排毒的訊息。把我的那些裝置收起來，便可以更有正念、減輕焦慮、改善人際關係，開始真正能夠更欣賞周圍的世界。也許我需要做的就是真正和數位裝置分開？讓自己一星期沒有電郵、社交媒體、電腦和網路。

我啟動不在辦公室的電郵訊息。我以前只這麼做過一次，而且是好久以前了，可是那次我在應該「不在辦公室」的那兩星期裡還是持續查看電郵。

我把電腦和 iPad 放在架子上，把電話裡的社交媒體和電郵應用軟體移除。這次我要真的不在辦公室。

我坐下享受數位排毒的生活後，眼光落在四周亂七八糟的東西上：堆疊的紙張、成堆的書籍、堆積如山的衣服、丟在地上的鞋子、散落各處的玩具。我感覺自己在環繞太平洋中央移動的那座巨大塑膠池上漂浮。

我突然明白：如果我要找到真正的快樂，就必須讓我的整個生活「斷捨離」。

卡爾 7月 25

我喜歡吃美食，但是下廚太累人，無法享受完全的快樂。

我想起在那不勒斯和安德烈說的話，開始重新看伊比鳩魯的信，他宣言一種快樂的哲學：不是頹廢者過度放縱的快樂，而是伊比鳩魯所說的自然而簡單的快樂。伊比鳩魯在寫給美諾西斯的信中說：「因此當我說快樂是生活的目標時，我說的不是放縱派的快樂或積極享受本該擁有的快樂。」關鍵在於做的時間夠長，這很適合我，因為我大部分的日子裡都已經在游泳、看書、眺望大海，可是做一個享樂主義者絕非輕而易舉之事，有兩個主要的障礙，就是別人的期望和我的罪惡感。

我決定停止做這些事情時，正和我的泰山、泰水大人待在一個島上。每天為他們下廚幾小時，這是我對這個家庭的貢獻；現在，突然之間，我不再下廚，我沒有說原因，就只是不做菜了。不再和平常一樣下午五點左右就隱入廚房，而只是待在陽台上，凝視太陽，啜飲白酒，我就只是坐在那裡，什麼也不做，和伊比鳩魯一樣平靜。果然，大約一小時後，就會有人接下這個工作，確保晚餐有得吃。

然後是足球杯，島與島之間的比賽，我應該參加才對，可是卻沒有。根據享樂主義，比較高貴的做法是遠離這種瘋狂的活動，只要冷靜觀察就好。所以我去看一場比賽，站在場邊看，對隊友們憤怒的眼光視而不見。

我也從湯姆・霍奇金森的好書《悠游度日》[8]中學到，應該把鬧鐘丟掉。閒人傑羅姆稱這些可憐的發明為「在不對的時間突然發出巨響，和提醒不對的人的巧妙發明」。我羞於承認在本應該追求最大的快樂時，我卻從今年一開始便每天早上設定鬧鐘，包括週末在內，甚至這個月也一樣。這本書讓我相信躺在床上是一個高貴而快樂的活動，所以我把手機放到另一個房間，努力大睡特睡一番。然而在頭幾天，我還是差不多七點醒來，比家裡其他人都來得早，我試著躺在床上，可是半小時左右之後便覺得索然，只好早早起床了。

　　我也得規避所有形式上的義務。我得知逃避責任是反抗「先受苦，後享樂」的工作狂意識形態。瑞典人喜歡在假日保持活躍，無論是用健身或是做園藝，或建立什麼東西，或規畫沒有意義的短途旅行，他們喜歡讓閒人有罪惡感。

　　在面臨這些需求時仍完全保持懶散並不容易，需要費很多腦力。我的模範是奧勃洛莫夫，十九世紀同名小說中的主角，他是個終極閒人，認為自己「天生無法努力」，而且不折不扣地沒有企圖心。

　　看完這些故事幫助我克服在不對任何人或任何事情做出任何貢獻時會生出的罪惡感。做為一個閒人，我沒有焦慮和不安，可以隨心所欲地生活。霍奇金森說：「做一個清閒的人，就是要有樂趣、快樂、歡喜。」除此之外，我不是孤軍奮戰，惠特曼、王爾德、傑洛姆都是有名的清閒，過著最高尚的生活。惠特曼寫道：「在所有的人之中，沒有人能和你如假包換的、天生的、一成不變的無所事事相提並論。」在能放下罪惡感的那一瞬間，我便開始愛上這種生活方式，就像正念那樣，卻是踏踏實實的。

　　生活中沒有科技很容易，只不過打掃房子就辛苦多了。我記得看過一本暢銷的自助書籍《怦然心動的人生整理魔

法》[9]，當時我還納悶，是什麼歇斯底里的人才會買這種書？可是現在我自己卻在狂搜這本書。

我在一家大賣場的書店自助書籍區找到這本書，在縫紉書和軍事歷史書之間。

近藤麻理惠說，有一天晚上她有了奇蹟似的突破，「整理」不是把東西收好，而是找出那些真正帶給她快樂的東西，然後把其他的東西都丟掉。在這份領悟之下，她建立一整套她認為會改變人們生活的系統。我不會再焦慮，永遠不再需要收拾整理，就可以開始我的新生活，開始喜歡周遭的東西，甚至還可以甩掉一點重量。

晚上我夢見做打掃的近藤麻理惠出現在夢中，用一種無辜的日本腔跟我說話。第二天早上醒來後心裡便有了一個目標，為我的生活「斷捨離」。

我按照近藤麻理惠的建議，從衣服開始整理，從塞得滿滿的衣櫥裡和床底下以及屋裡各處把衣服全取出來，全放在床上。有好幾百件之多，我把它們分門別類——西裝、襯衫、長褲、內衣；接下來，我一件件審核，問一個簡單的問題——這件會帶給我快樂嗎？若是，就放在要留下來的那一堆，其他的都丟到捐給慈善二手商店的一堆。我訝然發現竟可以這麼快速地丟掉一半衣櫥的衣服，我人生的所有時代就此一筆勾銷。二十八、九歲時穿的花襯衫系列、讀大學時的運動衫、青少年時期的牛仔外套，這是與我相當親密的時裝歷史，如今就要被送到二手商店去。

然後是摺疊。我把書放在一組凌亂的抽屜邊緣，盡量嚴格按照書上說的方法做，摺疊我的運動衫、跑步穿的衣服、襪子。原本塞得滿滿的抽屜突然顯得相對地空。整理完後，我退後一步，審視衣櫥，忽然感到一股奇怪的快樂，像是卸下了負擔，有如一個剛剛放下世俗憂慮的修行人。這就是伊比鳩魯所寫的寧靜的感覺嗎？

我把這些所有裝衣服的袋子集中到走廊後，考慮換下一個工作——廚房，就在此時，我們的清潔工來了。我看得出來她不認同我斷捨離的結果，

她也不想要我做下一步，清空廚房的櫥櫃。

卡爾 7月 31

我在過去十天的過程中訓練自己無所事事，而且很喜歡這樣。遵照清閒的藝術證明比我五月份試過的所有靜坐、瑜伽、正念更能帶來內心的平靜。

最後一天，為了嘗試把清閒的快樂最大化，我準備設計完美的一天。我事先根據霍奇金森的書《悠游度日》做了一份時間表。我差不多是九點起床，沒有借助鬧鐘，然後慢慢從小客房走到主屋，在那裡寫作一小時。寫作是清閒之人認同的一個「有生產力的」活動。十點左右，老婆和女兒上樓來，我們在外面陽台上一起慢慢吃了一頓愉快的早餐，邊聽亞特·派特的薩克斯風演奏，邊凝視太陽。現在開始熱起來，於是我們走了幾百公尺到一座小沙灘游泳、看書。中午時，開車去海邊一家不錯的餐廳慢慢吃午餐。

回家後，我坐在陽台上，在陰影下看書，現在感覺有點累。母親大人在房子的另一頭大聲叫嚷，問我要不要喝一杯咖啡，我說不要，因為我已經知道下午喝咖啡是真正清閒之人厭惡之事。我回到臥室準備睡個午覺，「在午餐和晚餐之間一點要睡一下，沒有折衷之道。」霍奇金森建議。

現在是三點，我很高興看到自己有遵守精心設計的「快樂時間表」。一會兒之後女兒叫醒我，我已經恢復精神，於是我們走到海邊再游一次泳。天氣暖和，氣氛寧靜，我們在那裡待了很久。我再度查核我的時間表，現在是五點鐘，下午散步的時間到了。我從書中讀到：「行人是最強大的存在，是為了快樂而走路，觀察但不加以干預，不疾不徐、快樂地陪伴自己的心靈，超然的漫步，有智慧而且快樂，如神祇一般。」

我如神一般沿著碎石路散步，樺樹在風吹中呼嘯作響，一些鳥雀在遠方歌唱。我轉進一條比較小的小路，走到海邊，坐在岩石上。

四十分鐘後經過妹妹家，我在馬路上就看得到她老公在廚房準備晚餐，

其實是輪到我做飯，但我嫻熟地躲避了那個責任，我略微加快腳步，希望他們沒有看見我。這時我聽到身後有腳踏車的聲音和有人清喉嚨的聲音，我轉身看到我的鄰居。**可惡！**他就在那裡跟我妹妹拿一張嬰兒床，而且可能需要人幫忙把床搬回家，我再加快一點，假裝沒有看見他。他是這裡的模範市民，他家的草坪永遠是割得整整齊齊，而且經常油漆他的房子。我隨著這條路轉彎而消失在他的視線外後，便再度放鬆下來。

六點時，我回到妹妹家，依然是符合時間表上的時間，並且喝下我的第一杯酒，之後吃了一頓豐盛的晚餐並喝更多酒。

這個月過得太棒了，從頭到尾。我很珍惜吸菸、喝酒、以及頹廢的日子。那些下廚的日子也過得很開心，而且我喜歡什麼都不做，慵懶的日子，我恍然明白清閒度日其實就是適合我的靈修類型。我在心裡告訴自己，要停止再訂昂貴的正念應用軟體，同時開始把清閒的哲學原則納入我的生活。

8月／創造力

爸媽從紐西蘭來看我們，我們客氣地交談一番後，
他們問我現在在做什麼工作。我一般都會避免說得太詳細，
但這次我告訴他們我決定要學習脫口秀，他們突然沉默下來。
「我們家人都不太會搞笑。」父親說。

　　從六月的最後幾天起，我都會一大早悄悄溜下床，坐下寫作，可是我寫的不是那些學術性的東西。這次是**真的寫**作，寫小說——驚悚小說。

　　沒錯，我是在超越自己，可是我需要不只一個月寫小說，何況這並沒太打亂我對享樂的追求。嘴裡刁著菸寫小說感覺還真他媽的爽。

　　我並不期待寫出什麼了不起的文學小說，因為難度太高。我想寫的是北歐黑暗系，比較沒那麼做作，如果成功的話，說不定九月就可以賣掉賺錢。

　　三月份在紐約一家咖啡館和李·查德、安迪·馬丁會面。安迪·馬丁是我的老朋友，他是劍橋大學的法語講師，寫了好幾本關於衝浪、法國女星碧

姬・芭杜、拿破崙、沙特與卡繆之間恩怨的書。他在最近一個計畫中花了一整年跟在李・查德後面，在一旁看著他創作神探傑克（譯注：電影《神隱任務》的主角）的最新探險。李・查德是犯罪小說界的巨人，小說的銷售量逾一億冊。

我告訴李，我考慮寫一部驚悚小說。

「為什麼要自己寫驚悚小說，你大可以從舊小說裡取經，然後說是你自己的創意？」

「那樣做不是違法的嗎？」我問。

「我不認為，如果是精心設計的惡搞，就不是。」

「高明，那會幫我省不少事情。」我說。

「我相信李可以找到一本不熱門的好書。」安迪・馬丁說，他知道我對犯罪小說毫無頭緒。

「沒問題。」

數月後我發電郵給李，問他有沒有想到合適的書。

他回信說：「我想要建議內佛・舒特寫的《天空無路》[1]，它的故事沒有時空限制，很容易把細節部分改掉。」

我從一家二手書店訂了這本書並看了一次。李說得對，這本書很適合改編。

可是我還有一些事情得解決。我要剽竊一本小說的構想，宣稱是自己的創作，是不是也必須騙過所有的人？我必須對經紀人和出版社說謊嗎？我發電郵向一位出版界的朋友請教，他說要找一個願意配合這個騙局的經紀人並不容易，我也得騙過他們才行。他說這個計畫太冒險，一旦透露出去，我可能會陷入大麻煩。再說，內佛・舒特的書是在一九四○年代出版，仍受到版權法保護。

此時我明白這個計畫行不通，所以退回原點。

我打電話向安迪・馬丁求教，他已返回英格蘭。我說我可能得自己寫一

部書，除非他有興趣跟我一起寫。我記得安迪有一次跟我說他想自己寫一部驚悚小說，他鑽研犯罪小說很久，所以他應該能獨力寫一部這樣的小說。

「當然好啊，那咱們就來試試看吧。」他說。

「太好了！」我回答。

冷靜下來之後，我說：「你知道，我們還是可以從其他的書裡面取經，只要是沒有版權保護的就行。」

「唔，有道理。那卡繆的《異鄉人》如何？應該已經沒有版權可以追究了，或許可以拿來作為一個模型。」

他說《異鄉人》的那一刻，我就知道這件事能成。

我把小瓶墨水和幾支畫筆攤在桌上時還覺得很樂觀，可是等我低頭看著那張空白的紙張時，那股熱情便消退了。**我究竟要畫什麼？**

現在是這個月的第一個星期，我和家人在懷特島度假。過去的一個星期左右，我滿心歡喜地與世隔絕，無所事事；我本該發揮創造力，但我寧可放輕鬆，看著女兒在迎風的沙灘上玩耍。最後我決定畫畫。讀高中時，別人都在踢美式足球，我則是在美術教室畫畫，那個有藝術細胞的我早已被遺忘，可是現在說不定重拾畫筆的時候到了。

我們住在海邊一座以十九世紀出過多位水彩畫家聞名的小村莊裡的古雅小屋，正是可以激發創作豪情的地方，然而我卻找不出任何東西可畫。我看一眼剛才一直在看的報紙，眼光停在一張照片上，設法把它畫出來，然後又設法再畫一張。

畫完之後，我把畫的這些畫排列起來，一共有十張。

我們的想法是改變卡繆這部經典小說的體裁，把它變成暗黑北歐風格。開始著手以後，我們嘗試使用部分原文，但不久便發現還是自己寫比較容易。有些場景和角色可以重新打造，我們把不帶感情的莫索特先生換成一個以前是回教徒的年輕人娜姐，她在這本書一開始便被父親和叔叔用車帶走。他們為了維護家族名聲而試圖殺死她，可是她把叔叔從高速行駛的車上踢下去，並用父親的槍開了四槍殺死父親。娜姐就是我們的異鄉人。

我對如何撰寫小說所知甚少，更別說是驚悚小說，可是網路上不乏這方面的建議。《作家文摘》[2] 上有一篇文章列出成功的驚悚小說十個基本要素。首先要有一個好故事，例如「英雄屠龍」，這就是娜姐最後要做的事，儘管我們還沒有想出那條龍是誰。其次，要描述受壓迫者，而住在瑞典北部，原先是回教徒的娜姐就是這個受壓迫者。第三，必須提供多元角度。娜姐的男朋友比約恩，一位穿著燈芯絨長褲的謹慎博士生就負責提供另一個角度。第四個條件是在一開始就有一個好的動作場面，我們設計在車內嘗試進行的名譽殺人就符合這一條。第五點：清楚表達主角想要什麼，以及她懼怕什麼。這一點比較困難，因為娜姐是現代版的莫索特，並沒有真正想要什麼，當然也就無所懼。第六是讓主角有不好的遭遇，這不是問題。娜姐在書中大部分時間是在監獄裡，甚至有一天半夜醒來便被綁在床上，一個醜惡的獄卒壓在她身上，一面解開褲子。第七點是讓角色改變，這一點不太可能，因為她和她的前身莫索特一樣，認為自己的存在是超然的，而且不願意改變。第八點是節奏要快，這一點很難辦，因為娜姐在監獄裡的日子有時候過得很慢，可是我們還是盡可能加快速度。第九點：表現出來——而不要明白說出來，這是我覺得最難的部分。創作讓讀者覺得具有說服力又能夠感知的現實是真的有夠難。第十也是最後一點，就是要讓讀者有所學習，不論是手段、工作或是社會問題。這本書的背景是設在瑞典富裕地區和較貧窮的地區，比約恩來

自斯德哥爾摩一個高檔地區上流社會的家庭，娜妲則是出身一個貧窮郊區的移民家庭。這些細節的用意是要具有教育性──會向讀者說明瑞典有什麼地方是腐敗的。

我前幾天在看史蒂芬‧金寫的《史蒂芬‧金談寫作》[3]，他說任何一本小說都只包括三個部分：敘事、描述、對白，別把重點放在情節上面，他說。你讓角色活靈活現，讓他們影響故事的方向，劇情便會自發地開展。娜妲和比約恩現在已經和我相處一個月了，雖然目前他們分隔兩地。娜妲殺死父親後，在監獄裡為她的生命奮鬥。在此同時，比約恩則在斯德哥爾摩的郊區摸索，試圖找出躲在背後的人是誰。

我們穿過懷特島文特諾鎮的植物園時，遠處有一群七、八十歲的婦人坐在桌旁，走近後，我看到她們是在銷售她們自己的畫作，原來她們是懷特島水彩協會。我研究她們的作品，並跟其中一位比較有才華的會員聊，她告訴我她的作畫技巧。

儘管她的畫比其他人更出彩，但是她們這些人的程度也絕非我所能及。我明白想在一個月內做一個畫家是無望了，我得嘗試其他的才行。

不論卡爾寫的是什麼，他從來寫不出什麼好東西。

我不記得這是我高中的瑞典文老師說的，還是中學的瑞典文老師說的，有可能兩人都說過這話，因為他們對我的評價都不高。我遭到這個致命打擊時，爸媽也在場，所以我便問他們還記不記得是誰說的。他們記得，是我高中老師說的，在某次年度表揚大會上，老師們可以趁此機會報復學生。我的美術老師喝得酩酊大醉，不記得我是誰，可是我的瑞典語老師記得，因為我就是那個不會寫作的人。

如今，時隔數十年，我這個中年人正在試圖寫一部小說。這是為了復仇嗎？我是在證明老師們看錯我了嗎？

不論如何，我還是覺得寫作很難，特別是寫驚悚小說，必須又快又直接，而且寫作手法要有特色。在史蒂芬·金的建議下，我扼殺了我通常在學術著作中會隱藏在背後的被動語態，同時也試著保持寫作時不使用裝模作樣的副詞，文筆必須簡潔、清晰銳利。我大聲朗讀給自己聽，試驗書中角色的口氣，然後連續好幾小時上網搜尋牢房和法庭的圖像。馬丁不斷傳他寫的章篇給我，可是這些內容往往是加強我對自己能否當一個作家的懷疑。

也許我需要去上創意寫作的課？

搜尋許多網路課程後，我發現一個吸引我的課：「專家寫作班。」這是專門為心中有一本書的構想，但是苦於無法把它編織在一起的人設計的課。課費很便宜，只要一百四十九美元，可是要到八月十七日才開課，太晚了，所以我繼續搜尋。大部分大學好像都有開這樣的課程，只是費用很高，為期兩年的藝術碩士寫作就要七萬美元。

心灰意冷之際，史蒂芬·金的建議又讓我感到安慰：「多多閱讀和多多寫作學習效果最好，最寶貴的課程都是自己教自己的。」

安德烈 8月 12

今天是倫敦夏季的一個大熱天，我在家上網搜尋如何「提升創造力」的竅門。不久就有了一長串的技巧：讓自己累到不行、靜坐、豪飲、躺下、獨處、讓四周都是藍色或綠色、讓大腦放空。

我再回去瀏覽清單，發現上面很多事我已經在做了，可是我不太懂這些如何能幫助我變得更有創意，何況，我連要創作什麼都不知道。

我失望透頂，列出提摩西·費里斯建議作為開發創力的理想背景音樂：〈不再信仰〉、〈德國戰車〉、〈超級殺手〉，接著打開筆記電腦，準備好我的筆，等待靈感一觸即發。音樂結束後，我寫下三個點子：

創作一個鎖定無業遊民的奢侈品牌

展開一個叫做「退出歐盟存在主義者」的政治運動

成立一個中年男子樂團

看著這些點子，每一個看起來都一樣可笑。

「如果你是個文筆欠佳的作者，沒有人能幫你的文筆變好。」史蒂芬‧金如是說。我在海邊的屋子裡和一個特別棘手的篇章奮鬥。娜妲還在監獄裡，比約恩後來和一個也在報導娜妲這個案子的記者上床了。兩人三更半夜在廚房跳舞，可是這一幕感覺不太妥，落入俗套。史蒂芬‧金可能說對了，有的人，就像我自己，永遠不夠好。

這使我想起很久以前常常見到的一個遊民，他永遠站在斯德哥爾摩市中心同一家超市外面，耳朵上戴著無線電吹奏口琴。他在那裡好幾年，又吹又跳的，可是儘管練習那麼久，卻從來沒有從他的口琴裡吹出一首曲子。有一天，這個遊民不在了，沒有人看見過他，我揣測他是死了。可是就在前幾天，我經過同一家超市時，他再度出現在那裡，在杳無蹤跡數年後又回來了，而且吹口琴的本事跟以前一樣糟。

我問安迪‧馬丁能不能給我一點建議，看我能如何提高創造力，他傳給我一個瑞典心理學家安德斯‧艾瑞克森在廣播節接受訪談的錄音檔，他針對他所謂的刻意練習做過研究。我聆聽他鼓勵人心的論點，心情好轉起來。他說，天才在素質方面和其他人並無不同，可是和那個無家可歸的口琴演奏者不同的是，他們用深思熟慮的方式，經常把自己推出舒適圈，找出一個改善自己技巧的方法。

一九九三年在《心理學評論》[4] 期刊上發表的一篇文章中，艾瑞克森和兩位共同作者說，「專家行為」不是與生俱來的天賦，而是「長期努力改善

表現，同時越過動機與外在限制的結果」。為了成為專家，必須接觸到老師們和設施，也必須用審慎的態度練習至少十年；為了避免過度勞累，真正的練習應該維持每天進行一段有限的時間。

大作家們用的也是這個技巧嗎？我記得梅森・柯瑞寫的書《創作者的日常生活》[5]中說，大多數作家每天只寫幾小時，那些時間可能是高度爆發艾瑞克森心中所想的刻意練習。美國小說家菲利普・羅斯形容寫作是一個噩夢，因為「作者陷入與個人作品的戰鬥之中」。

我今天剩下的時間就用來處理這個場景。和羅斯一樣，我與寫作陷入一場噩夢般的長期戰爭，可是在晚餐前我就寫完生平第一幕性愛的場景。

安德烈 8月 16

半個月過去了，我只寫出一頁荒唐可笑的構想。回顧這份清單實在是令人不忍卒睹，可是我想到不久前，卡爾建議嘗試脫口秀。**有何不可？**我心想。這個想法不輸任何一個想法，畢竟，喜劇說的全是和失敗有關的，而失敗就是這個月的定位 —— 或許可說是這一整年。至少砸鍋了的話，可以一笑置之，於是我開始為想像中的搞笑表演想名稱：**如何浪費一年生命並且在這個過程中什麼也沒有學到。**

搞笑對我來說很陌生，我嘗試說笑話時，總是以失敗收場。我根本沒有掌握時機引人發笑的喜感，所以顯然需要回頭練基本功，於是開始閱讀。

我發現，幽默的重點就在於結構，笑話有兩個部分：鋪墊和笑點。鋪墊必須短小精悍，笑點則應該是一個轉折。最令人發噱的笑點必須放在最後，理想的狀況就是最後一個字，而且應該是板著臉說出來。喜劇演員在觀眾哈哈大笑時絕對不應該講話，有一個笑點之後，還要在上面再加一個，之後再一個，但是最精彩的務必壓軸。

我看過的一個部落格建議脫口秀應以一分鐘有四到六次笑聲為目標，這表示在全部五分鐘的表演段落裡，要有二十到三十個笑點。

我準備開始建構自己的笑話。我走出屋子到後面的院子，坐在陰影下，開始隨意寫下一些話題——學術生活、子女、我的童年、驚悚小說、鮑里斯·強森——英國政治人物。對，鮑里斯是個好話題。

那天晚上我聽到搞笑藝人瑞奇·傑維斯在廣播節目接受訪問。他即興告訴訪問者，好的喜劇應該是關於一般人嘗試去做自己沒有本事或沒有決心做的事情。我開始在想這整個計畫是不是正是如此。

8月 17
卡爾

選擇適當的文字處理程式是創作過程中一個重要的環節，這是我在持續追求成為專業作家時的發現。我使用的軟體，微軟的文字處理 Word，被形容是「最爛的軟體」，我繼續瀏覽關於其他我用過的軟體，像是 Pages 和 Scrivener，以及一些我沒有使用過的像是 iA Writer 和 Bywords。也有冥想文字編輯軟體如 Ommwriter 和 ZenWriter，重點在於放鬆和播放冥想音樂。

也有像 Flowstate 這樣的程式，保證有助於克服作者的障礙。這個程式類似我試用過的許多其他程式，但有一大差別，就是必須一直寫個不停，不然所有的內容都會不見。

方法很簡單。首先，必須選擇你打算寫多久。假使有五秒鐘沒有按下按鍵，之前寫的就會不見。只要短短兩、三秒，就可以看到文字開始消退，而且在達成五分鐘，或十分鐘，以及三十分鐘的目標之前無法存檔。只有存檔之後你才能放鬆，繼續按照你想要的速度寫。

我從十五分鐘開始。我要寫一篇日記，概述前一天發生的事，但我一開始寫，腦袋瓜就停擺，想不起那天發生的任何一件事，或者那是哪一天，我就只是一直打字。

達成十五分鐘目標後，我停下來看內容，一頁又一頁都是毫無營養的內容。

第二天，我又試了 Flowstate。這一次我得為這部驚悚小說寫一個新的場景。比約恩去監獄探視娜妲，要告訴她一些重要的消息。我設定三十分鐘，寫了五分鐘後電話響起，是莎莉打來的。

「嗨，親愛的，我現在恐怕不能講話。」

「為什麼？」她問。

「我在寫東西。」

「可是你可以休息一分鐘吧，不行嗎？」

「不行，只能休息五秒。」我每五秒鐘就敲一下空白鍵，防止先前打的內容消失。

「五秒鐘？」

「是這樣的，我在用的軟體是得一直寫，否則內容會全部不見。」

「不見？你當然可以存檔啊？」

「他媽的。」我邊說著於是忘記敲按鍵。文字變淡，最後在白色螢幕上消失，再也找不回來。算了，反正那些內容沒有用。我天生寫作速度慢，這個軟體不適合我。

實驗一星期後，我感覺有一股奇怪的引力把我拉回 Word。這個軟體以前造成我很多痛苦，可是就像所有受虐關係一樣，要擺脫很難。

安德烈 8月 17

據我所知，寫笑話的基礎是在一頁紙上寫下愈多話題愈好，然後再開始隨意地連結。挑出搞笑的字眼很重要，節奏也很重要，可是我不應該好高騖遠，現在的關鍵點就是想出很多點子寫在紙上。

等大家都上床睡覺後，我觀看 YouTube 上的一些脫口秀。從史都華‧李的一支影片，我得知搞笑有兩個方式：直接用笑點來吸引觀眾，或是用不著邊際的冗長笑話慢慢逗觀眾發笑。他的結論是：你什麼都能說，只要下面埋

了一個笑點。我問自己，我所有說單口相聲的嘗試之下隱藏的笑點是什麼？

卡爾 8月 18

「你應該找一個出版經紀人，假使你的作品賣得出去，找到一個經紀人就只是一個中等的麻煩。」史蒂芬・金寫道，「就算你的作品賣不掉，還是可能找得到經紀人，只要看起來有賣出去的希望。」

我們大約一個月前開始寫娜姐時，我便發一封電郵給一個代理著名暗黑北歐系暢銷書籍的瑞典出版經紀人，說明我正在借鑑卡繆的《異鄉人》，寫一部存在主義的驚悚小說。我接到一封簡短但有鼓勵性的回信，他們告訴我，等我們有東西可以讓他們看時，他們樂意一讀。可是根據《作家文摘》中的〈經紀人指南〉，我應該同時接觸多位經紀人。我在他們的用戶論壇看到，針對「你應該收到多少封詢問信？」有冗長的討論，「三、四封吧。」一個作家說。「不超過十封。」另一位回答。

「我來問問李的經紀人，達利・安德森。」我跟安迪通電話時，他說。現在我們已寫了一百五十頁，非常想知道這本小說賣不賣得出去。

等待回信時，我讀了一篇達利・安德森的訪談報導。他說他們每個月收到一千二百件提案，一年將近有一萬五千件，但他們接受的只有五件，並說如今滿懷希望的作者有史以來的多，但是他們大部分只是活在夢幻的世界。或許我也屬於那一類人。

那天下午，我們收到達利・安德森的一個經紀人回信，說她和一些同事談過我們的書，有存在主義轉折和向卡繆的小說借鑑，不適合他們。不過她提出，她可以列出一些可能會感興趣的經紀公司給我們，我們說：「好，謝謝。」不久便收到十家經紀公司的名稱和地址。安迪好像知道那些人是誰，從中選出兩家，然後我們便發電郵給他們。

8月
19
安德烈

　　我在赫爾新基參加博士畢業答辯會。這個過程一般都是非常正式、非常無聊，但今天觀眾卻在捧腹大笑。這全是因為考官的緣故，他是一位丹麥教授，我注意到他在運用出色喜劇人的所有技巧，笨手笨腳地給予觀眾開懷大笑的時間，做出極為無厘頭的事，而且永遠是以一枚笑彈做為結束。

　　當天晚上，我得在正式晚宴上演講。他們希望我說一些和這位博士候選人有關的好事，讓他的家人引以為榮。可是我認為這是嘗試我的脫口秀抖包袱的絕佳機會，所以在一些熱情洋溢的演說之後，我便走上台。

　　台下的大家心情很好，已經在喝第三杯酒了。我以一個故事開場，一位教授要他的助理擦掉二手書裡的畫線，現場有一些笑聲。然後隨著我說一些身為一個初級學者有多麼可怕的故事，笑聲愈來愈少，我其實沒有想到這個故事的暗示——拿到博士學位後的日子很淒慘。我看著觀眾一個一個地從講台前方離開，走向吧檯，於是我說了一些暖心的話，然後沒入人群。

　　我到底在搞什麼？

　　這種活動的第一條規則就是應該要談這個活動慶祝的對象，可是我卻花了五分談自己。而且，我還企圖搞笑，但又不好笑。

8月
19
卡爾

　　我寫了一封短信給那個瑞典經紀人，說我們會在數日內寄給他們前面二百頁書稿。

　　等候回信時，我再看了一些這家經紀公司的資料。他們以四千八百萬元賣出一個電視節目的版權。他們代理瑞典暢銷小說家尤·奈斯博、挪威作家安妮·霍特、瑞典犯罪學家列夫·佩爾森的書，而這些人現在都是大富豪了。最近成功的故事是菲特烈·貝克曼和他的書《明天別再來敲門》[6]，在《紐約時報》連續數月名列暢銷書排行榜。

寫笑話有五種方式，今天我就要來嘗試所有這五種方法。在倫敦一個夏日的早晨，坐在辦公室的書桌前看著外面，我打開筆電，匆匆記下一些可以重新定義的字。大部分的定義都行不通，我能想出最好的是**人生教練：把你的自我憎恨外包的對象**。接下來，我在雲這個單字上下功夫，把雲這個字變成雙單字。這很有意思，心想，我想到不錯的點子了。

接著開始在報紙上搜尋搞笑字眼，結果找到一些可能很有意思的片語。可是我比較感興趣的，還是從不需要任何雙關語的超現實故事中找出笑點，就像是在前倫敦市長鮑里斯・強森家門外，不動產仲介商和階級戰爭抗議者爆發的爭吵那樣。

最後的策略是來一個心理的逆轉，建立超現實的連結，藉以調查客體若是變成主體的話，會如何看這個世界。整個練習花了我好幾個小時，到最後我心生挫敗感。這麼一番辛苦下來，我才得出兩個新的笑話。

那天晚上，我們坐在院子裡。爸媽從紐西蘭來看我們，我們客氣地交談一番後，他們問我現在在做什麼工作。我一般都會避免說得太詳細，但這次我告訴他們我決定要學習脫口秀。他們突然沉默下來。

「我們家人都不太會搞笑。」父親說。

我不得不同意他的看法。我們很快轉移話題，開始聊起什麼時候修剪院子裡的樹木最好。

我坐在我們海邊的屋子裡，凝望大海，莎莉和愛絲特則是在院子裡。我剛把二百頁的娜姐傳給那個文學經紀人。

「十分感謝，我會很快回覆我的想法。」她立即回信說。

我癱在那裡，現在只打算坐在這裡。在書桌前，望著大海，聽我心臟怦

怦地跳動。

安德烈 8月 24

昨天晚上，我和梅兒去一家喜劇俱樂部參加麥克風開放之夜。俱樂部位於一個熱鬧的路段，街上滿是供應精釀啤酒和熱狗給假文青的酒吧。《Time Out》[7] 雜誌指出：「在肖爾迪奇區這家老牌俱樂部的麥克風開放之夜找到一席之地，對新人而言是件很了不得的事。」那裡是明日之星表演的地方。

觀眾至少有上百人。舞台是標準的站立場地，黑色幕簾、磚牆、一支麥克風。大批大批喝得醉茫茫的上班族圍著舞台而坐，我和梅兒則坐到一旁。

主持人上台，他是個年輕人，有著艾迪・墨菲年輕時那種昂首闊步的氣勢。炒熱觀眾氣氛之後，他介紹第一個表演，是一個挪威人說他自己有多沮喪。只有兩個人哈哈大笑；接著一名博士生嘗試說有關建議和心理分析的笑話。幸好這些表演開始漸入佳境。一個黎巴嫩女子講她的父親，一個英國男人謾罵觀眾，一個非洲男子假裝是一個獨裁者。笑聲一陣一陣傳出。

看完表演回到家裡，我覺得現在是試著說一點笑話給梅兒聽的好機會。我看了看當天稍早寫下的一個段子套路，那是一段很長的政治笑話，與財政緊縮、基礎設施支出、兒童保育有關，說完一段的時候，她睡著了。

可是今早醒來後，我依然認為我應該試著上台表演，這可能是個可笑的想法，可是我衝到電腦前，發一封電郵給昨晚節目的主持人，告訴他我上過電視，為報紙寫文章，而現在到了我發揮脫口秀說段子本事的時候。可以給我一個機會嗎？

一小時後，他回覆說已經幫我安排好。我徹底驚呆了，現在我必須得認真對待此事了。

梅兒下樓時，我告訴她這個好消息。

「這真是個餿主意。」她說。

「為什麼？」

「我不是要毒舌，可是你就是沒那麼好笑。你昨天晚上念給我聽的那個東西，就是不好笑。說實話，我都不記得你說的笑話讓我笑出來，是多久以前的事了。你會讓自己難堪，破壞那個可憐的主持人的節目，我絕對不可能跟你去參加的。」她嚴肅地看著我說。

我把她的話拋在腦後，盯著窗外。我知道她說的對，可是我也知道我非做不可。我回了一封電郵給主持人說我下星期會去。

我現在有一個新的緊急狀態，所以我今天接下來都在嘗試寫出一個關於菲爾‧高林斯的段子。

李‧查爾德最後三本書的版權稅收到約三千萬美元，約翰‧葛里遜的個人淨資產為二億美元；犯罪小說僅次於羅曼史，是最賺錢的類型，每一年銷售金額約達七億八千二百萬美元。

可是這當然不是大多數人的現實。我從一個針對有抱負的作家而設的網站得知，「一般新手的預付版稅可能在五千到一萬五千美元之間。」

在等候經紀人回覆時，我忍不住夢想能有一筆天文數字的新手預付版稅——或許會接近史蒂芬‧金的處女作《魔女嘉莉》[8]，當時他拿了四十萬美元。

愛丁堡藝穗節的最後一天，這是全球最大的藝術節，也是業餘和專業脫口秀演員自然聚會的場所。

我這幾天和十位上進的喜劇人在一起，努力學習脫口秀的藝術。講師是一位個子高高的英國人，穿著一件蜘蛛人的連帽衫，鞋子也搭配蜘蛛人的紅色。每次一有人講話，他的注意力就會渙散。現在細想起來，我覺得他連對自己的聲音都不太感興趣。

我們做的第一個練習是寫下一長串自己熱中的事情。令我倍感訝異的是，我寫下的所有事情中，沒有一樣與我這兩星期來煞費苦心鑽研的喜劇素材有關聯。

到了分享個人故事的時候，其他喜劇人的愛好令我大吃一驚。有一個人說他熱中於「吃派」（他解釋這是口交的另一個說法）；有一個傢伙說他非常討厭「有臭味的小妹妹」。這個氣氛有點像是在更衣室，儘管我很努力面對我的男子氣概，但還是覺得明顯地不自在。再說，我也不知道那個丹麥的戲劇系學生——這裡唯一的女子在想什麼。

談完各自的愛好之後，必須挑出要說的主題。有一個男的會聊在西班牙一個喝醉的英國旅客們在度假村工作的事，另一個會說當聯邦快遞司機的工作經驗。

接下來兩天，我們發展各自的題材，刪刪減減，盡量集中焦點。我們互相測試彼此段子的套路，有的人退出了，但留下來的人看起來都很投入。

於是經過幾天密集的工作，上台的時候到了。那個丹麥女子打頭陣，義大利人接在她後面，但是快要走上台時卻不知所措。「我做不來這事。」他告訴主持人，「把我從節目表上剔除吧。」講師覺得無所謂，主持人也一樣。沒有他，節目照樣進行下去。

不久便輪到我上場。我從房間後面往前走，上台，做自我介紹。大約有五十個觀眾冷冷地看著我，好像在說**逗我笑啊**。我開始說我即將到來的中年危機，便看到那些有一把年紀的男人用毫無表情的臉孔看著我。**說什麼他媽的中年危機，老弟**，他們好像在這麼想。

台下靜悄悄的。只有隨意說到參考 YouTube 的教養子女之道時，得到一次笑聲。時間過得很快，至少對我而言是如此，因為突然之間就結束了。我慢吞吞走下台，得到稀稀落落禮貌的掌聲，就是在音樂演奏會上你對朋友音盲的孩子報以的那種掌聲。

我返回後台，幾個努力向上的喜劇人在我背上弱弱地拍一下。我知道這

個表演完全失敗，我覺得很空虛。梅兒說得對——我不會搞笑，根本就不該嘗試去做這樣的人。我應該等待講師給我反饋，可是我就是想要盡快離開。

那天晚上，我問自己該不該再做一次，我的立即反應是「不該」。可是我想到卡爾跟我說過的刻意訓練理論，真正學到東西的方式是嘗試、失敗、得到反饋，然後再次嘗試。

卡爾 8月 29

我寫出我的第一部小說，或者該說是我第一部小說的前二百頁。現在，我一邊回顧這個過程，並努力去了解這件事，我這個月都在看《作家文摘》以及有關寫作的書，搜尋適合的網路創意寫作課程。可是對於這個過程看得愈多，好像與實際的寫作練習愈脫節。創作的過程似乎就這麼發生了，完全不加思考。

你如何找到靈感？瑞典喜劇演員漢斯·艾爾弗雷德森被問到這個問題時，總是說他是從德國一家小工廠得來的。史蒂芬·金說「沒有爛點子，沒有核心故事，沒有被埋沒的暢銷書。」靈感就是憑空而降，「在你右邊那個空無一物的天空航行」。

我這個月有沒有變得比較有創造力？我有沒有變成一個更優秀的作家？或許吧，但是我能確定的只是我很享受全力以赴的創作。這一整年來我頭一次真正能夠實現自己的夢想，而不是別人的。

安德烈 8月 29

吃早餐時，一面把前一天晚上的稿子打出來。我立即看出是哪裡不對了，因為這比較像是個短篇故事而不是脫口秀，沒有笑點，內容太多。

大部分的脫口秀是按照一個公式運作。先是很快地說幾個笑話，通常是一句話的段子，炒熱觀眾氣氛，然後是四個比較大的段子，而且每一個都應

該快速引起哄堂大笑，最精采的段子要永遠擺在最後。但我的套路並沒有炒熱氣氛，只有兩個大段子，而且笑聲沒有在我預期的地方出現。如果要再來一次的話，就得刪除大部分的內容，重新來過。

卡爾 8月 30

> 嗨，卡爾，
> 我和一位同事拜讀娜妲後，在辦公室和其他同事一起討論這個作品。

我的心跳得很快，口乾舌燥。他們讀過了，也討論過了，這就是我兩個月來努力不懈的目標，我的文學處女作，現在即將得到判決結果。

> 我覺得這是一個激動人心的小說，就我們目前所讀的內容大都不錯，而且有原創性。你的作品有潛力，我很高興見到故事接下來的發展。

我一直往下看，等著看到「**但是**」或者「**然而**」，然後是客氣的拒絕。**抱歉，可是這個題材與我們不合。**可是沒有「但是」或者「然而」，沒有拒絕。他們說有改進的空間，並且提供一些詳細的建議，其實沒有答應什麼，但他們說喜歡作品的內容，而且熱切希望在整本書完結後再讀。

我再把這封電郵看一次。這位經紀人用一種引人入勝的方式談論我們的人物和情節，好像我們實際上已經創造出真實的東西了。

安德烈 8月 31

我前往一家足球酒吧。這想必是一個很夯的經營觀念，因為高朋滿座。賽門和彼得已經到了，兩人說對這場表演很期待。點了啤酒後，兩人要我按照我的套路走一遍。他們滿懷期待地看著我

開始，我從這兩個同情的觀眾得到一點點笑聲，只有一點點。

喝完啤酒後，我們轉過街角去那家喜劇俱樂部，漫無目的地在樓下轉來轉去。我找到演出者名單，發現上面沒有我的名字，簡直快崩潰了，搞了半天是白忙一場。

主持人來了以後，我上前打招呼並自我介紹，說名單上漏掉我了。他看起來漫不經心。

「是喔，你上星期有表演，是吧？」他說。

我點點頭。「我有發電郵給你。」

「好，不用擔心，我會把你插進去。」

他然後指向角落的一個小區域，就在舞台旁邊。

「在這裡等。」

有六個喜劇人在等候著，我加入他們的行列，倒了一杯水，這是大部分喜劇人等候上台時首選的飲品。

第一場休息時，我跟其中一位演出者說話，他是裡面技巧最差的。我問他說的題材有多新時，他告訴我已經有六個月了。我現在真的覺得緊張了。

第二幕一開始，主持人走過來在我的耳邊吼：「很快就到你了。」他定睛看我，焦慮在我的肚子裡沸騰。最後兩個喜劇人逗得觀眾哈哈大笑，前一個結束時，觀眾報以掌聲，然後我便跑步上台。

我開始說開場的笑話，三個笑聲。人們滿懷期待地看著我，好像在說，**快點，你是搞笑的，那就說點好笑的**。我進入第一個大段子後，觀眾安靜下來，顯然不好笑，也沒有發揮預期的效果，真尷尬；接著我開始說一個小朋友裝大人的故事，這次大家稍微笑了一下。然後，我看到不遠處有燈光閃動，表示我得下台，於是我便匆匆結束。

我有兩個最喜歡的部分沒講，但是無所謂，我很高興，或者該說我非常開心。大家笑了，雖然只是一下下，但這就是我想要的。

下台後，彼得和賽門衝過來擁抱我。我開始感覺真的很爽，我做到了！

我記不清已經有多久沒有這種強烈的成就感了。

　　我們走進拐角處那家時髦的酒吧，點了威士忌。慶祝的時候到了，我喝了幾口酒，放鬆下來，忘掉心中的焦慮，現在我抱住可以合理自稱是脫口秀喜劇人的妄想了。

9月 金錢

我支持川普。就個人而言，我希望他的辯論和競選都失利；

可是就投機交易的目的來說，我現在是支持他的。

每次他一開口，我就希望他攻擊希拉蕊，

然後希拉蕊就會不穩定，快點，川普！給她點顏色瞧瞧。

卡爾 **9月 1** 我知道這麼說很可怕，可是我討厭錢，真的。由衷地討厭。

不過，我付我們所有的帳單，把這件事視為清空阻塞的水管。總得要做的，不是嗎？我打開信封，拿出帳單，付款，然後丟進垃圾桶，盡量不花太多時間看它們。結果，我對於付多少保險費、電費、網路費、電話費只有一個模糊的概念。我一般只是看一眼信用卡帳單，不會去細看那些消費的項目。我知道自己花太多錢在食物、酒、餐廳上面，但我覺得提醒自己這些過失並沒有意義。

想到這些事情就讓我的心往下沉，感到焦慮，充滿自我憎厭。我不是期

望大家同情我，他們為什麼該同情我？我就不曾同情過自己。我是個被寵壞的懶人，畢竟，我有錢付帳單，這就是一個該死的有利處境，遠比那些焦頭爛額使收支平衡的人好多了。我知道自己是幸運的，但這只會讓我覺得更可恥。

我出身一個相對富裕的家庭，除了我以外人人都善於理財。大家聚在一起吃晚餐時，談的多半是貸款和抵押貸款，還有利率，而這總是讓我心跳加快，手心冒汗，所以便會盡快轉移話題。

所以現在該對我的財務狀況想想辦法了。我打開電腦傳一封電郵給銀行經理和會計師，然後發一封電郵給演講堂的一個人，對方大約在一年前跟我聯絡，問我能不能去他們辦公室試講。當時我沒有回答，他們便再發一個訊息，問能不能見面討論一個能把我賣出去的合適價格。當時，這個表達方式——**一個可以把你賣出去的價格**，讓我覺得不爽，可是現在，我要評估自己的市場價值，而這正是我想要了解的。

我在計畫這個月要把自己視為一個商品，一個必須有品牌而且要在市場上賣掉的商品。

所以下一封電郵是發給我的母親。她湊巧是生涯顧問，我認為她可以幫助我冒險進入一個高收入的新生涯。我已擁有一份穩定但平淡無奇的學者薪資，假使我想要掙大錢，就得離開學術界，躍入玻璃和鋼鐵的企業界，那能有多難？

我的目標是找一個薪資是目前兩倍的工作。

我自以為對市場的運作方式有所了解，畢竟我是商業學校的教授，而且多年來一直在研究金融機構是如何發生運作不良的。雖然我不是金融專家，但我自以為了解得足夠多。

讀了史蒂夫・西博爾德寫的書《富人是如何思考的》[1]之後，我才明白

我錯了。西博爾德指出，我是陷入一個典型的「中產階級」思考錢的方式。我讀到：「中產階級是以過度分析的學者心態在對待錢，世界級的人對待錢則是如同不知道匱乏、限制為何物的孩子，而且真的認為它什麼都能做。」

假使我想要成為一個「世界級」的人，就必須放棄我理想的中產階級價值觀，也就是辛勤工作、謙虛、謹慎理財。想要致富，我必須了解任何限制都是錯誤的思維創造出來的。

闔上書後，我下決心要消滅中產階級規避風險的心態，要在這個月搜尋出各種可能性。心想，還有什麼方法會比成為金融市場的交易者更好？

卡爾 9月 2

這張扶手椅我坐過上千次，但是這一次卻不同以往。

我二十來歲時，偶爾會去父母家住，有時會遇見我母親要面談的求職者，他們就坐在這張椅子上，我母親則坐在沙發上。他們穿著主管類型的考究衣服，雖然最近失業，但他們是重要的人物，並不是像一般上班族那樣被踢到大街上，而是被建議去和一位經驗豐富的生涯顧問面談，而那個人剛好是我母親。她幫助他們處理發生的事，讓他們能夠邁向新生活和新事業。

我現在就是求職者之一，坐在這張椅子上，準備接受母親的幫助。她已於數月前退休，但我打電話問她能不能接我這個案子，作為她的最後一位求職者，她同意了。

她從一個塑膠文件夾拿出一張紙。「寫出來，」她說，「我們就從你目前的情況開始。」我必須回想現有的工作，並寫下我想要的職業生涯。

「我其實已經有一個挺清楚的概念。」我說。

「唔，是什麼呢？」

「我想找一個薪水愈高愈好的工作。」我頓了頓，「我想了解自己在市場上有多少身價。」

「唔，好，」她說著拿下眼鏡，「那麼你就要找主管階級的工作。」

「對，差不多就是這個意思。」我說。

「我們必須先找出是哪一方面。」

「傳播？」我說，「我是說，我的工作基本上就是寫作和講話，而傳播的基礎就是這樣的，對吧？」

「有可能。」

「或者人力資源？」我試著說，「畢竟，我在教一門人力資源的課。」

母親從檔案夾裡拿出另一張紙。

「那個可以等一下再決定，我們得先寫下你的能力。」她說。

我看著她給我的那張紙，「能力確切的意思是什麼？」我問。她開始讀另一張紙上的能力範例：「就是你擅長的事，包括領導團隊、策畫會議、規畫合作協議、獲得資源、規畫和執行專案管理。」

「我不太知道我有沒有任何能力。」我說。

「你當然知道。回家想一想，我們可以明天再談。」

我有一小疊書放在床旁邊，其中一本書名是《通向財務自由之路》[2]。這些書一致認同一件事，就是不想要讓邪惡的稅務官拿走你辛苦賺來的利潤，你的投資應該是「節稅」的。繼續讀下去，發現投資期較短的單向交易人可以用點差交易的方向為收益節稅。

我常常在電視上看到大量點差交易的廣告。有一支廣告是一名穿著考究西裝的年輕男子把手伸向一頭惡犬，這隻狗大概就是市場，而那個年輕男子就是準備冒險的勇敢交易者吧。

除了這些有男子氣概的形象之外，我完全不知道點差交易到底是什麼。我登錄了規模最大的點差交易網站之一，看到一支標題為「點差交易適合我嗎？」的影片，有歡快的音樂、簡潔俐落的企業價值，而這一切都是由旁白

深沉而有自信的男性聲音訴說而成。

我很快便了解，點差交易是在賭金融市場是多還是空。如果市場按照你賭的方向走，你就賺了；若是和你賭的方向相反，就賠。點差交易和一般交易大不相同之處，在於你其實沒有買賣資產，你做的只是把錢押在市場會前進的方向而已。對我來說這看起來有如賭博，只是賭的是股票和貨幣，而不是賽馬或足球比賽。

母親快速翻閱我寄給她的那張紙。

「對不起，可是我得說老實話。」我說。

「這就是重點。」她看著我對自己現況做的分析。第一個問題是關於我的目標：「離開學術界和在業界謀得一份高薪工作。」我寫道。

下一個問題問，我上一次做出積極的選擇是什麼時候？我不知道。**這個計畫是積極的選擇嗎？讓我在工作中快樂的原因是什麼？**我回想到性愛月和那個月裡明顯缺乏的樂趣。**我什麼時候會盡全力工作？**可能是我用番茄鐘和聰明丸的時候。

接著是價值千金的問題：**你夢想的工作是什麼？**退休，我把這個列為第一，然後是財務獨立，但這嚴格來說可能不是工作，不過我猜退休也不算。**你現在離你夢想的工作有多近？**「挺近的，其實。」我寫。我很幸運能做自己真心喜歡的事，教書、寫作、看書。

「還有什麼？」我們一起看完這些題目後，我問。我媽拿出那張寫著我的能力說明，以及簡短自我介紹的紙。我介紹自己是在人力資源方面具備專業知識的學者，現在想要嘗試在企業界翱翔。我媽建議做一些改動，於是我們打開電腦，找到一些獵人頭公司，根據他們的說法，他們專門把人才和挑戰配成對。有抱負的暢銷作家沒有經紀人是不行的，有抱負的最高行政主管沒有獵人頭公司也活不下去。

「你必須在數日之內追一通電話過去，設法安排見一次面。」

我走回家時，比以往任何時候都充滿希望。

我打電話給理查，他是我唯一有在做點差交易的朋友。

「你做過 CFD 嗎？」他問。

「什麼？」

「差價合約。」

「沒有，那是什麼？」

「一種金融工具，讓你可以賭價格上漲還是下跌。」

「好。」

「你可以在點差交易網站上買。」

「我前幾天看過一個網站，叫 IG 點差交易網站。說實話，我覺得有一點吃不消。」

「那是什麼？」

「噢，每一秒鐘都有一大堆閃動的數字在往上或往下，我根本不知道它們是什麼意思，還有那些和賠錢有關的警告，完全沒有激發信心。」

「沒那麼可怕。」他說，接著解釋這個交易網站如何運作，他指示要我登錄。

「看到那個以金融時報指數（FTSE）為開頭的清單沒有？」

我看著被數字覆蓋的螢幕。

「看到了。」

「好，那些就是主要的金融市場，包含股票市場、債券市場、商品市場。」

「好的。」我說，還是茫茫然。

「我們就挑一個出來好了。選金融時報 100 指數，這是倫敦股票交易所

一百家最大的上市公司。」

我在金融時報 100 指數上點了一下。

「現在看到那個曲線圖了沒有？」

「有。」一個新頁面出現，一個大大的曲線圖就在正中央。

「這就是整體市場的價格。」他解釋。

「好的。」

「你看到螢幕上方那些工具嗎？它們幫助你判斷市場接下來會往哪裡走。在那個『技術線圖』按鍵上點一下。」

我點一下那個按鍵，在那個細細長長顯示實際市場價格的四方形方框的上方和下方，突然出現兩條平行線。

「那兩條線是幹什麼的？」我問。

「它們是交易箱型指標。」

「交易箱型指標？」

「就是統計預測一段時間內可能會達到的最高價和最低價。」

「噢，好的。」

「這個觀念是這樣，當市場走到上面那條線時，就有可能往下走；當它走到下面那條線後，就有可能往上走。」

「好的，所以當它走到上面那條線時我應該賣出，等它走到交易管道下面那條線時，就買進。」

「完全正確。」

聽了這個說明之後，我覺得清楚了一點，可是他又提出一個警告。

「交易需要時間，而且有可能會讓人沉浸其中，所以去接小孩之前，一定要平倉。」

牆壁上掛滿了暢銷作家的照片，菲特烈‧貝克曼也在上

面，也就是《明天別再來敲門》的作者，這本書銷售將近三百萬冊。

「我們喜歡你的書，但是中間的節奏有一點慢。」經紀人說，她的助理點頭附議。

「好的，我們可以更改這一點。」我說完喝了一口咖啡。

「作為讀者，我想對主角知道得更多一點。」

「嗯──唔。」我說，一面把這一點記在我的筆電上。

「而且我很想知道你會怎麼處理結局。」

這次會面到此結束。

「你覺得這本書有潛力嗎？」我問。

「我覺得是有的。」她說。

我答應下個月把完整的三百頁書稿傳給她。在我騎自行車前往城鎮的另一頭去和我的會計師見面時，在腦海中想像自己的照片被掛在那面暢銷書作家牆面上。

會計師的外表看來優雅但又具有運動感，他穿著紅色牛仔褲，綠色夾克、樂福鞋。「如果你一年賺二萬三千美元，就可以付給自己一萬八千元紅利。」他邊說邊在一張白上寫出這些數字。

他說的很多東西我都聽不懂，可是我喜歡坐在那裡，聽他說我該如何避免付太多稅，想像我的驚悚小說將賣出數百萬冊。

「可是這一切都有可能改變，假使左派政府得其所願，就會對這個方法喊停。」他說完，我假裝難以置信的搖頭，裝出和他同一陣線的樣子。我沒有告訴他我的票是投給左派的。我寧可我的會計師是親企業的市場基本教派。說真的，誰會想要一個社會主義的會計師幫他們打理公司？

我簽了一堆文件成立一家新公司，脫離我的法人，這就是我想要賺大錢所需要的公司類型。

回到家時，莎莉已經躺在床上。

「我覺得我懷孕了。」她說，雙手放在肚子上。

「妳覺得妳懷孕了？」

「感覺像是，我可以檢查一下？」

五分鐘後她拿著一支顯示陽性結果的驗孕棒回到臥室。

「哇，太棒了！」我說，然後我們便親吻。

「你確定嗎？」

「當然。」我說，「現在我真的需要把那部驚悚小說賣出去了，我們得搬到大一點的房子才行。」

安德烈 9月 13　　我登錄 IG 點差交易網站，設立一個帳戶。據我觀察，IG 是英國最熱門的點差交易網站，在英國九萬名點差交易的常客中占了絕大部分。我現在可以交易任何東西，從臉書的股票、黃金，到瑞典克朗、美國政府公債都可以。

我從最熟悉的市場開始，金融時報 100 指數。我從理查那裡得知，市場是在相對可預測的兩個極端之間呈鋸齒狀移動。在市場觸及交易箱型的底部我應該點一下「買進」，及交易箱型的頂端時則「賣出」。

我看著金融時報 100 指數往上到這條線的頂端，然後又突然落下來。當它到達圖形下端的底線時，又往上。看起來很容易，於是我不加思索以一點五十便士開倉，這個意思就是金融時報 100 指數每跌一點我就會賺五十便士。我也設定停損：只要市場超過某一個預設的點位，我就會平倉出場。停損就像是柵欄，防止賠的錢超過我的負擔能力。

下注之後，市場幾乎立刻就和我對著幹。我預期市場會跌，因為已經來到箱型的頂端，可是它卻還一直往上揚。我大驚失色，提高了停損的價位。這正是真正的交易者永遠不會做的非理性選擇，可是我非常希望把我的錢賺回來，所以還是這麼做了。我的眼睛緊盯著螢幕，看著金融時報指數的價格上揚，而我的交易帳戶的金額下跌。

我現在少了幾英鎊。客觀來說沒多少錢，可是在我心裡這個代價很巨大。我想要證明自己不是輸家，下決心把錢贏回來，所以便又下了一個市場會下跌的單子。果然，市場開始回落，我平倉時，帳戶裡多了幾英鎊，讓我感覺像是一個有本事的玩家。

下午就在我做了一個又一個單子中消失。在出門去接女兒之前，我採納理查的建議，把所有部分平倉。

卡爾　9月 14　　我聽從 YouTube 上一位就業輔導員說的話，不應該去追逐企業，應該讓企業來追我才對。唯一的問題在於，那些企業並沒有來追我，因為我一星期前把履歷表寄給三家獵人頭公司之後，電話還沒有響過。該要採取行動了。

我瀏覽其中一家獵人頭公司的網站，他們說提供可持續的招聘服務。我不太確定那是什麼意思，是幫忙挽救極地冰川的招聘嗎？

我看著他們那幾位顧問的照片，看起來全都一個樣子。女的都是金髮、漂亮，穿著黑色長褲套裝、白色襯衫、露出一口白牙的笑容，藍眼睛，膚色完美。男的則是穿著西裝和白襯衫，面帶笑容，藍眼睛。

我練習正式的自我介紹，然後打電話給負責聯絡的那個男人。

「嗨，我叫做卡爾，在斯德哥爾摩大學工作。」

「你好。」那位顧問說。

「我上星期有寄履歷表給你。我想要更換事業跑道，想做一些新的嘗試，在私人企業。」

「你目前從事的領域是？傳播學？經濟學？」

「呃，對，是傳播學吧，我想。是這樣的，我教的是人力資源，但又不只是人力資源。我的意思是說，呃，我也教其他的科目，像是管理之類的。」我結結巴巴地說，「而且，你知道，我也幫報刊雜誌寫稿，常常與媒體之類

的有一些交流。」

「你的大名是？」他問，「你貴姓？」

「賽德斯多羅姆，」我說，「我叫做卡爾‧賽德斯多羅姆，我可以再寄一次履歷表。」

「不用，不用，我找到了。」

「好。」

「我可以等一下回你電話嗎，讓我有空先看過你的履歷表？」

一小時後那位顧問回電話。「我看過你的履歷表了。」他說，「你做了很多事。」

「是的，呃，謝謝。」

「可是我不太能確定傳播就是你的領域。」

「不能嗎？」我說。

「你以前在傳播界有過任何經驗嗎？」

「經驗？唔，你知道，我一直在寫作，而且還有教書，這全都是和傳播有關，對吧？」

我聽不懂他的意思。

「這樣吧，也許你嘗試人力資源會好一點。」他說。

安德烈 **9月 14**

我起床後，幫自己沖了一杯格雷伯爵茶，然後便上樓，邊登錄邊等待倫敦市場開盤。時鐘一到八點，金融時報指數便開始呈鋸齒狀往下。依據統計趨勢，我賭市場會往下，用玩家的話來說，我是在放空市場。果然，市場持續下跌，一定是有什麼壞消息。可是對別人是壞消息，對我卻是好消息，我的交易帳戶帳面正在上升，這才是最重要的。

我必須出去開一個會，但是有一些交易尚未平倉，所以便下載 IG 行動

交易應用軟體，這樣就可以在路上密切注意市場狀況。進入地鐵站後，發現網路斷線，這表示我和市場隔絕了，一陣焦慮襲來，這是怎麼回事？華爾街現在是何走向？我搭乘地鐵在倫敦地面下穿梭時，腦海中全是這些念頭。我下車後立刻衝出車站找可以接收訊號的地方，發現我的單子都還不錯後，讓我如釋重負。

卡爾 9月 15

「不論在任何情況下，我們都有可能在生活中發現自己，態度決定一切。」我正在看理查·尼爾森·波利斯，一九七〇年代的暢銷書《你可以不遷就》[3]。精通找工作的技巧只是找到工作的一個小環節，他說。培養正確態度相當重要，我應該專注在我真正可以改變的事情上面，經常重新評估我的處境，接受生活中發生的一切都有其意義，包括那些表面上看起來不好的事，例如失業。

我也必須持續打電話，每天早上至少應該打二十通電話，波利斯建議。

我打電話給第二家獵人頭公司。我從他們的網站知道，他們是與高階主管和青年才俊合作。客觀來說，我既不是高階主管也並非青年才俊，甚至也不年輕。在這方面沒有經驗可以說是年輕，但這簡直不算是優勢，儘管如此，我學會樂觀思考，負面的態度是我最不應該帶進這個電話交談的。

「我在想我們是不是能見一面，坐下來討論未來的機會。」我說，希望能安排一個面對面的會議，不過我媽說這是下一步。「你看起來像是一個很有意思的人，我們一向喜歡認識有意思的人。」她說，一面瀏覽我的履歷表。「可是我們現在真的很忙。」

「了解，那晚一點呢？」

「是這樣的，我們招聘的是高階主管。坦白說，我正在看你的履歷，你似乎欠缺必要的資格條件。」

「唔——嗯」

「你是要和那些在人力資源方面有**多年**實際經驗的人競爭。」

「當然。」

「是這樣的，我認為你想從目前的職位轉到高階主管工作，是不切實際的想法。」

「妳這麼認為？」

「是的，你必須重新思考，也許可以從企業較低層級開始做起，先累積經驗。」

「好吧。」我說，覺得被打敗了。

「我們現在達成共識了嗎？你確實理解我的意思吧？」

「我理解。」我說。

「這個跨越真的是太大了，明白嗎？」

「對，跨越太大，當然。」我重複她說的話。

掛上電話後，我心情沮喪。我明顯誤判自己的市場價值，可是我知道自己不能放棄，對自己複述波利斯的話：**不論在任何情況下，我們都有可能在生活中發現自己，態度決定一切。我們絕對不能從思考整體策略的辛苦中退縮**。

安德烈 9月 15

登入我的帳戶和交易還不夠。要成為貨真價實的交易者，我必須培養一套交易理念，而這正是我希望從在電腦上打開的那本書《市場的禪學》[4] 獲得的。書是芝加哥一個叫做愛德華‧艾倫‧托佩爾的期貨交易者寫的。我快速翻閱日本寺廟園林的照片、陰陽圖、以及禪學大師說的話，開始藉由閱讀了解交易的最大敵人為何是自我。要成為一個成功的交易者，必須遵行一套簡單的規則，就是買低賣高，讓獲利增長，同時快速減少損失，增加獲利，而不是虧損，並且順勢操作。問題在於自我通常會阻礙你看到終極的現實。要想成為一個厲害的玩家，必須完全投入終

極現實，也就是市場。我必須成為像僧侶一樣的人，但不是對著一塊石頭冥思苦想，而是將整個人專注於市場。

我繼續往下讀，發現一些成為無我的禪學交易大師的方法。我每天在交易前應該靜坐，然後花五分鐘想像市場的波動。白天我應該間歇性地反覆說一些自我肯定的話，這個做法聽起來很棒，可是我要肯定的是什麼？

答案就在下一頁，禪學交易者應該試著寫俳句。我採納他的建議，拿出一支筆和紙，打開我的交易螢幕，然後坐在那裡，筆在紙上盤旋，思考瞬息萬變的市場，然後靈感便來了：

金融時報指數上，道瓊下
交易者呼出一口氣
日經指數即將開盤

安德烈 9月16 ●●●●●●●●●●●●●●●●●●●●●●●●●●●●●●●●●●●●

我從拿破崙・希爾那裡學到，在成功之前可以確定的是，你會遇到挫折和失敗。希爾的自助經典作品《思考致富》自一九三七年出版以來，已銷售二千萬冊以上，這本書是針對五百位成功人士的訪談集結而成，他們所有人共同的特點就是絕不放棄。希爾說：「通常在你被失敗擊倒的地方，往前再跨出一步，就能取得成功。」

我再度打電話給另一位招聘顧問，下定決心不再遭遇失敗。

「當然，一定有一個方法可以從學術界轉到業界。」我說，這次我說得比較尖銳，設法自以為是地說。

「那是當然。」她說。

「我只有在拿到更好的薪資之下，才會離開學術界。」

「你現在拿多少？」她問。

我告訴她我的薪資。「喔對，當人力資源主管當然賺得會比較多。」

我鬆一口氣。

「是這樣的，我得好好想一下。」她繼續說，「我下星期再回你電話，好嗎？」

我坐在桌前，閉上眼睛試著想像市場的高峰和低谷，像波浪一樣地起伏。我看到自己像一個無關緊要的衝浪者跟著每一個波浪上下浮動，等待適合的浪頭切入。對這快樂的一幕冥想五分鐘後，我張開眼睛，打開交易螢幕。

一天消失了，就像恍了一個神，在一個又一個單子之間。而我的自我三五不時悄然地出現，於是我念誦我的俳句把它打了回去。

不久就到了傍晚，一切安靜下來。今天是星期五，全世界的市場週末都休市，我有一種平靜的感覺。我就坐在那裡，看著市場那條沒有起伏的線流逝，感覺像是一個禪僧在寺裡的人們都入睡後，對著月光下一池清水冥思。

演講堂這個月沒有時間見我，但是一家顧問公司和我聯絡，問我能不能主持一個鼓舞人力資源高階主管的研討會。他們開給我一千七百美元的價碼，比我以往演講的費用高。

這個價碼跟比爾和希拉蕊·柯林頓毫無可比性，他們靠著二〇〇一年以後做的有償演講賺進一億五千三百萬美元，平均每次演說收到 210,795 美元。前瑞典首相也有市場價，但是他的收費不超過一萬二千美元。

根據巴拉圖書局的一份報告，勵志演說家的市場價值約在十億美元之間，可是儘管有雄心的勵志演說大師數以千計，只有大約二十個人靠這個賺了大錢。

從工作室回家的路上，我看了徵聘機構寄來的一封電郵，是另一位顧問

寄來的，他說看過我的履歷，想確切知道我在找什麼樣的工作類型，以及我在求職者中脫穎而出的特點是什麼。我按下回信鍵，寫道：「我想要成為人力資源的高階主管，而使我脫穎而出的特點……」然後我就僵住，想不出有什麼可寫。我需要展現我的優勢、設想我的成功，但是我什麼也想不到，腦中一片空白。

安德烈 9月 20

　　我會坐好幾小時盯著螢幕，看著股市亮著紅色和綠色。若是和朋友一起吃午餐或是在教學生，就會隨便找個藉口匆忙結束，然後看一下股市在前五分鐘的走向。我會半夜三點醒來，看一下全球貨幣市場的動靜。而我知道真實世界發生什麼事情的唯一方式，只有消息出現在股市欄的商業新聞的時候。梅兒問我三更半夜在辦公室做什麼時，我只回答一個字，便又回去盯著螢幕。我這是對股市上癮了嗎？

　　我開啟一個新螢幕，搜尋股市交易和上癮。不久便看到三位義大利醫師寫的一封信，發表在近期的《成癮者健康》期刊中。他們說，明顯上癮的跡象是：當交易活動變成日常生活的主要活動。我在椅子上不安地動了一下，然後強迫自己看這篇文章裡的檢查表：

　　難以抑制的參與每日交易：是。

　　需要增加花在交易和（或）尋找新的金融投資工具：是。

　　改變醒——睡週期（例如半夜醒來以便連接外國金融市場的開盤）：是。

　　總而言之我在十二個症狀中有七個。他們說，有五個以上，就有交易上癮的危險。

　　我再度開啟交易螢幕時，那股不安感好像消失一般。我想到娜塔莎‧舒爾在她對拉斯維加斯玩賭博機成癮者的研究中說：「你在這些機器上抹去一

切——**連自己也抹去。**」花好幾小時緊盯螢幕上金融市場的動靜，我是不是在抹去世上的其他人，甚至是我自己？我的自我終於消失了嗎？

卡爾　9月 21

　　根據諾曼・文生・皮爾在他一九五二年出版的書《向上思考的祕密》中建議，為了獲得成功，我必須想像自己成功。他在書裡提到：「永遠要想像成功，不論當下情況看起來有多惡劣，我都必須相信自己的能力，並且展現出自己該如何脫穎而出，對自己的能力做真實的評估，然後把這個評估提高 10%。」

　　我決心給對方一個好印象，於是回信給徵聘顧問，說我與眾不同之處在於我是世界一流的人力資源專家。這不只是誇大 10%，不過我得想出引人注目的事情來凸顯自己。不久我收到徵聘顧問的回信，表示想要和我通電話，皮爾的建議奏效了。「我要提的問題是，像我這樣的學者絕對不可能轉入業界嗎？」他打電話來時，我問到。

　　「並非不可能，只是沒有經驗你會很辛苦。」

　　我思考他的話，他的話說得很明確，現在難以想像成功，情況不是差，而是駭人。

　　「你知道嗎？」最後我用一種挫敗的語氣說，「我放棄了，我要回到我大學教師的工作。」

　　「唔，要是情況有什麼變化的話，我們可以隨時聯繫。」

　　「好。」我說。

　　我跟幾個徵聘顧問談過了？我已經記不清，但這不重要。他們的結論都一樣，就是我在市場上沒有行情，至少就人力資源這方面來說是如此。這一點連積極思考的力量都無法改變，能有一份喜歡的工作已屬幸運。追逐企業，設法在就業市場推銷自己比我預期的更羞辱人。我不禁想到這就是我的學生們的經驗，人還沒有畢業，他們就在為工作競爭，經常為個人品牌下功

夫，永遠被期待找出新方法使自己可以被推銷出去。

9月 21

　　我整天被困在會議裡，一有機會便溜去廁所，登入交易帳戶。讚！我蹲在廁所裡打電話。美元下跌，日圓上揚，我交易的日圓和美元損失已經在一小時內轉虧為盈，「在出現變化前結束交易。」我告訴自己，於是，我坐在馬桶上，褲子脫在腳邊，敲下一個鍵，賺入不錯的利潤。

　　這和賭博有什麼不同？我在我的辦公室裡找到一本傑克森‧李爾斯寫的《不勞而獲》[5]。他在書中說，使美國強大的原因不只是新教徒的工作倫理，也是因為機會倫理。冒險被視為是逃避繁重工作的方法，只有藉由「機會」你的生活才有可能瞬間被改造。翻閱這本書時，我發現裡面有一個段落形容當沖交易者「著迷地坐在電腦前，閃避子彈、乘勢而上，及時賣出（他們希望），不可抗拒地被重重危險所吸引。他們孤獨、強迫性的存在與上癮的賭徒生活何其相似。」

　　我就是那樣一個無法控制賭性的賭徒嗎？在思考這個問題時，我發現自己不知不覺走入金融區的一家瑪莎百貨公司，買了一瓶勃根地葡萄酒和一些法國乳酪歡度這一天。排隊付款時，發現自己四周都是金融行業的人，許多人有可能一整天都在和我進行同樣的市場交易。他們購買現成的餐食和幾罐啤酒。如果這就是交易者的生活，我已經開始在過這樣的日子。

9月 27 卡爾

　　我已經看清楚自己沒有成為高薪高階主管的必備條件，所以回到尚未解決的個人財務項目。

　　我坐在辦公室仔細看著成堆的收據。這些收據很久以前我就答應要送回去給會計師，可是卻一拖再拖，現在看它們太讓我尷尬。何況，我好像還搞

丟一些收據，找不到那些重要的單據。我的心跳又加速起來。

劍橋大學的研究員指出，英國有 1/5 的人都有財務恐懼症，他們和我一樣，一看到銀行對帳單就渾身不舒服。《神經科學、心理學與經濟學》[6] 期刊上有一篇文章名為〈測量財務焦慮〉，那兩位作者提供一個財務焦慮量評。我一一看那些問題，顯然我就是有這種焦慮的人之一。

> 我發現監看我的銀行或是信用卡帳戶非常無聊。
> 你說對了。
> 我寧可不去想我個人的財務狀況。
> 嗯——唔。
> 想到我的個人財務可能讓我心生慚愧。
> 是啊，所以我盡量不去想。
> 討論我的財務可能使我心跳加快或是讓我心生壓力。
> 是的，我開始冒汗了。

幾乎半數有財務恐懼症的人光是想到處理錢的問題，就會心跳加快；15% 的人會覺得全身僵硬，不能動彈；12% 的人覺得難受；11% 覺得頭暈目眩。而克服這種恐懼的唯一方法就是面對它。

為了避免一直有壓力，我應該每個月撥出一天時間處理財務，而且應該要設法對錢感興趣才行。

9月28　凌晨兩點，我的鬧鐘響起。我衝下樓，打開電視，並且登入交易帳戶，唐納‧川普出現在電視上。昨天深夜我建了一個美元對日圓的空倉，賭美元兌日圓匯率會下跌。金融評論員指出，若是川普在總統競選辯論表現不錯，就會出現這個情況。

我支持川普。就個人而言，我希望他的辯論和競選都失利；可是就投機交易的目的來說，我現在是支持他的。每次他一開口，我就希望他攻擊希拉蕊，然後希拉蕊就會不穩定，**快點，川普！給她點顏色瞧瞧**。

他們積極投入辯論後，美元開始走升。川普每次離題或是怒氣沖沖時，美元就一直往上走。我在賠錢，二十英鎊，四十英鎊，六十英鎊，一百英鎊，接著更多。希拉蕊對他的攻訐一笑置之，自信沉著地回答問題。美元不斷走高，我完蛋了。

辯論結束，川普跑著下台，希拉蕊站在台上揮手。可是更重要的是，我少了二百英鎊。民調顯示希拉蕊贏川普，我跟川普都輸了。我關掉電視，也關掉我的交易帳戶，洩氣得很。

卡爾 9月 29

今天是我的財務日。我從**混錢**部落格學到：「每月撥出一天處理你的財務是很酷的事。」我把裝信封和文件的抽屜清空，把這些東西攤在廚房的桌子上，下定決心要好好做這件事，按部就班地按照在 lifehacker.org 上面找到的指南進行。

早餐後我立即打電話給電信公司更新合約；打電話給信用卡公司，要一份今年初以來我所有支出的詳細項目單；在銀行開一個新帳戶；打電話給銀行經理，然後跟一個稅務機關的女子講電話。我重新看與保險公司、電力公司、網際網路公司的合約，並且設定自動付款，下載預算應用軟體、付款應用軟體、行動金融應用軟體。下午結束時，感覺焦慮空虛，更沒有酷的感覺。

安德烈 9月 29

我已經有好幾星期緊盯金融市場的每一個轉折，在股票市場、外匯市場、商品市場交易，現在已經覺得膩煩。我怎

麼會這麼不成功？我發現一篇研究報告，標題很枯燥：〈另類加權指數的評估〉，是我一些同事寫的。他們在這項研究中找一群經驗非常豐富的基金經理人，請他們選擇一些股票，然後讓電腦任意選擇股票，就像猴子會用的方式，結果猴子選擇法的績效和基金經理人不相上下。隨機選取的績效，和花很多小時研究，做有所根據的交易旗鼓相當。所以我決定把自己變成一隻猴子，隨意交易就好。

我開啟手機上的交易平台。**華爾街**？就賭這個吧。**漲或跌**？我隨便選了跌。我建一個倉位，然後關掉手機，不知道等我回到家時會賺還是賠多少錢？

我走進家門，衝上樓登入交易平台。熟悉地反覆重新整理網頁。他媽的好極了，我從意外下跌的華爾街股市賺進大約七十英鎊。

開始做晚餐時，我再度開啟交易平台，讓手指隨便落在一個市場上。**石油**？好啊。**上還是下**？我覺得心情愉快，那就上吧，我做了一個單子，然後跟自己說好在燒好飯前不平倉。晚餐煮好了，我再登入交易平台，賺了三十英鎊。

這個隨機辦法的效果好得很啊。

我發一封電郵給卡爾。他對交易毫無頭緒，我要他選一個市場，然後選擇市場會往哪個方向走。**肉**，他說，我瀏覽那些市場，發現芝加哥商業交易的所有牲畜交易。「**牛還是豬？上還是下**？」我問卡爾。「**豬下，牛上**。」他回答。

我在十月到期交割的瘦豬肉建了一個多單，活牛現貨跌。早就該知道問卡爾不是明智之舉，因為市場收盤數分鐘後，牛的倉位賠了約二十五英鎊，豬賠了約十英鎊。

今天是這個月的最後一天，檢討個人財務的時候到了。

為了讓自己做好被羞辱的準備，我在 YouTube 看了施虐的電視影集《豪華陷阱》[7]，是關於一對卡債高築的年輕夫婦的故事。專家們看了他們的財務狀況，說明他們有多麼不負責任後，夫婦兩人肩併肩低頭站著，覺得羞愧。那個男的被迫賣掉他的車後，哭了起來。

我現在也要做同樣的事，只不過我是身兼受害者和法官。

我登入銀行帳戶，仔細看今年初以來的每一筆支出，根據《豪華陷阱》用的類別來整理我的支出：房屋供給、食物、交通、衣服、房貸、其他開銷。

如我所料，大部分的錢都用在購買食物、葡萄酒和上餐廳。交通費用低，因為我們沒有車，房屋供給費用和房貸相對也低，而我的衣著預算幾乎是零。

接著我計算這個計畫花了我多少錢。我盡量不去想這件事，因為會讓我心跳加速，可我還是坐下來開始加總。

總計：8,200 美元
課程：5,600 美元
科技：1,350 美元
書籍：500 美元
午餐／晚餐：750 美元

安德烈 9月 30

用隨機方法交易的不只是我一個人。法國作家馬塞爾‧普魯斯特顯然也是用隨機的方式投資，根據他覺得股票名稱吸引人的程度來選擇。他把坦噶尼喀鐵路和烏拉爾油田加入投資組合，因為聽起來像是他可能會想去遊覽的地方。但出人意料的是，普魯斯特的策略績效並沒有太好，幾乎讓他傾家蕩產。

可是我卻奢望自己的運氣不會像普羅斯特那麼背，繼續隨機交易。現在

我是依據自己在任一個特定時刻做的事情來做決定。所以，早上喝咖啡時，便在倫敦咖啡市場交易咖啡，因為感覺挺好，所以我賭它會上漲，而且直到喝下一杯咖啡時才平倉。

過一會兒，有人敲門，是送雜貨的人來了。我幫忙他把一袋袋的東西搬到廚房，然後打開電腦，搜尋貨運公司，下注賭他們的股票也會上漲。畢竟，那個送貨員人看起來挺不錯的。

到了午餐時間，我在廚房找吃的，但是只找到無麩質義大利麵，於是在等水滾的時候，又在玉米（麵條的主成分）和小麥（麵包的主成分）買進多頭部位。

午餐後喝第二杯咖時，把咖啡的部位平倉，賺進三十英鎊。現在快要兩點半，芝加哥牲畜市場即將開市。

兩點二十八分，兩點二十九分，兩點三十分，開市！

那些數字開始閃動，上上下下移動。才短短幾分鐘，牛的價格暴跌，我損失將近二百英鎊。我正要趕去開會，可是還不準備讓牛的倉位平倉。

過了幾小時，會議結束之後，我查了交易平台。

他媽的慘了！我的牛賠約三百五十英鎊，小麥賠約六十英鎊，玉米也賠了約九十英鎊。

當天市場收盤了，我走在街上，黯然神傷，可是我知道外匯市場仍在交易，一群喝得微醺的上班族走出辦公大樓，後面是墨西哥式街頭樂隊。我打開交易帳戶，想買墨西哥披索的多單，「很抱歉，你的帳戶裡必須增加資金。」它砰地回覆，我開始進行轉入更多資金的過程，然後又想阻止自己這麼做。發神經啊，我最後一次渴望地看著那些閃動的紅色和綠色，然後關閉交易平台，決定再也不去做這個事了。我作為交易者的這個月也已然結束，而這個月留下的是銀行存款餘額損失約五百英鎊。

10月
道德

回家途中，我聆聽另一個關於有效率利他主義的錄音檔。
一個支持聲音最強烈的人說，如果你剛好處於一幢失火的房子裡，
可以救一個小孩或一幅畢卡索畫作的話，就必須救那幅畫。
一旦你賣掉這幅畫，這筆錢可用於拯救萬千孩童的性命。

　　　　　　　　　我和四百人一起坐在一間大會議廳裡，把大拇指伸在身
前，對著大拇指大聲喊：「你不夠好！」

　一個戴著方形眼鏡的人走上台：「想像你的大拇指穿著麥當勞叔叔的衣
服。」他對著他的大拇指笑起來，不一會兒四百個人也對著自己的大拇指
笑。「告訴自己『一切都很好，我覺得更好了。』」

　「一切都很好，我覺得更好了。」我告訴我的大拇指。

　以給予大拇指肯定為這個致力做好事的月份揭開序幕，好像有點奇怪，
可是早在幾星期前我就決定，要度過今年剩餘的時間，就必須做猛一點的
事，而參加神經語言程式學（NLP）的週末研討會應該就夠猛的。

神經語言程式學這一年來不斷地冒出來，搭訕達人喜歡它，上地標訓練課程的學員也不斷談起它。神經語言程式學保證讓人完全掌控自己的生活，以透過重建思維的方式，達成自己設定的目標。神經語言程式學是一九七〇年代理查‧班德勒和約翰‧葛林德在加州「發明」的，從此以後有不計其數的人接受神經語言程式學的訓練，光是英國，「取得證照的神經語言程式學執行師」就在三萬人以上。我認識非常熱中於神經語言程式學提供的「有力方法」的人，也認識研究過神經語言程式學但形容這是民間魔法的人，然而我深受吸引，所以報名參加由兩位知名的神經語言程式學專家主持的研討會。

其中一位專家出現在台上，外表看起來像是要舉辦行銷策略進修課程的高階主管，他的肚子在灰色西裝下微微凸起。我認得他那張臉，他不是在電視上露臉的催眠師嗎？

「我們要嘗試開發一個更好的你。」他繼續說：「閉上眼睛，開始撫摸手臂，想像你最好的樣子。對，就是這樣，讓這個想像更清楚一點。」

我很努力，但是腦海裡沒有影像出現。

「伸出雙臂，用約翰‧屈伏塔那樣的方式。」

我張開雙臂。

「現在面帶笑容，說『嘻嘻嘻嘻嘻嘻嘻嘻』。」

會議廳裡一片長長的嘻聲。

「想像你前面有一只鈴，搖它。叮！」

四百聲叮叮聲響起。**嘻嘻嘻嘻！叮！嘻嘻嘻嘻！叮！嘻嘻嘻嘻！叮！**

「現在，搖鄰座的鈴！」我越過坐在旁邊的人，佯裝要搖他前面的那只鈴。叮！我覺得很可笑。

休息片刻之後，我回到位子上。吉他手吉米‧亨德里克斯的〈紫霧〉大聲從喇叭放送出來。一位堅定的老先生大步走上台，他的襯衫西裝領帶的搭配方式，是只有德州人才想得出來的。「這個人為改善人類生存所做的事比

任何人都多。」那位催眠師說。他想必就是「發明」神經語言程式學的那位大師了吧，我心忖。

在短短幾分鐘之內，老先生便開啟他喜歡的話題：也就是他自己。他八年來從來沒有休過假；他可以赤手空掌殺死任何人；他是傑出的醫師和電腦程式設計師；他為美國國防部建造極機密的武器。我感覺自己好像在酒店的酒吧裡遇到了一個精神錯亂的軍事任務承包商。

「你們知道那些攀登高山參見大師尋求開悟的人吧？」他露出潔白的牙齒說，「我雇了一架直升機載我到山上，找到那位大師請他把祕訣告訴我。可是大師卻說，我得花好多年才能參悟，於是我便掐著他的喉嚨，把他抓到懸崖邊，然後他馬上就開口說話。」他用嗜血的眼睛環顧興奮的群眾。

我們還來不及消化他說的話，他又開始另一個胡亂隨意的聯想。「旅館的走廊有幽靈，裡面鬧鬼，但是我不怕。」他說，「我驅過魔，了解那些惡魔。」

這是什麼鬼？難道我花了四百五十英鎊就是要一整個週末聽這個神經兮兮的老頭胡謅？

另一次休息之後，催眠師重回台上，他說：「想一個讓你覺得心情好的人。」我的腦海裡浮現了女兒。

「現在這個人讓你感覺到什麼顏色？」

粉紅色？

「這個顏色在哪裡？」

在我的胸膛？

「現在想像這個顏色擴散到你整個身體。」

粉紅色爬上我全身。

「張開眼睛，告訴你隔壁的人你看到什麼。」

我轉頭面對一個一臉難過的業務員。

「噢，我想到我女兒，」我告訴那個業務員，「她是粉紅色的。」

「你的表情改變了，看，還真的有效！」業務員說。

業務員繼續告訴我他如何在罹癌之後從神經語言程式學找到安慰，他的故事把我震出了我那道舒服的粉紅霧，顯然有一些絕望的人在神經語言程式學找到了什麼。如果我患了癌症，可能我也會覺得神經語言程式學吸引我。

今早醒來後有一股罪惡感。昨天我花一百五十美元買了食物和酒，現在它們全被吃光了。這種愚蠢的行為必須立即終結。

早餐後，我待在廚房，開始看一本名為《更好的為善》[1]，是年輕的牛津哲學家所寫，他說明如何用最有效的方式做善事。如果想要幫助人，應該著眼的是事實，而不是情緒。如果用投資企業的方式來看，就應該「看著最好的證據，以便研究出在哪裡可以賺取最大的利潤。」他們開始投資慈善機構時，發現「最好的方法」效率比「好方法」高上數百倍。我認識到，最有效率的慈善機構通常看起來不太吸引人，像是到非洲為孩童驅蟲或是買瘧疾蚊帳。

那天下午，在我父母家吃晚餐時，我被問到想要什麼生日禮物。

「我已經擁有我需要的一切，所以你們可以把要買禮物的錢捐給瘧疾基金會。」

「噢，我們不會這麼做。」我母親說，「我想要幫你買禮物。」

「這樣的話，我就得賣掉所有你們送給我的禮物，再自己把錢捐出去了。」

「聽起來好像挺好玩的。」老婆說。

我已經在進入有道德的卡爾這個新角色，並且開始疏遠家人了。

上床後，我發現自己在做好事的第一天沒有花半毛錢時，鬆了一口氣。

神經語言程式學研討會第二天開始時，一個梳著雞冠頭，衣著整齊的年輕男子步上台。

「請問尊姓大名？」催眠師問。

「佩德羅。」

「你從事什麼工作，佩德羅？」

「我是一個銷售培訓師……可是我真正熱愛的是主辦瑜伽靜修。」

「你想要學習成功之道嗎，佩德羅？」

「當然。」

「好，你需要想像自己進入在某個領域中已經很有成就的人的身體。例如，當我想要成為一位成功的電視節目主持人時，我會想像進入諾爾‧艾德曼的身體。」

諾爾‧艾德曼，我心想，那不是英國白天電視遊戲節目主持人？我記得卡爾正在寫一篇和他有關的特稿，就在艾德曼聲稱人們得癌症是因為他們的態度不好之後。

「那麼，佩德羅，你的角色模型是誰？」

「東尼‧羅賓斯！」

東尼‧羅賓斯，我心想，除了他還會是誰？全世界最成功的勵志演說家。

「很好！現在想像東尼的姿勢！想像他站的方式，他扶胸的方式，他扶頭的方式。進到東尼身體裡去。」

佩德羅驕傲地挺起胸膛，像個剛剛掌權的小獨裁者似地環顧聽眾，開始上下彈跳。

「你感覺如何，佩德羅？」

「我感覺很好！」

「現在，從東尼身上出來。」

一絲害怕、孩子氣的神情出現在佩德羅的臉上。

數小時後，研討會終於結束。催眠師在門口逗留，為眾人簽名。

「真是精彩的週末。」他說。

「是啊，很棒。」群眾裡的一個女子說。我走路回家時心中想著不知道我該進入誰的身體，或許我這個月應該進入甘地的身體，或是德蕾莎修女，還是曼德拉。忽然之間，選擇似乎無限地多。

卡爾 10月 2

我報名參加「盡力付出」，這個慈善團體是由「有效能的利他主義者」成立的，鼓勵像我這樣的普羅大眾最少捐 10% 的薪資給最有成效的慈善團體。可是我心中有一個更宏偉的目標，就是在開發中國家救一條性命，這個成本約是三千四百美元，但這不是我月薪的 10%，而是將近 100% 了。現在我必須多存一千七百元，我現在考慮節衣縮食一個月。

我答應帶女兒和她的朋友去看電影。我和她們的父母碰面時，向他們解釋孩子們得自己去看，他們一臉憂心。「我會坐在外面等，以防她們害怕什麼的。」我解釋，這是他們的女兒第一次在沒有大人陪伴下進電影院。我沒有說原因在於我要省錢捐助世上的窮人，我原打算就這個主題跟父母們好好說教一番，指出每天有一萬八千名孩童死於可預防的疾病，結果用不著，因為他們毫無怨言地接受我的建議。

安德烈 10月 3

大約十一點左右，我接到卡爾的電話。

「我要成立一個難民營。」他解釋。

即使是以卡爾的標準來看，這話聽起來也挺極端的。

「你有什麼計畫？」他問。

「我在神經語言程式學課程學著如何改變自己的思維和行為。」

「如何改變？」

「想像進入某個你欽佩的人的身體，採取他們的姿態，透過他們的眼睛去看這個世界。」

「好。」

「所以我的計畫就是每一個星期進入一個道德人士的身體。」

「喔，好。」卡爾說，聽起來有點困惑。

「對，第一星期我會變成一個亞里斯多德派學者，下一星期是康德學派的人，然後再花一個星期做效益主義者，最後一星期會像自由意志主義者那樣生活。」

我覺得卡爾有點被我立即下的決心嚇到，因為我通常在面臨新挑戰時會猶豫不決。但今天卻不是這樣，或許是神經語言程式學發揮作用了吧。

 根據有效率的利他主義者所倡導的，做好人有兩個方法：做高薪工作，盡己所能多捐錢給慈善機構，他們稱之為「賺錢捐款」；或者可以透過工作做善事，通常是透過在政治方面取得權位，確使資源分配給那些真正需要的人。

從上個月的經驗知道，我找不到薪水比目前更好的工作，而把自己改造成一個政客看來則是一個漫長的過程。

當志工是一個顯而易見的選擇，但是有效率的利他主義者說這個方法帶來的助益微乎其微，特別是我只打算在一段有限的時間裡做志工的話，這個做法是弊大於利，因為我會占據專業的慈善工作者寶貴的時間。

因為我沒有選擇的餘地，所以只能想到一件事：寫作。

為了得到一些啟發，我和一位從事公關工作的朋友見面，我說明我想要做善事，也許是做調查性報導。我可以撰寫無恥的民營企業剝削福利體系。

有一些人為生活在非人條件下的弱勢群體設立難民家庭，同時有一家公司獲利 4000%，卻把這些錢用於投資興建高爾夫場。也許我也應該設法成立一個難民家庭，以揭露這種事情做起來是何其容易、何其無恥。為發揮最大的影響力，朋友建議我應該收集資料，然後向媒體爆料，成功的話，或可有助於影響立法禁止企業剝削福利體系。

我依有效率的利他主義原則，開始根據一系列標準評估這個計畫。**有多少人會受益？這是我能做的最有效率之事嗎？如果我不做這件事會如何？有別人會做嗎？成功的機率有多大？**

遺憾的是，我沒有深入其中，因為我發現成立難民家庭的過程比我起初預期的複雜。申請表落落長，而且要好幾個星期才會收到回音，於是我退回起點：縮衣節食。

晚上，我躺在沙發上打開我那本亞里斯多德創作的《尼各馬可倫理學》[2]，然後依照我在神經語言程式學研討會上所學的方法，努力想像自己是亞里斯多德，半裸著身體向年輕學子們講授道德的生活。

在這本書的最後，**亞里斯多德寫到他認為最大的美德是：沉思**，他形容沉思是「最高形式的活動……因為理性是人至高無上的秉賦」。如果我要當亞里斯多德一星期，何不把這些日子用來沉思？我可以仿照亞里斯多德的例子，在這個城市裡晃悠，從事哲學討論。也許我可以帶一張椅子到公共場所，坐在那裡思考就好，我覺得躺椅很合適，就是奧地利哲學家路德維希‧維特根斯坦在劍橋的寢室裡唯一的家具。

德行的感覺便是如此嗎？緩緩在打折降價的超市走道上

來來回回地走，尋找最便宜的食物？

回家途中，我聆聽另一個關於有效率利他主義的錄音檔。一個支持聲音最強烈的人說，如果你剛好處於一幢失火的房子裡，可以救一個小孩或一幅畢卡索畫作的話，就必須救那幅畫。一旦你賣掉這幅畫，這筆錢可用於拯救萬千孩童的性命。

晚上我在做清淡的馬鈴薯湯時，告訴老婆這個身上著火的孩子的兩難處境。

「可是這種做法根本就是有病。」她說。

我後來看到哲學家阿皮安對這種效益主義的思路做出諷刺的回應。如果看到一個孩子在一個淺池淹沒，他說，你不應該救他，而應該讓他死掉，把他的衣服剝下來，拿去賣掉，然後把賣得的錢拿去捐給慈善機構。

安德烈 10月 6

走出銀行地鐵站後，我在證券交易所外找了一個點，攤開兩張白色的躺椅，撐起一塊小白板，用黑色馬克筆在上面寫：**不定點哲學。停下腳步，坐下來，只要思考。**我設法讓亞里斯多德上身，坐在躺椅上努力沉思。

這是午餐時間。上班族坐在我的四周吃三明治，滑他們的手機，吞雲吐霧，他們的冷漠被路過遊客臉上偶爾浮現的笑容沖淡了。隨著時間流逝，我不知道自己應該思考什麼。就我坐在全世界最大的金融中心之一的核心位置來看，資本主義會是最好的題目，可是我卻走神了。數小時後，我把兩張躺椅折起來，擦掉白板，打道回府。不知道對看到我的白板的人來說，我有沒有啟發他們沉思的美德。

卡爾 10月 7

上次去過超市後，我就沒有花過半毛錢。昨天和一個朋

友喝咖啡，我說我不想花錢，結果他說要請我喝咖啡，於是我便勉強接受了，一面喝一面靜靜地告訴他，這個錢大可以花得更有效率。我剛讀過一篇利他主義學家彼得‧辛格的論文，他主張，在可以把錢捐於國際援助時，卻沉迷於奢侈享受，在道德上是說不過去的。

回到家後，我發電郵給一位知名的有效利他主義者，希望他能幫助我找出什麼有意義的事來做，可是他回信說沒時間跟我談。不過我找到一個叫做「80,000 Hours」的網站，專為有心行善卻不知該如何做的年輕人而設，我在上面填了一份生涯問卷。**我擅長數學和科學嗎？**不擅長。**我能寫作嗎？**能。**你的生涯已行進多遠？**顯然是到了後期，因為他們鎖定的目標群是二十到三十歲的人；回答更多問題之後，**網站回覆一個建議：我應該加入政黨政治或是成為一個基金會的捐款人。**

10月 7

我在一家大銀行總部的外面攤開我的躺椅，這家銀行於二〇〇七至二〇〇八年金融危機時在政府幫助下擺脫困境。我剛架設妥當，一名保全人員就走過來。

「你得在這條線外面才行。」他指在人行道上的一個記號說。

我把椅子移到線外，重新坐下來。

他走了以後，一個女遊民蜿蜒移動到我前面。

「你在賣躺椅嗎？」她問。

「不是，我是在提倡冥想思考。」我回答。

她離開以後，來了兩名保全主管。他們走近時，我聽見「信譽風險」的字眼。

「你在做什麼？」一個穿著西裝的主管問。

「不定點哲學。」我答說。

「那是什麼？」

「我們鼓勵大家每天花一點時間思考。」

我不太確定這個「我們」從何而來，但我在把自己當成亞里斯多德時，好像就會以一種有自信的新口吻說話。

「你會在這裡多久？」

「一個小時就走了。」

他們看來很滿意我的回答，就不管我了。接下來那個小時，我遇到一位對沖基金經理人，兩位科技企業家，以及一些喜歡匿名的人士，他們全都坐在旁邊的那張長椅上，跟著我安靜地沉思了幾分鐘。感覺思考在倫敦市比我預期的更受歡迎一些。

卡爾 10月 8

一位好友來訪，他不知道我在進行一個以零為基準的支出計畫。我提議我們去散步。

「你知道有效率的利他主義嗎？」我問。

「知道，我最近看過一篇文章。他們要我們捐出 10% 的收入，對吧？」

「最少，對。你應該盡量捐，捐得愈多愈快樂。」

「底線在哪裡呢？」

「我也問過這個問題。」

「我的意思是說，就削減開支來說，你該把房子賣掉，然後到森林裡去嗎？不再買食物？」

「或者乾脆死掉算了？」我說。

我回想《愛與死》[3] 的結尾，伍迪‧艾倫說我們不應該把死亡視為結束，而是應該視之為非常有效削減開支的方法。

我們在一家餐館外停下腳步，時間已經不早了。

「就行善而言，你應該去投資銀行做事，或是去搶銀行？」朋友說道。

我們在一張餐桌旁坐下，點了一瓶紅酒和一些小吃。這些菜送來後，我

環顧這張桌子，雖然上面放的是食物，但我卻只看到錢。這一餐要花的錢比我這一個月到目前為止花的錢還多。帳單送來後，我暗自祈禱他會自願買單，可是他沒有！

「我們再去喝一杯嗎？」朋友問。

「可以，可是先讓我查個東西。」我回答。

我有下載一個新的應用軟體，列出斯德哥爾摩賣便宜啤酒的酒館。結果上面建議的酒館中，有一家就離這裡不遠，於是我們去那裡喝最後一杯。這一次，是我朋友付的錢。

我在聖保羅大教堂外攤開兩張椅子並豎起招牌。大約十分鐘後，一個小女孩跑過來。

「你為什麼要在雨中做日光浴？」她問，我答不出來。

過了二十分鐘左右，我起身，這座位上沒有人在。不久遊客們開始坐下來自拍，想必會把他們的照片貼到臉書和 Instagram（IG）上。

一小時後我移動到牛津街，直接在 H&M 大門口外找到一個地點，那裡每分鐘都有好幾百人走過。

在牛津街待大約一小時後，再移到英國國家廣播公司（BBC）。那附近沒有人，於是約三十分鐘後我就打包走人。坐地鐵回家時，我心中想著亞里斯多德會不會以我為榮，我果真能夠如同神經語言程式學專家的建議，變成他嗎？

「在你今年做的所有蠢事中，這件到目前為止是最氣人的。」

莎莉心情不佳，我已從超市返家，買了更多麵粉和馬鈴薯，但沒有買除

臭劑。

「太貴了，再說這也沒什麼大不了的。」我說。

「所以你是想要臭得像豬一樣地走來走去。」

我不作聲。

「說實話，我覺得沒有比裝窮更差勁的事了。」

「可是我這麼做是想要行善啊。我會把所有的錢捐給那些真正有需要的人。」

按照有效率的利他主義教條生活並不容易，而且最難維持的原則就是對每一個人同樣的關心。理論上，我的老婆和女兒不比地球另一端的人重要，也不比住布吉納法索的窮人更有權利得到除臭劑。

然而，我雖然在嘗試接受這些觀念，但我很慚愧地承認，我寧可救老婆和女兒不讓她們被淹死，而不是救布吉納法索的那些陌生人。

安德烈 10月12日 ‧‧ 走上倫敦東區一家改裝過的紡織血汗工廠樓梯時，我努力想像自己是康德。我這星期的任務是體現這位普魯士哲學家，而他的倫理就是遵循規定，他稱之為定言令式，可適用於每一個人。康德的令式最著名的榜樣之一，便是**要永遠說真話**。對他而言，這是一個普遍的責任，所以我決定這星期都要認真負責地實話實說。

當天深夜，我正在主持一個有四位知名科技企業家的小組討論。討論開始時，其中一人熱情地談論她對雲端解決方案的熱愛。

「怎麼會有人熱愛雲端解決方案？」我問，而她看起來有一點氣惱。確實，「雲端解決方案」和「熱愛」的字眼分屬於不同的句子。她對這個問題充耳不聞，繼續談論令人興奮的 SAP 平台世界，我看得出來，當一個康德主義者並不容易。

昨天晚上在看新聞時，看到一則關於腎臟移植的報導。

我怎麼沒有想到這個？

我在網路上找到一個給有興趣捐腎臟的人看的小冊子，上面說，非親屬而捐腎的情形很少見。然後我在一個網路論壇找到一個帖子，有一個小伙子說他想要捐腎臟，人人都說他笨，但他照做不誤。可是當他與醫院聯絡要捐腎臟時，醫院卻拒絕，因為他們認為他的心理不穩定。

我看完這則帖子後，發一則簡訊給莎莉。她出去和醫院裡的醫師同事們喝酒。

「捐腎的時間要多久？」我寫說。

「誰要捐？必須是家屬才行吧，我想。」她答道。

「不對，可以是匿名人士。」

「可是不能販賣腎臟。」

「不是賣，是免費捐贈。」

「捐給誰？為了你的計畫嗎？白痴！」

我心知肚明這是一個重大的決定，可是我迫切覺得必須做點事情。

早上吃完早餐後，我打電話去診所問他們對我的腎臟有沒有興趣，他們似乎對我的提議感到意外，回覆說會再跟我聯絡。

然後我便發一封電郵給另一家醫院，問他們要不要我的精子。回信來了：他們的精子足夠了；我打電話到烏普薩拉（瑞典東南部）的一所醫院，問他們有沒有興趣，他們有，於是我們安排一個時間去醫院做檢查，我也簽字要捐血。

我打電話給安德烈，很高興找到了一個向前推進的方法。

「你也應該捐你的屎才對。」

「我的屎？」我問。

「對，做糞便移植。」

我搜尋網路，發現瑞典只有兩個城市做糞便移植，就是歐魯羅和延雪平，看起來很合適，因為我住在其中一個城市，也到過另一個城市。我認為這兩個城市都是糞坑。

10月14

我這輩子做過什麼善事？今早醒來後我還在問自己這個問題。前一天晚上，我明白了自己的善舉是多麼的貧乏。

我參加在倫敦中心 YMCA 舉辦的一場關於「幸福」的辯論。結束後，有一群人上台，他們是真正一生行善的人。有一位醫師研發出新型手術；有兩個人為穆斯林女孩成立擊劍團體；有一個在設計公司工作的人正在阻止貧民吃太多不健康的食物。他們的故事讓我羞愧，我這個月在努力行善，但我能做的不過是召集一些人圍坐在躺椅上，裝出思考的樣子罷了。

10月15

今天是老媽的生日，所以我決定中斷節衣縮食的生活，請她吃午餐。我買了一本書送她，而不是把錢捐去買瘧疾蚊帳。在走出購物中心時，我告訴她我上個月演講賺了一筆錢，現在要全部捐給瘧疾基金會。

「你是在說笑的吧？」

「不是。」

「你想清楚了嗎，那可是一大筆錢？」

「有啊，我非常仔細的考慮過了。」

「所以這個慈善團不是那種一切都納入領導人口袋的團體？」

我發現自己在給她上一堂關於有效率利他主義原則的課，解釋這是到目前為止最有效率的花錢方式。

　　我今天要把康德帶到倫敦市。實話實說是明顯要做的事，不過除此之外，做一個康德主義者還意味者什麼？在思考這個問題時，我一直回想一個學生在我的倫理課堂上說的話：**每一個人都認為撿起垃圾是一個義務，可是我們卻把這件事留給別人去做**。所以我當康德的工作就是成為一個拾荒者。

　　我抵達現在已經熟悉的證券交易所外時，努力想像自己是康德，正在按照精準的時間進行每日例行的散步。可是我此時不是在規畫下一個哲學的工作，而是在做一個普遍受尊敬的撿拾垃圾善行。我拖著一個黑色垃圾袋，開始搜尋垃圾。每個縫隙和角落都有菸蒂頭，我清除完這個小廣場後，看著周圍的花圃，有成百上千個菸頭、零食袋、咖啡杯被碾進土裡。這些只是每年被扔到倫敦這一個小區域的六百萬個菸頭中的一小部分，我不想撿，但強迫自己去撿，畢竟，我是在盡義務。等我把花園邊緣附近的大部分菸頭撿得差不多時，又擴大我的掃除範圍。

　　每隔幾步，就可以發現更多菸頭。我蹲下去撿那些剛才被菸槍們扔在地上的菸頭時，他們就只是瞪著我看，於是我了解到盡義務未必會使你受人歡迎。

　　到達利物浦街後，我害怕的事情發生了：遇到兩個真正的清道夫。我努力低下頭避開他們的目光，但很難。不知道康德處於這種情況時會怎麼做。他們看我的樣子就好像我是一個表演拙劣的街頭小丑，於是我加快步伐趕緊遠離他們。

　　走了數百公尺，來到倫敦市的邊界。今天的清掃義務已結束，我當然沒有覺得自己的道德變得比較高尚了。但康德哲學的重點不是要自我**感覺**良好，而是要**做**善事。話雖如此，洗手的感覺確實是好。

我在家看拉里莎‧麥克法誇爾著的《溺水的陌生人》[4]，書中講述放棄一切、為貧民犧牲性命、抗議不公正，並且因為他們的麻煩而身陷囹圄者的故事。一個女子從伴侶手中收到二手 DVD 播放器而哭了起來，因為這台播放器讓她想起在中國大陸的工廠受苦的工人們。一名男子致力於為動物謀福利，特別是沒有人關心的動物，例如蠕蟲。我特別被桃樂蘭的故事感動，她是一位在一九八〇年代中期搬遷至尼加拉瓜，為婦女成立一個診所的美國婦女。十年後，她受到威脅，一群游擊軍人要她死，因為她為每一個需要幫助的人治療，包括他們的敵人。每一天晚上，她都準備好咖啡，以防那些軍人出現。等他們終於出現後，他們先是試圖搶劫她，可是她沒有錢；他們繼而揚言要強暴她，可是到最後卻沒有這麼做。就在他們離去後，她想起那壺咖啡，於是在後面追趕，大聲喊說她準備了咖啡要給他們喝，他們以為她瘋了，繼續走他們的路。

我受她的故事啟發，覺得應該回到最基本的事，變得仁慈。我搜尋網路，看到一個叫做「即興的善行」。我看他們的網路論壇時，記下一些他們的理念：

今天你要用仁慈和愛對待自己和對自己講話；花時間想到需要你祝福的人並祝福他們；每天至少嘗試說十次「謝謝」──五次對自己，五次對世人。

我坐在廚房看著他們的建議時，一面看向窗外。我們公寓大樓的院子裡有一個建築工人在鋸東西，我穿上鞋子下樓去問他要不要喝咖啡。

「什麼，我嗎？非常謝謝，但是不用了。」

「那會是我的榮幸。」我說。

他一臉愕然。

「非常謝謝，不過不用了。」

我回到我們家，看更多的建議。和很長一段時間沒有聯絡的人們說話；笑臉對待陌生人；在餐廳為別人買單。

我真的可以做一些練習。昨天老婆傳了一張我們結婚的照片過來，我心想，照得真好，卻沒有理解其中的關聯。晚上她下班回到家後，一臉失望地發現我忘了我們的結婚紀念日，我真是白痴一個。

為了彌補我的無知，我隔天花了好幾個小時打掃整棟房子、洗衣服，然後坐下來畫一張我們婚禮的照片。接著我去買花和蛋糕，放在桌上等莎莉回家來發現。

10月 19
我看著手錶，不知道自己來不來得及趕到會場準時演講，這時車廂裡的一位乘客開始吶喊。「我沒辦法呼吸！我沒辦法呼吸！」她喘息說。車廂很擁擠，她距離我約有七公尺。當下，我覺得這個距離大到足以免除我的任何責任，可是離她比較近的人什麼也不做時，我心裡的康德主義者發作了。

「車上有醫師嗎？」我喊道。

「我是護理師。」在車廂遠一點的地方有一個女的回答。

然後一位醫師加入她進行處理。他們把那個窒息的婦人帶到月台上，讓她躺下來，並且呼叫車站的工作人員。

列車離開月台時，我為自己做得不夠多而心生內疚。康德現在會怎麼看我？

10月 20
我在九點之前就到達烏普薩拉。這是一個秋高氣爽的早晨，陽光穿透薄霧，四周瀰漫著腐葉的氣味。

我走進診所。在走廊盡頭的一間小檢驗室裡，找到一個穿著藍色醫療工作服的男子。

「你是卡爾嗎？」

「是的，沒錯。」

「給你，」他說著並給了我一個有蓋子的小塑膠杯，「你得等一下，因為我想所有的廁所裡都有人。」他站起來和我走出走廊。「看看殘障者專用廁所有沒有人吧。」

我順著走廊往前走，門是開著的，於是我便進去了。這就像是回到那間自慰亭，只不過這間的燈是明亮的，廁所乾淨而且當然不是色情的。我拿出手機，看著首次使用攝護腺按摩棒時看的那支色情短片。坐在馬桶上，花了一點時間才進入狀況，好不容易填滿杯子之後，我走回去交給醫師。

「沒有灑出來吧？」

「我想沒有吧。」

我們坐下來，他解說過程。原來，若是我的精子達到標準（只有 20% 的人過關），一年內我就得回來三十次。他解釋說，他們把精子送給女同性戀夫婦以及想要不靠男人，自己生孩子的女人。

我再次走到陽光底下，傳了一張馬桶的照片給安德烈。「真是一個生命開始的好地方。」他回應。

晚上回到斯德哥爾摩後，和一個老友共進晚餐。我東張西望，想找一桌我能幫忙買單的，但是又下不了決心，因為沒有人看起來值得我這麼做。於是便改為考慮給一大筆小費，典型的即興仁慈之舉，結果我付了晚餐的錢並且再加五成的小費。這不是有效率的利他主義者會做的事，不過我現在的焦點是仁慈。起初那個女服務生一臉訝異，接著說了十次謝謝，不斷的原地打轉，彷彿是在做花式滑冰。

這個舉動讓我覺得愉悅，可是我卻只覺得怪異。仁慈的意義就是如此嗎？

今早醒來後，為了能夠離開康德的身體而鬆了一口氣。

我打算這個星期當一個效益主義者，這表示要為絕大多數人造最大的福利。可是該怎麼做才好？把錢捐給全世界的窮人？卡爾已經在這麼做。終結虐待動物？我已經在吃素了。也許可以嘗試一下喜劇？喜劇的目的是要增加幸福感，而這就是效益主義在做的事。我知道自己的喜劇表演不夠好，無法成功提高效益，所以得想想其他辦法。也許可以用別人的套路？我開始瀏覽英國備受喜愛的喜劇套路。蒙提·派森的《低能走路部》浮現腦海，就是它了！為了提升幸福感我該做的事就是重新把《低能走路部》搬上舞台。

我走出地鐵銀行站時，把緊張放到一旁，穿過街道，在英格蘭銀行簡樸的灰石入口外面慢慢開始這個演出的套路；我開始繞著銀行走，每一步都把腿甩得很開，我的身體一路發抖，但是臉上卻一本正經。大部分行人都扭頭看向別處，有一些人笑逐顏開，還有一、兩個人在安全距離之外幫我照相。

我繞過角落時，把全副精神放在技巧上。完美地把腿往上甩、理想地蹲伏、節奏剛好的弓箭步。從事金融工作的人們絡繹不絕地經過，走到銀行的另一邊時，我經過一個時裝拍攝的實況，看見一個穿著高跟鞋和風衣的女人來回地走，攝影師則在拍照。有十個人站在攝影師後面看著我發笑，其中一個助理還用手機對著我錄影。

走完一圈後，我穿過馬路坐在剛才開始的椅子上。整件事情只花差不多十五分鐘，我不太清楚為別人製造了多少幸福，但我自己倒是特別的高興。

去年有將近十六萬三千人向瑞典申請庇護，其中五萬人來自敘利亞，而且三萬五千人是無人陪伴的兒童。

許多瑞典人以各種各樣的方式伸出援手，我卻什麼都沒有做。記得一位

朋友邀請兩個敘利亞年輕人吃晚餐，他說可以去一個叫做 Invitation Department 的網站報名這麼做。

我們的客人準時到來，是一位父親和年輕的兒子，和愛絲特同年。結果他們不是敘利亞人，而是智利人，而且不是難民，甚至也不是窮人。那個男人帶了一束雅緻的花來，他是工程師，妻子是醫學研究員，但是因為當晚要幫女兒伴奏鋼琴而沒有來。那個男孩在上甜點時客氣地說不用，說他在學校已經吃太多糖了。

他們是高智商的知識分子，穿著名牌 Ralph Lauren 服裝，他們來只是因為想要練習瑞典語，但對為何被納入我的道德計畫和受邀吃晚餐一無所知。

我開始憎惡我自己。

10月
26
安德烈

我今天晚上去參加一個新書發表會，人們在吧檯前大排長龍要點飲料。這是探討我這星期要遵守的自由主義原則的絕佳機會，我竄到隊伍前面，排隊的人們感到憤懣卻沒有說話。拿到我點的飲料後，便轉頭看向其實是排在隊首的人。「要我請你們喝飲料嗎？」我問，但這只是在火上澆油。我急忙解釋：「我決心要做一星期的自由主義者，而我的道德準則就是在違反其他人權利時做出補償，所以請你們喝飲料，是我對奪走你們在隊首的優先購買權所做的補償。」他們接受我的提議，儘管覺得整件事似乎很詭異。我想，我當自由主義者的這個星期有了一個很好的開始。

10月
27
卡爾

這是六月以來最糟糕的一個月，過有效率的利他主義者的生活令我沮喪。我一直在設法做的事是存錢捐給慈善機構，這或許是有效的行善方式，但絕對不令人興奮。我也在努力接受效益主

義背後的哲學原則，對家人和朋友的需求給予特權，被視為一種有害無益的衝動，可是沒有親友，我就沒有人可以讓我為他們而活。

努力仁慈待人也不會比較容易。我下載幾個應用程式，例如 Good Deeds 和 Kindness Challenge，提供如何成為仁慈之人的忠告，可是我討厭那個音調和詞彙，聽起來很可怕——就像被困在永無止境的奧普拉·溫芙瑞的脫口秀裡。

我的一位至交已不久人世，上星期我最後一次去探望她。買花的時候，我在想這正是仁慈應用軟體建議做的事，可是想到去看這位臨終的友人是我行善計畫的一部分，就讓我不舒服。**死亡不是他媽的什麼計畫，道德也不是。**

我的計畫是從牛津街的一頭直線走到另一頭。我要像一個好的自由主義者，堅持我的個人權利，不為任何人讓路。我知道行之不易，所以再度嘗試神經語言程式學的方法，進入一個自由主義者之身，並在一個星期天穿著西裝，這當然有所助益。

沒走幾步路便撞到一些人。遇到一大群義大利青少年後，維持直線益發困難。他們不肯讓路，於是他們講話時，我便站在他們的圈子前。不久他們冷漠地瞪著我，我試著只用雙手做出一個分開的手勢讓他移到一邊，可是他們回瞪我，直到最後分開了，仍用混合著怒氣和困惑的眼神看我。我繼續走我的路，用肩膀擠開其他人群。然後，就在我的前方，有一群正在逛街的一家人逼近，我鼓不起勇氣直接從他們之間穿過去，只好繞過他們，然後再恢復走直線。自私比我想像中還要難。

我走到牛津街的盡頭時，鬆了一口氣，然後明白演說者之角就在附近。自從四月初在那裡發表過我的狗屁演說後就再也沒有去過那裡，我決定順便過去一下。這個地方一點都沒有變，有二百個人站在四周聽宗教和政治瘋子

演說。我筆直走向最近的一位講者，那是一位巨大的非洲福音教派基督徒。

「我可以給你錢讓你停止講話嗎？」我問他。

「你不能用錢阻止耶和華的話。」他大聲吼回來，「可是我祝福你，我的弟兄。」他又說，伸出手給我握手。

我移到四周人群最大的講者，他的講題是難以辨認的陰謀論。

「我可以給你錢讓你停止講話嗎？」我拿出一把現金問他。

「多少？」他問。

「你開價吧。」我回答。

「十英鎊。」

我給他一張皺巴巴的鈔票，他便離開了。群眾為他鼓掌，讓我覺得我的自由主義者鈔票花得值得。

在這次小小的勝利之後，我走回牛津街，呈直線走在人行道上，這把我直接帶進一群沒有安全感的青少年之中，並且穿過一群老人當中，但是那些老人立刻挪到一旁。只要我沒有加速走進人群當中，他們就會挪開，如果我碰到人，他們通常認為錯的是他們。在這些小小的交鋒中，我看到人們的尊嚴被壓扁。

卡爾 10月 31

我看到一對經常即興做善事的夫婦的故事，其中之一是把皮夾藏起來，讓別人去發現，等陌生人打開皮夾就會發現一張十元鈔票以及一個勵志的話，要他們把善行傳出去。

我決定仿效，可是我不用皮夾，而是買了兩個閃亮的禮盒，放一張五百克朗的鈔票（五十七美元）及手寫的字條在每一個禮盒裡。我寫不出什麼「勵志」的話，只是寫了「這裡有一點錢給你去做你想要做的事」。

我走到一個大廣場，把一個盒子放在垃圾筒上面，然後在附近閒蕩，觀察有沒有人把它拿起來。十五分鐘後，我覺得無聊，便動身前往大學，在那

裡的垃圾筒放了另一個禮盒，但是每一個人都從那個盒子旁邊走過。一會兒之後我自己把它拿起來，把它半開的放在一張咖啡桌上，然後我保持在視線內，可還是沒有人把它拿起來。二十分鐘後，我厭倦等待，於是離開那裡回家去。這個月從頭到尾感覺就是一個敗筆，而今天像是一個合適的結尾。的確，我省了很多錢——多到足以救一個人的性命，根據有效率的利他主義者設計的等式來說。可是我還沒有把錢捐出去，這筆錢還在我的帳戶裡。

回到家後，我收到一則精子診所傳來的語音訊息，我的精子沒有通過檢驗。我把手機放到一旁，倒在沙發上，感到相當挫敗。

安德烈 10月 31

我搭上地鐵前往倫敦中心時已經快到顛峰時刻。我在車廂裡張望，看到一個二十來歲的女孩，便走向她。

「對不起，要多少錢才能買妳的座位？」我說

她驚愕地看著我。

「可以免費讓給你。」她說。

「可是我要為造成妳的不便付款補償妳。」

她搖頭。

「我堅持。」我說，一面從口袋裡拿出一疊現金。

最後她拿了二英鎊。「沒有關係，」她說著把硬幣放進口袋，「我下一站就下車了。」

到了下一站，我在各車廂移動。列車再度移動後，我走向一個看起來和藹的人，要求買他的座位。「你可以免費坐，反正我下一站就下車了。」他說。

我在十站之間重複這個過程，一直到托騰汗站，就在倫敦中心。大部分人都拿了幾英鎊，特別是我比較強勢時，但仍然有兩個人堅持免費把座位讓給我。

回程時，車廂客滿。我尋找棘手的目標：剛結束在辦公室累人的一天、看起來一臉怒氣的商人。我提出用錢買座位時，他怒氣沖沖地反駁說：「我就要我的座位。」另一個惱怒的商人則是想要議價，可是等價格喊到三十英鎊以上後，又告訴我他想要保留他的座位。「你是唯一討價還價的人。」我說。然後他那張苦瓜臉上便出現一絲幸福的表情。

那晚上我走到 BBC 去接受電台採訪。我坐在錄音室裡，拿出一支雪茄、一瓶威士忌和一個玻璃杯。幸好採訪者不是在同一間錄音間，所以我點燃雪茄，邊說邊啜飲威士忌，這可能是我做過最愉快的電台訪問了。

乘地鐵回家時，車廂裡有很多空位。可是我想應該對我的自由主義者做最後一次實驗。一個年輕男子坐在我對面。

「我可以買你的座位嗎？」我問。

「當然可以。」他眼睛眨也不眨地回答。

「你要多少錢？」

「十英鎊。」

我把鈔票遞過去，然後我們開始交談。他告訴我他是一位波蘭來的音樂人，要來倫敦當一個搖滾歌手，可是現在是在端盤子。我把剩下的威士忌倒一些給他，然後我們開始交換故事。自由主義者的生活看起來也挺有趣的，這當然比撿金融業者的菸蒂要好玩多了。

11月／關注

我將變身前和變身後的照片放到 IG 上，然後到超市買東西。
把食物放進籃子裡的時候，我聽見有人在我身後咯咯笑。
我扭過身，看見愛絲特和莎莉指著我笑，
顯然她們覺得我的新造型很好笑。

安德烈 **11月 1**　　根據克里斯多福‧拉許的經典著作《自戀主義文化》[1]，
自我提升是一種人們對關注的渴望，不探索自我提升文化的
這一方面，今年這個計畫就不算完整。今早繞著公園跑步時，心想該如何探
索才好。答案明顯就是在我現有的公共形象下功夫，在推特聚集更多粉絲，
並且製造更多的新聞曝光率，但這樣感覺挺乏味的，於是我想要挑戰更遠大
的目標，也許是建立一個新身分，看能不能因此聲名大噪。

　　跑步結束時，我想出打造一個全新的我。這個人會是注重自身形象、沉
溺於自我幫助的人，沒有自我覺察或是無法控制衝動的人。我幫這個新的角
色取了盧西恩‧魯玻的名字。

我發簡訊給卡爾向他介紹盧西恩時發現，原來他也在尋找新風格。我們互發幾條簡訊，我開始使用表情符號，這是我以前一直討厭用的，可是盧西恩喜歡。我的螢幕上盡是笑臉和壽司的符號。

回到家後，我開始建立盧西恩的數位身分。第一步是建立一個新的電子信箱帳號：lucian.luper@gmail.com，然後用新的電郵地址建立推特（@lucian_luper）、臉書、IG 帳號，還有 YouTube 頻道，甚至還幫盧西恩註冊一個新的網址：www.lucianluper.com。建立一個新數位身分的整個過程花不到一小時。

儘管生活在一個注重外表的社會，但是我很少想到自己的外表，不過現在要改變了，因為我打算藉由改善外表來吸引注意力。我的任務是在這個月結束之前成為一個有魅力的健美男子。

我做了一些準備工作。一個月前我展開另一個以盡量增加肌肉塊為主的鍛鍊計畫，我的個人教練推薦一個叫做最大訓練負荷計畫，根據 AST 運動科學網站，這個訓練「使肌肉生長和培養肌耐力的速度比任何訓練方法都來得快」，這個網站提供每日訓練進度表，我都堅定地遵守。

這個訓練成功了，十月開始這個計畫時我的體重是八十三公斤，現在則是八十八公斤。

從健身房回家的路上，我去一家電子品店買了一個可連接藍芽的自拍棒，然後回家，脫下衣服開始自拍。我嘗試各種姿勢、房間、燈光，結果都不太理想。我的腹肌還看不太出來，而且儘管做了那麼多訓練，胸肌也沒有明顯變大。

我下載一個叫做自拍健身房照片編輯的應用軟體，但是在我打赤膊的自拍照片加上假腹肌原來是件難事，看起來就是不真實。

我用新名字詹姆士‧薛禮登錄 IG。之前找到一篇名為〈吸引人的名字〉的研究報告，說明何以有些名字比較吸引人，於是我用普通的名字（例如詹

姆士和約翰）結合相對少見的姓氏（像是薛禮、卡塞爾、伯頓）。

　　我上傳個人照片並開始加入要跟隨的人：金‧卡戴珊（約九千萬名追隨者）、妮姬‧米娜（七千萬）、凱蒂‧佩芮（六千萬）、賈斯汀（四千萬）、小賈斯汀（八千萬）、足球巨星 C 羅（九千萬）。我在瀏覽 C 羅的半裸照片時便心醉神迷，這就是我想要看起來的樣子，他會是我這個月的美學角色原型。

　　我的靈感被點燃，從今天拍的五十張自拍中選出一張，調節對比和光線，上傳了第一張打赤膊的自拍到 IG。雖然我看起來不像 C 羅，但還有大把時間可以想辦法。

　　我一向對自拍感到窘迫，可是看來我是屬於少數人。IG 上標示自拍（#selfie）標籤的照片有二億五千萬張；每年有二千四百億張自拍照貼上谷歌的伺服器，那還只是每年上傳自拍照片確切數量的一小部分。

　　然而，我躊躇不前的理由也許還算充分。在《社會心理學與個人科學》[2] 期刊發表的一份研究報告發現，自拍者往往高估自己的魅力和受人喜愛的程度，而且自拍甚至有可能危及性命。近年來，因為玩自拍而喪生的人比死於鯊魚攻擊者還多。可是如果我要成為盧西恩‧魯玻，就必須冒這些危險。

　　我展開我的數位自戀旅程，拍我吃的早餐，或者說是盧西恩的早餐，再上傳到臉書，然後走出大門，以拚命自拍為目標。電話亭就成了自拍亭，在我按動快門之際，路人用同情的眼神旁觀。

　　自拍漫步約二十分鐘後，我目睹了一椿車禍。一名男子被休旅車撞倒在路上抽搐，救護車才剛到達。盧西恩想要以車禍為背景自拍，於是救護車的人趕過來時，盧西恩便就定位。神經語言程式學雖然傳授如何轉換到另一個角色的身上，但我實在做不出太過分之舉，有一些界線實在是跨不過去，即

便是盧西恩也不行。

　　今年開始時，所有的社交媒體我都敬謝不敏，如今卻對臉書、推特、LinkedIn、IG 一概來者不拒。我知道在 IG 四億名積極的用戶中，我屬於邊緣型，這類人年紀在三十五歲以上，只占 IG 用戶的一成。我很快開始追隨五百多人，但只有少數人回追我。我在《富比世》雜誌上看到一個指南，說明要增加追隨者，就必須用對的標籤，例如 #instafollow、#likeforlike、#follow4follow，而且必須喜歡別人的個人檔案。

　　我瀏覽了 #gymselfies、#abs、#crossfi，對那些為我按讚的人也禮尚往來地回按讚。我捲動螢幕看了數以千計男子在健身房裡赤裸上身的照片，和女人拍自己臀部的照片，色情和運動之間的界線看起來相當模糊。我往下滑動照片，在所有照片上按讚，除了那些看起來營養不足還穿著小件運動內衣的少女照片之外，因為這些照片讓我的心往下沉。

　　隨著女兒長大，自戀主義文化常常令我擔心。我現在已成為這個文化的一部分，盲目地為那些缺乏安全感而渴望關注的人大量按讚，但我決定完全浸淫在這個世界裡，只為了親自體驗這種影響。

　　我第一件要做的事是仔細檢查自己的長相。我上傳一張自拍照到 prettyscale.com，這個網站可以用人工智慧存取我的臉。它對我的評分是俊美 78%，並列出我突出的特徵：臉長、額頭小、適合談話的距離、鼻子和臉很搭。我用另一個網站做了相同的步驟。這次我的吸引力只拿到 47%。

　　不過真人對我外表的評價更令我感興趣。我找到許多網站，例如 ratemybody.com、ratemyface.com 和 hotornot.com，但這些似乎全都在前幾年間關閉了。也許二〇一〇年 IG 推出並壟斷自戀主義市場後，它們全都倒閉了。唯一似乎還有在活動的評分網站是 Reddit 的子項目 rate-my-appearance。我上傳一系列的自拍照，請使用者提供誠實的評價，以及我可以如何改善自己外

表的具體建議。

晚上，我收到幾則評價。

比平均值略微可愛一點，6 分（總分 10 分）

平均值是 5.5，我不認為你在外觀上需要做任何改變，但如果你想換個造型，可以試試不一樣的髮型，不過重申一次，在我看來不需要。

7.5 分（總分 10 分）你有點符合我的喜好

你也許可以試試看剪個比較時尚的髮型，就是兩邊短而中間留長？或許再試試留個鬍子？不過這只是我的建議——有無限的可能性，去試試看所有可以嘗試的，然後保持你最喜歡的。

　　　　「你應該搞個媒體醜聞。」卡爾在我們講電話時這麼建議。「也許盧西恩可以死掉。」

卡爾開始變得很興奮。

「噢，我現在想到了。」他繼續說，「癌症！盧西恩得了癌症快死掉了，然後他用部落格記錄癌症。」

我沉默了。

「貝爾·吉布森就是這麼做的。」

「誰？」

「貝爾·吉布森，一名健康部落客，她謊稱得了癌症，然後寫一本書說怎麼用另類醫學治癒癌症。」

「卡爾，我不打算謊稱罹癌。」

「好啦，但你應該製造某種醜聞。你有沒有讀過蘿拉·基普尼斯的書？」

「沒有。哪一本？」

「《如何變成醜聞》[3]。你應該去書裡找靈感。」

掛上電話後，我在《紐約時報》上找到一則有關那本書的評價。我讀到有關莉莎‧諾瓦克的事，她是一個「太空人」，戴著假髮用辣椒噴霧噴她前男友的現任情人。我可以肯定卡爾希望的就是盧西恩發瘋然後製造一個醜聞，但我對這個想法很感冒，我已經受夠羞辱了。

「媽的，讚！」我大叫。

「什麼？」我的私人教練從房間的另一頭大吼。他走向我，一隻手拿著咖啡。

「你看！」我指著電腦說。他彎身看向螢幕。

「90.7。靠！你從多少開始？」

「77.6。」我說。

「哇，那就是十三公斤了。」

從年初開始，我增加超過十公斤肌肉，但做了相當多犧牲，過去五星期來每天吃超過 5,000 卡路里。我吃一種叫做魔獸（Mutant）的增重粉，裡面含有 2,900 大卡和 114 克蛋白質。包裝背後寫著：**拋棄人性**。我每天喝兩公升這種粉泡成的飲料，每次喝它的時候都瀕臨嘔吐邊緣，但現在，突破了九十公斤大關，我覺得一切都值得了。

川普贏了大選，連盧西恩也一蹶不振。在去工作的路上我躺在人行道上裝死，並拍了一張自拍，上傳到臉書盧西恩‧魯玻的封面照下。

做第二組仰臥推舉時，我想到克里斯多福‧拉許聲稱，

在一九七〇年代初，人們對從政治上改善世界死心後，便投入自我提升。

我們在自我提升的這一年，也是英國和美國在政治上崩解的一年，真是不小的諷刺。

體育館安靜無人，真是忘記世界紛擾的完美場所。好好地沖了一個澡之後，我對著鏡子自拍幾張，並上傳到 IG 上。

安德烈 | 11月 10

卡爾要我製造醜聞的建議讓我很抓狂。我要暫時把盧西恩擱置一旁，讓他回到我自己的個人品牌。

為了重樹自己的風格，我向同事湯姆請教了一番，他是利用故事塑造品牌的專家。他的辦公室就在我的樓下，但更整齊一些。「我需要幫助。」我說，語氣透著一絲絕望。「我想樹立個人品牌，你是這方面的專家。我該怎麼做才好？」

湯姆桌上有兩個巨大的螢幕，他把一份 PowerPoint 投影片開啟在其中一個螢幕上。「這張表上是你樹立個人品牌時該做的事。」他捲動一份問題清單。

「第一，你要了解目標是什麼。是臉書上的點擊率、按讚數或其他東西？」

「我不知道，我想這是我應該去了解的。」我回答。

「再來，你的觀眾是誰？他們想要什麼，他們的問題是什麼？」

這個問題很基本，但我還沒有頭緒。「我想我也該思考一下這個。」我說。

「了解到你的觀眾是誰後，你要搞清楚他們用什麼平台。」

「呃……嗯。」我邊說邊將這一點寫進筆記電腦。

「接著，你要告訴他們什麼？他們在資訊上可能有什麼差距？」

我現在了解到，這太難了。我不知道我要達到的目的是什麼；不曉得誰

是我的觀眾，或者要傳達什麼訊息，要做的工作太多了。

我在診所等候。所有的東西都被塗成白色，有一種奢華的氛圍。櫃檯後的兩位小姐都是金髮，長得很漂亮，穿著白色外套，我覺得自己好像被困在科幻電影裡。很快地，皮膚科醫師走出來把我帶進她的診療室。

她與我年齡相仿，臉部皮膚光滑，但看得出來她的雙唇做過增厚手術。

「我可以為你做什麼？」

「我正準備問同樣的問題，我只是想要尋求改善外表的可能，我該怎麼做？」我說。

「好，我們到鏡子這邊來，好嗎？」她說著離開診療桌。

我看著鏡子中自己的臉，和平常一樣有種抽離的感覺。

「你有張娃娃臉。」她說。

「對，沒錯。」

「也許我們該試試看加強你的男性特徵，像喬治·克隆尼那樣的。」

我原先是以 C 羅作為靈感，不過克隆尼也聽起來很棒。

「或者可以試試抬高你的顴骨。」

「嗯，好。」

「又或者，可以加深你下巴的線條，讓它更寬，更明顯。」

「怎麼做？」

「用填充物，叫做瑞絲朗[4]。」

我現在緊張了起來，我本來的預期是消除一、兩條皺紋，不更動基本的五官。不過我了解到如果我認真看待改善外表的話，這樣做更有效率。

「要花多少錢？」

「顴骨大約是一千五百到二千美元，下巴線條是二千八百美元。」

「噢，比我想的還多。」我說。

我還沒照預定計畫將錢寄給瘧疾基金會，但如果我把那筆錢花在整形上呢？

「我們來做下巴線條。」我聽見自己說。

五分鐘後我躺在椅子上，皮膚科醫師用一種特殊的乳液塗抹我的臉。我聽得見她和我講話，但我的腦子已經關閉。

你是因為想做才做這件事嗎？瑜伽老師的話再次響起。

麻醉開始發作後，她拿出注射針，開始注射 7 毫升的瑞絲朗。我不知道那是什麼，也沒概念 7 毫升是不是很多，腦中只想到二小時後要去學校接女兒，那時候我會頂著下巴的新線條走進學校，很可能看起來像個卡通人物。

「這可能會有點痛。」她說。我可以感覺針頭刺入下巴，從耳朵開始，然後一點一點地以一公分的間隔移到我下巴的前端。這時我處於一種存在主義的驚詫中。在我身上執行的是什麼計畫？我剛剛同意花二千八百美元做一個下巴的新線條，而不是拯救一個人。

二十分鐘後，她完成手術。我看著鏡子中的自己。

「哇，你看起來很帥。」皮膚科醫師說，並拿出一台相機。

我對著鏡子研究自己的臉。我的下顎現在變大了，看起來很不一樣。

「你可以讓我拍張照嗎？」她問。

「當然。」

拍了幾張照後，她從相機後走出來。

「你大約兩個星期後得再來一次，我們要檢查一下一切是否正常。」

「好。」

「剛開始這幾天不要碰你的下巴，不要上健身房做運動，別喝酒。」

「好的。」

「還有一件事，前兩天可能會痛，還有一些瘀青，但這個現象會消失。」

「好。」我邊說邊拿起包包往出口去。

晚上莎莉下班回家後問我今天過得怎樣。我說還好。

「妳沒看出什麼特別的？」我問。

「沒啊？」

「我去了診所。」

「你做了什麼？」

「新的下巴線條，妳看不出來嗎？」

「看不出來，怎麼了？」

我花了一個月的薪水做一個新的下巴線條，可是老婆卻什麼都沒有發現。

安德烈 **11月 14**

下午三點左右，我再度走進湯姆的辦公室。寒暄過後，我打開筆電，開始用 PowerPoint 長篇大論呈現我的新品牌故事。

「我要成為 YouTube 的自我提升專家，我要開一個影像部落格，為那些平時對自助文化沒興趣的人提供自助的建議。」我說。

湯姆坐在大辦公椅上，邊撫摸修剪得很整齊的山羊鬍，邊聽我的發表。

「你必須讓品牌更誇張一點，」他說，「把它變成一個吸睛的故事。也許你不是這個故事裡的英雄，而是一個指導者。」

我記下筆記。

「還有，你得做得比典型影像部落格更出色，你的部落格會長什麼樣子？」

「呃，我在 YouTube 上看了一些擁有數萬訂閱人數的自助專家的影像部落格，他們都是遵循非常標準的故事敘述模式：表面上過著美好的生活，但覺得某部分迷失了，所以他們踏入自助領域，經過幾番掙扎後，變成更好的人。現在他們想和世人分享自己學到的事。」我解釋道。

「你打算說這樣的故事嗎？」湯姆問。

「不太確定。」我回答。

走出湯姆的辦公室後，我感到前所未有的迷茫。**我的故事是什麼？我的故事好嗎？誰是我的觀眾？**

該雕塑肌肉了。我已經增加了十公斤肌肉，要是看不見的話，那還有什麼意思？我得去除幾層脂肪。

「你覺得我會有真正的腹肌嗎？」我問私人教練。

「你試試看這樣做。」他說，拉起襯衫縮緊皮膚，這樣才看得見腹肌。我做了同樣的動作，他看著我。

「呃，也許會有。你現在就得把脂肪減掉。」

我發現自己愈來愈常讀男性雜誌和部落格，雕塑肌肉是一個中心主題。這些部落格全給一樣的建議：只吃蛋白質。一位時尚模特兒在 YouTube 上描述他在拍照之前怎麼做。他從兩週前開始就只吃蛋白質，吃魚類、豬牛羊肉、雞肉，而且只吃綠色蔬菜，特別是菠菜。這樣一天大約攝取 500 卡路里。這表示我必須把攝取的熱量減少 90%，雖然聽起來很嚴苛，不過我很高興終於可以停止強迫餵食自己。

我諮詢個人教練後，我們一致認為我應該像平常一樣健身，但是減輕重量，並把更多注意力放在腹肌和胸肌上。

離開健身房後，我去城裡一家價位數一數二的理髮店。

「你要做什麼髮型？」造型師問。

「隨便你怎麼弄都行，我想要的就是改頭換面地走出這裡。」

「好的。嗯，我想我會把你的頭髮顏色變深。」

「好啊，聽起來很適合我。」

「還有，嗯，剪掉很多頭髮，兩邊剪得更短一點。」

「那我的眉毛呢？」

「對，我也會把它們染得更深一點。」

二小時後，回到街上時我的荷包裡少了三百美元。但我現在卻大不相同了，可說是改頭換面。我將變身前和變身後的照片放到 IG 上，然後到超市買東西。把食物放進籃子裡的時候，我聽見有人在我身後咯咯笑。我扭過身，看見愛絲特和莎莉指著我笑，顯然她們覺得我的新造型很好笑。

安德烈 11月 17

在我憑空想出自助的標語時，廂型車和腳踏車從我身邊骯髒的街道經過。我停在路邊的電箱旁，從包包裡撈出筆記本，開始記筆記。「獨特的賣點。」我用大寫字母寫下，「不管自助怎麼說，我都持反對意見。」接著我在下面加上幾行字：

自助說：做自己。我說：做別人。

自助說：你可以立刻改變。我說：可能性微乎其微。

自助說：改變你的想法。我說：改變你的行為。

上星期我都在為了成為 YouTube 的自助專家做準備。這個影片分享平台似乎是把訊息傳播出去的完美媒介，它成長得非常快速，42% 的網路用戶說他們上個月至少在一個影像部落格上看過影片。有些像人氣美妝部落客 Zoella（一位把自己美妝的過程錄製成影片英國女子，擁有一千一百萬名訂閱者），和 PewDiePie（一位分享自己玩電腦遊戲影片的瑞典男子，追蹤人數有三千七百萬人）這樣的 YouTube 創作者，在年輕人之間的知名度甚至比像強尼・戴普這樣主流的名人還高。

我研究了幾篇以「用影片寫部落格，如何爆紅」為標題的文章，希望可以學到一點做影片部落格的皮毛。依循上面的建議，我買了一台高畫質相機

和一個三腳架。設置好後，我開始準備拍攝要上傳的影片，設法表現出個人特色，踩在冷場與誇張表演之間的分界線。我聽從建議，專注於立即解決實際問題的影片效果最好，所以我給準備上傳的每一個影片下了像是「如何變得更有生產力」這樣的標題。我會建立一個影片庫，這樣才可以經常上傳影片。最後，我會把每一支影片的長度上限訂為五分鐘以下，並設法在最初十五秒鐘抓住觀眾的注意力。

我已經寫了十個影片的腳本，每一個都提供改善身體、個人生產力、心靈等祕訣和技巧等。我剛想到的標語會讓一切錦上添花！真是沒有想到，自己這麼容易就融入剛萌芽的自我提升思想領導者角色。

莎莉和愛絲特在哥本哈根，我和友人克里斯汀要去二十四小時芬蘭遊輪之旅。

傍晚時分，兩個四十多歲的女人在酒吧向我們搭訕。兩位都是單親媽媽，她們來遊輪之旅是為了有自己的時間。

「妳們看得出來他整形過嗎？」克里斯汀指著我的臉問她們。

「真的嗎？」其中一位媽媽說。她留著瀏海，一頭紅色長髮留到細腰。

「真的，這裡。」克里斯汀說，沿著我的下巴畫了一條線。

我們一起坐在舞池邊，喝一瓶普羅賽克氣泡酒。

「我也整形過。」其中一個女人說。

「真的嗎？」

「對啊，把你的手借我。」

她把那隻手拉到襯衫下。

「裡面充滿生理食鹽水，你感覺得到嗎？」

「真的嗎？」我說。「妳花多少錢？」

「四千塊。」

「還好，我的下巴是二千八。」

我們似乎找到了共通點，然後她給我們看她的刺青。

「我還有更多刺青。」

「真的嗎？在哪裡？」我問。

「這個只需要我知道，對你來說，你應該自己去把它們找出來。」她說，並投予我一個意味深長的眼神。

DJ 正在放恰比‧卻克的歌：**來吧，讓我們像去年夏天一樣再次舞動**。克里斯汀從桌邊站起身，在頭頂上方拍手，用最大的聲音跟著音樂唱起來，他開始扭腰擺臀，我們也跟著舞動。

音樂停止後酒吧的人開始為晚場清場。幾個微醺的男人在舞池上搖搖晃晃地跳舞。我們又點了一瓶普羅賽克，然後回到客艙。

「卡爾在想辦法要讓自己變得更好看，」克里斯汀解釋道，「妳們覺得他好看嗎？」

那位有祕密紋身女人躺在一張床上打量我。

「很性感。」她說。

她們不久便離開了。我無意找人滾床單，但很高興得到一些回饋。

安德烈 **11月 18**

我架起三腳架，把攝影機放上去。我站在辦公室背靠著書牆，穿著黑色的高領毛衣、黑色外套、黑褲子，還有黑靴子。這會是有錢知識分子的經典照片。我按下錄影，直面著鏡頭說話，並做出像混合東尼‧羅賓斯和斯拉沃熱‧齊澤克兩者風格的手勢。

期間，和我隔著中庭的老闆辦公室裡連續舉行了幾個會議。他們可以從那裡看見我一個人在辦公室裡，在鏡頭前揮著手臂。他們會怎麼想我？還是不要知道比較好。

卡爾	**11月** **22**

為了拍更多照片我到診所回診。

　　兩星期前第一次來到這裡時，我對整形手術一無所知，而現在我讀了一些關於整形的資料。根據整形手術統計報告，美國二〇一五年做了一千五百九十萬次美容手術，自二〇〇〇年以來成長了 115%，其中將近有 90% 是「微創手術」，像是使用填充物和注射肉毒桿菌。其中成長最快的趨勢是臉部回春手術，注射和我一樣的那種物質的手術高達六百七十萬次以上。以男性來說，我是少數族群，只有 8% 的男人做過醫美手術。我還了解到整形手術可以改變的不只是外觀，讓我特別著迷的是，有一項實驗發現，服刑期間做過整形手術的德州受刑人，出獄後再犯的機率大幅降低。**我的新面孔會不會也改變我的行為？**

　　我也了解到 7 毫升的瑞絲朗是非常多的。皮膚科醫師給我看她電腦上的照片，不可否認施術前後差異很大。

　　「瑞絲朗六個月後會消失，如果你想要繼續做的話，就要再預約一次，我們來看看……」

　　「要是有需要再做的話，我會再聯絡。」我打斷她。

　　「好的，沒問題。」

　　「但我得說這個手術真的打動了我。」我指著電腦螢幕，「妳可以把這些照片給我嗎？」

　　「當然。」她笑著說。

　　坐地鐵時，在回家的路上我上傳兩張照片到 IG 上，把兩張放在一起，加上一大堆標籤：# 瑞絲朗、# 整形、# 術前術後、# 按讚、# 喬治・克隆尼。許多人立刻湧入按讚。**很好看**，其中一位粉絲說。**繼續加油**，另一位也說。很顯然這種貼文在 IG 上很吸睛。

經過正在改建為高級公寓的舊精神病院，走到墓地的大門前。在第一排墳墓前，我架起相機按下錄影鍵，第一次錄到一半時，我忘詞了；暫停後，我做了一次深呼吸，然後重來一次。每拍一次，影片就更好一點。有一支影片是我蹲在四座墳墓之間；另一支影片中，我的背景有個墓石刻著「安息」；第三支影片中，我倚靠著一棵樹，雙肘打開，像一個出現在自己的系列影集裡的傲慢歷史教授。

當我正要使出渾身解數時，錄影機的電池沒電了。於是只好回家，但我對於看自己拍的影片這件事感到非常興奮。把錄影機裡所有影片都下載出來後，我打開 iMovie，將每一個片段組合在一起，然後從頭看一次。公墓的背景效果很棒，我的表達也很不錯。

電話響了，是卡爾。

「我的影片拍攝進展得很順利。」我告訴他，「我幫我的頻道想到一個很棒的標題：來自墓地的自助。」

我察覺到不太對勁，卡爾的口氣聽起來很急躁。

「怎麼了？」我問。

「你不怕你的自助秀會讓我們整本書變得很混亂嗎？」他回答，「我的意思是說，我們做這個計畫不是為了最後在 YouTube 上提供自我提升的建議。」

「這話怎麼說？」

我開始惱火了。

「我認為這個計畫應該是對自我提升產業提出重要的診斷研究，可是你現在卻把自己變成一個自助大師。」

「不對！我這麼做在傳達的訊息是，你做的事應該和自助告訴你要做的事背道而馳。」我說。

卡爾不吭氣，然後回答：「這樣吧，做你想做的事，但別提到我的名字。」

他掛掉電話。

我當下真的很生氣，但幾個小時後，我開始懷疑變成自助專家這整個想法是不是個大錯誤。

<table>
<tr><td>卡爾</td><td>11月
23</td></tr>
</table>

　　我將凝膠塗在塑膠牙托上，放到嘴巴裡，像是準備比賽的拳擊手。上星期我去看牙醫，做了個齒模。我必須戴著牙托睡五個晚上，效果才會顯著。牙托就定位後，我對著鏡中的自己露出微笑，但看起來一點也不好看。

　　莎莉已經準備好就寢了，我躺在她身旁。

　　「你明天有要做什麼事嗎？」她問，眼睛緊盯著書。

　　我想回答，但沒辦法講話。

　　「那是什麼？」她問，並往我的方向看。

　　現在我露出微笑，讓她看我的牙齒。

　　「找死啊，卡爾！」她說完把燈關上。我轉為側睡，試著放鬆，但我無法忽視嘴巴裡的牙托，看來今晚無法無聲無息地睡美容覺了。

<table>
<tr><td>安德烈</td><td>11月
23</td></tr>
</table>

　　我坐在沙發上盯著電視上播放的卡通。昨天與卡爾談話後，我成為自助影像部落客的努力結束了。我無話可說，一句也沒有。然後我想到，何不以不說話為主題拍段影片？在絕大多數 YouTube 的影片中，人們都說太多話了，但如果我在影片中什麼都不說呢？這似乎和我的心情很合拍，也與我們的時代合拍。面對像二〇一六這樣的一年能說些什麼？所有的詞語似乎都流於俗套，不過是增加歷史的碎石。

<table>
<tr><td>卡爾</td><td>11月
24</td></tr>
</table>

　　我停止最大超負荷訓練，再次回到混合健身。我的體力

不足以自己鍛鍊，需要其他人來幫助我才行。之前，我開始採取新的飲食法，連續十天只吃 500 卡路里的蛋白質和綠色蔬菜下來，已經甩掉四公斤，但體力也隨之下滑，感覺力氣全失。再者，安德烈在生我的氣，他想做一系列的自助影片，每一部影片對應今年每個月的主題，和我們這個計畫的範圍重疊。我說別人會誤以為這個計畫是一本普通的自助書籍，結果把他給氣炸了，我也是。我已經對他的連連抱怨感到厭煩，他想做什麼就隨便他好了，我再也不管了。

好消息是我的身材終於開始有形了。我把更多照片放到 IG 上，更注意使用的標籤和敘述方式。激烈的混合健身訓練後，我拍了一張汗水噴出流淌到胸膛的特寫。

> 我愛混合健身後噴發的汗水。我是混合健身！#混合健身後的汗水
> #汗水#混合健身
> #瞬間美麗#健身後#流汗的貝蒂
> #交換讚#讚換追蹤#交換追蹤
> #互相追蹤#互粉#追蹤我#愛你唷

> 早安美好的世界。沒什麼比得上 06：00 的混合健身
> #混合健身#動機#靈感#像我一樣#按我讚#你#交換讚
> #交換追蹤#我#太棒了

我追蹤的人數在二千人以上，儘管如此，追蹤我的人卻不超過三百，我得想點辦法改變現況。我找到一個網站，在那裡用六十二美元買了一萬個粉絲，收到購買確認單時，上面說訂單要七天後才會完成。混帳傢伙！到時候這個月可能都已經過完了。

今天早上，我覺得靈感湧現，準備要拍自己不說話的影片。畢竟，沉默當道。《安靜，就是力量：內向的人如何發揮積極的力量！》[5] 這本書登上了今年暢銷書排行榜冠軍。我經常讀到正念受歡迎的程度下降後，靜修中心變得盛行，人們花十天在靜修中心進行不發一言的修行，但是十天好像有點久，對我來說，五分鐘足矣。然後我想起「沉默」應用在藝術方面最著名的例子：美國先鋒派作曲家約翰·米爾頓·凱吉的〈四分三十三秒〉[6]。

我決定幫自己拍一段沉默的影片，長度是四分三十三秒。我走到倫敦中央的堤岸車站，把相機架在橫越泰晤士河的天橋上。風吹亂我的頭髮，當一群學生靠近時，我聽見其中一位家長小聲說：「為什麼那個傢伙不給我們讓路！」我拍完四分三十三秒後，按下停止鍵往前走，向帶領那群小學生的家長說「謝謝」，用一種反諷的語氣。我花一整天在各式各樣的地方拍攝自己：特拉法加廣場、皮卡的里圓環、利物浦街車站。

回到家後，我觀看那堆沉默影片後，被驚呆了。儘管我一頭栽進自戀主義中，但似乎達到反效果。站在鏡頭前的我顯得很不搭調，每一段影片中的背景看起來都比我還重要，行人穿過隧道；一張有卡拉瓦喬畫作的海報；閃爍的巨大可樂招牌，它們比我表達的內容還多。我發現一段四分三十三秒長的自拍不再是關於自己。

中午我抵達 Body Company，進入小房間前我在漆成白色的大廳等待。

「請問我可以自拍嗎？」我問。

「請便。」她說，好像對這種問題習以為常。「用不著花太久時間的。」

「你們通常遇到的是多毛的類型嗎？」

「對。」

「我是不是蜜蠟除毛的人裡，妳遇到毛最少的人？」

她沉默了一秒，思考片刻，看著我的胸膛和肚子。「呃，對，我想是吧。」

不到十分鐘後我胸前和肚子上的毛就被拔乾淨，感覺有如一個嬰兒。

「我現在要去把自己曬成古銅色。」我邊說邊穿上襯衫。

「那可能不太好。」

「不好嗎？」

「你應該要休息幾天。」

「可是都沒有什麼毛了啊？」我再試著問一次。

「唔，也許……」

我走到幾條街外的美體沙龍。我在前台登記報到後，一個女子帶我走下幾階陡峭的樓梯，進入一間簡陋的地下室，然後走進燈光大亮、牆壁龜裂的房間裡，房間的盡頭是一個小塑膠帳幕，空間足以容下一個人。我脫掉內衣，踏進帳幕裡。

「準備好了嗎？」那位女人問。

「還有一件事，」我說完後走到包旁，拿出一根自拍棒。「我可以幫自己錄影嗎？」

「只要別拍到我就行。」那個女子回答。

因為自拍棒沒辦法與我的手機連線，所以那個女的有點不耐煩了。

「我可以幫你拍。」她說著接過我的手機，然後開始往我身上噴助曬劑。十分鐘後，她把我的身體噴成金褐色，並將計時器設定為五分鐘，之後便放我一個人在那間地下室的小房間裡。我站在電扇前，設法把自己弄乾。當計時器的嗶嗶聲響起時，我穿起衣服，走到樓上去付錢。

「你的臉不能碰水。」那個女子告訴我，眼睛看向門外，外面大雨傾盆。

我躲在外套下，走過擁擠的街道。現在是星期五下午，大家剛下班，我

則到附近一家購物中心裡的美食街避雨。新的海鮮區剛開幕，我點了兩盤牡蠣和一杯普羅賽克，並將食物的特寫和在日曬沙龍、蜜蠟除毛沙龍照的相片上傳到 IG。

一個小時或更久之後，雨勢減弱，我便去學校去接愛絲特。和老師打招呼時，我覺得有點尷尬，因為我的下巴是新的，髮色是新的，而且現在，在大部分瑞典人比往常更蒼白的十一月底，我還有一張古銅色的新臉孔。

安德烈 11月 25　　早上我編輯自拍的影片，然後上傳到我在 YouTube 創建的頻道：四分三十三秒自拍。

在等待時，我快速瀏覽臉書動態，注意到有個叫伊絲克拉‧勞倫斯的英國模特兒。她登上紐約地鐵的列車後，脫掉衣服並發表了一個有關身體正面意象的演說，這個影片在社交媒體上被瘋傳數十萬次。如果我做同樣的事會怎麼樣？足以建立卡爾在這個月初說的那種醜聞嗎？

卡爾 11月 26　　我和愛絲特盛裝打扮去一間昂貴的餐廳。今天是星期六，我們想要放縱一下，於是我點了牡蠣和白酒，愛絲特點了漢堡和可樂，我幫食物拍照後上傳到 IG 上。結帳時，發現他們沒有把飲料錢算進去，我向酒保指出這個疏失，他露出笑容，他們沒有算錯。這難道是那種盛裝打扮、拍食物照上傳到 IG 上就能享有的皇家待遇嗎？

安德烈 11月 26　　晚上九點，我的朋友芭芭拉從利物浦街車站前一群喝得醉醺醺的足球迷中走出來。我向她解釋我打算做的事，她對交通運輸等物流服務相當熟悉，我猜這是她多年來從事表演藝術工作的結

果。

我們搭上環狀線的電車。乘客三五成群地在各車廂內安靜坐著。穿過五節車廂後，我們停在四個約六十歲的人前面，他們看起來是在去看電影的路上。

我們離開紀念碑站後，我站出來開始說話：「嗨，你們不認識我，我也不認識你們，但今天我想和你們建立連結。」我一脫下長褲，觀眾就開始笑了。我一字不漏地複述伊絲克拉·勞倫斯在紐約地鐵說過的話，我的演說快結束時，一位年輕女性開始鼓掌，其他乘客也立刻跟著拍手。

我們在下一站下車後，我感到激動，好像剛搶劫成功。芭芭拉播放她剛剛拍攝的影片，我則爆出控制不住的、緊張的笑聲。

到家後，卡爾來電詢問進行的狀況，還有更重要的是，我要拿我的影片怎麼辦。「我們讓它在網路上爆紅。」他建議。

「好啊。」

「我向一個我認識的媒體專家提到你的計畫。他說你應該把它放上網，標題寫『教授在地鐵脫褲』。」

「好。」我說。

我把影片上傳到 YouTube。讓這類瘋狂的行為公諸於世還真是容易得可以。

卡爾 11月 28　今天是我的大日子：拍照。我一早就抵達健身房，我的私人教練在那裡，看起來心情很好。

我站上體重計，注意到自己掉到八十五公斤。我在兩週內瘦了六公斤，現在肌肉線條出來了，可以確實看到腹肌和胸肌。雖然距離在 IG 的「# 健身房」自拍裡看到那種程度還很遠，但這樣的成果讓我做了兩個月的大苦工。第一，連續六個星期每天狂吃 5,000 卡路里，同時進行每週五天的最大超負

荷訓練計畫，之後兩週吃不到 500 卡路里，著重做有氧與混合健身。

攝影師帶著器材和一個誇張的閃光燈抵達。我們進行了至少有一小時，拍照，嘗試用不同角度和燈光來凸顯我的身體。我事先傳了一張 C 羅的照片給攝影師，給他靈感。我做出和這位皇家馬德里隊前鋒一樣的姿勢，上身前傾，裸露上半身，掛一條小毛巾在脖子後方。

當天晚上，我發了最後一張在 IG 上的照片，把我的照片放在羅納度旁邊。我們肩併肩站在同一個背景前。

我加上圖說：我和羅納度

讚蜂擁而至。

安德烈　11月 28

前一天我傳了我脫掉褲子的影片給一些媒體熟人。《每日電訊報》[7] 對這個故事很感興趣，《赫芬頓郵報》[8] 也是。

卡爾　11月 29

我不斷收到那位媒體策略師給的建議。他是瑞典最惡名昭彰的公關專家之一，曾經完成一系列成功的惡作劇。他發明了一個假政黨，為一個虛構的自殺少女開一個部落格，還害女性主義政黨領袖在烤肉時燒掉一千張瑞典克朗。

他說《每日電訊報》和《赫芬頓郵報》登出關於安德烈的脫褲報導後，晚上電話鈴聲會響不停。

安德烈　11月 29

早上，我等著我的故事出現在《赫芬頓郵報》上，每隔幾分鐘我就重新整理一次瀏覽器。報導終於刊登出來後，我開始確認《每日電訊報》。很快，那裡的報導也跳出來了，我將兩則文章發

到推特上。

　　我整個早上坐在咖啡廳裡，一邊喝咖啡，一邊寄電子郵件給每一位我想得到的編輯和記者，卡爾在斯德哥爾摩也做著同樣的事。我們搜尋寫過伊絲克拉·勞倫斯壯舉的人，並發訊息給他們。我通常不太會毫無預警地發訊息給別人，但今天，我處於厚臉皮的自我推銷模式中。我強迫大家看我在地下鐵只穿著內褲的照片，而且毫不在乎。這個月的任務是吸引注意力，所以我決定要讓這件事發生。

　　下午三點半左右，很顯然我的影片沒有被瘋傳，我不能理解為什麼。它包含所有可以被分享的特徵，但是大家看起來卻不太有興趣。我應該做得更誇張，還是說這是我可以期望的最好結果？

　　我變得比較好看了嗎？該是發另一張照片到 Reddit 子項目 rate-my-appearance 上的時候了。

徹底改造：新的下巴線（7 毫升瑞絲朗），新髮型、新髮色、新身體。
我一個月前把自己的照片上傳到這裡，但是反應很冷淡。你們現在覺得
怎麼樣？有沒有改善？（附註：有些沒穿衣服的照片，是由專業攝影師
拍的）

晚上我收到一些回應。

頭髮、眼睛、身體很不錯，整體而言 7.5 分（總分 10 分）
恭喜變身成功。

性感。7.5 分（總分 10 分）

你的下巴看起來很好看。

之前 5 分，現在 6 分。

　　手機開始不停閃燈時，我正打算關掉床頭燈，結束這個漫長月份裡尋求注目的最後一晚。我在 IG 上買的一萬個粉絲終於出現了，大批粉絲群蜂擁而至。

　　我將手機螢幕朝下放置，關掉震動設定，然後去睡覺。從十一月進入十二月的這一刻，我能看到的只有無聲的閃光，顯示我在 IG 的存在感終於增加了。

安德烈 ▎11月 30

　　卡爾的游擊公關專家是對的——現在故事開始被分享了。我起床後，發現有封國家電視網獨立電視台的人寄來的信，他們想要我上晚間新聞受訪。我打開推特後，注意到伊絲克拉·勞倫斯轉推了這個報導，她寫了一篇很長的回應。我的 YouTube 影片觀看人數現在高達七千人。

　　我上網搜尋，發現有個美國網站寫了我的驚人舉動，說我看起來又矮又胖，像是會「舔手指上餅乾碎屑」的人，但是作者補充，我是「在這個把自己看得太了不起的時代所需要的英雄」。這樣的關注激勵我開始著魔似地在網路上地毯式搜索關於我的報導，我想要的無非是更多：更多讚、更多留言、更多分享，我得到的關注永遠不夠。

　　下午，我開始準備晚上的訪談。我的計畫是表現得像一個嚴肅的教授，但卡爾有不同想法。

　　「你何不模仿費曼？」他說。

　　「費曼？」

　　「你知道的，這些女性主義者快速展示她們的胸部作為一種抗議的形

式。你可以推出一個男版，在電視上脫光，可以在你胸部上寫些字？我和那位游擊公關專家談過，他認為這個點子很讚。」

我不認同這個在晚間新聞脫衣服的點子，但我想這是今年的最後一個活動。管他的，就放手一試吧。

我走過滿是塗鴉的後街小巷，試著想像接下來會發生什麼。我會走進辦公室，找人用黑色馬克筆在我胸部上寫字。這個訊息是：#MenFem。**每個身體都很美**。接著我會前往獨立電視台，裝上麥克風，在等訪問者提問時，我會冷靜地解釋為什麼要在地鐵脫掉褲子，然後抓準時機，脫掉襯衫露出被隱藏的訊息。在那之後會發生什麼，誰知道？

我坐在辦公室裡，手握一隻馬克筆，準備在胸膛寫這個訊息，這時電話響起時。「你好，你是那位安德烈·史派瑟嗎？」一位年輕女子說。

「是的。」我回答。

「這邊是獨立電視台新聞節目，你預定今天要做採訪。」

「對。」

「呃，我們不需要你了。」

「什麼？」

「對啊，今天實在是太瘋狂了，哈哈哈！」

我不作聲。

「總之，也許下次吧。掰！」

電話掛上後，兩種熟悉的情緒同時湧現：失望和鬆一口氣。

12月／意義

我正在和老友一起吃午餐，並討論這個計畫的意義；

我漫步回家時，覺得自己找到一些答案了。

可是我的動機是什麼呢？我是在培養一個「成為別人」的夢想嗎？

我在害怕死亡嗎？我是想要提高自己的市場價值嗎？

卡爾 **12月 1**

今年就要結束，該思考我們到底做了些什麼了。我們一直在刻意躲避這個問題，直到現在。

我回到這一年來看過的經典勵志書籍，寫這些書的目的是什麼？希爾在《思考致富》中說：「這本書的目的是要幫助所有在尋求致富之道的人，讓他們學習改變心念，從失敗的意識轉變為成功的意識。」

我在卡內基寫的《卡內基溝通與人際關係》也發現類似的建議。「這世上人人都尋找快樂——但只有一個可靠的方法可以找到它，那就是控制你的想法。」

我現在比較快樂了嗎？比較成功了嗎？

我繼續讀下去。希爾說成功的關鍵在於知道目的，或者是他所謂的「明確目標」。他在書中教導，把這個目標寫下來，日復一日大聲朗誦，「直到這些聲音的震動進入你的潛意識為止。」

我知道自己的目的是什麼嗎？

希爾說，我必須知道自己想要達成什麼，把那個影像植入腦海，並且讓腦海裡一直保持這個影像，直到它被賦予生命為止。假使我想要致富，就必須想像自己富有；倘若我想要成為提摩西・費里斯，就必須想像自己是他的樣子。

事實上我還不知道自己想要達成的是什麼，或者想要成為什麼人。沒有影像進入我的腦海，這就是我的狀況嗎？沒有影像、沒有願景、沒有目的。

安德烈 12月 2　根據兩位心理學教授在《普通心理學評論》[1]期刊發表的一份報告，人生的意義（他們稱之為 MIL, menaing in life）是由一種目標感、理解、以及一種人生很重要的感覺所組成。

這兩位心理學家也編制一份量表測量你的 MIL 分數。我在諸如「我的生命是有意義的」、「我有若干值得努力的目標」，及「我確信我的人生是重要的」之類的問題旁邊填寫一到七之間的數字，再加總分數。總分是一〇五，而我的分數是六十四，沒有那麼高。我有很好的理解力（二十六／三十五），很好的目標（二十八／三十五），但我好像不太認為這些真有什麼重要（十／三十五）。

放下筆，重看一次我的分數之後，我想將這個測驗套用在今年的計畫上。從一到七的量表裡，**我對發生的事理解多少？**三。**今年有目標嗎？**七。最後一個問題：**今年就長遠而言很重要嗎？**二。

所以我的答案出來了。我知道今年的目標，但是對正發生的事情不甚了解，對它為什麼重要就更不清楚了。

今天我接到一封郵件，是收了驚悚小說作品的那個文學代理人寄來的。

證明我的「失敗意識」是正確的。他們說喜歡這部作品，但它不適合他們出版──此時此刻不適合。這是客氣的拒絕。

我並沒有感到失望，我什麼感覺也沒有，只不過在清單上再添一個敗筆罷了。現在硬碟裡有兩本未出版的書了。

我覺得像是貝克特的戲劇。貝克特的經典名句：「再嘗試，再失敗。失敗的同時更進步一點。」浮上心頭。可是我不應該頹喪，因為《石板》[2]雜誌刊登的一篇文章指出，這已成為矽谷的口號。

我現在感到迷惑。

自我提升業已用失敗取代了對成功的追求嗎？貝克特何時成了勵志大師？自我提升業可以拿來解釋所有事情了嗎？

我在辦公室裡，看著我四周那堆沒人愛的書，這時電話鈴聲響起，是卡爾打來的，他想要聊一聊我們的故事，聊這一切是如何開始的。

我們讓時光倒流。回想頭一次談到合作寫一本書時，差不多是將近兩年前。起初的計畫是要用兩個半虛構的第二自我，我在電腦上找到這個故事大綱，便繼續看了下去。

「我們是這樣描述各自的角色。」我說。

「你是這樣的：『卡爾的角色會是一位高傲的哲學家。卡爾會實驗聰明丸和數位植入物，設法從他做的事發現深層的意義，形容這些事代表了海德格爾哲學中所說的存在與時間。』」

卡爾開始大笑起來：「我不確定我今年是不是有經歷過海德格爾想表達

的存在與時間。」

「我則是這樣的：『安德烈的角色是投機型的商業學校教授。他會一大早起床，跑十公里，再把跑步的細節貼在臉書上，然後為一家投資銀行做簡報，告訴他們追蹤員工活動的好處。』」

卡爾再度笑了起來：「聽起來你好像有試著這麼做過，上個月的時候，你想要成為勵志大師。」

我什麼也沒說。

卡爾現在不笑了。「我們是什麼時候決定要做一整年的？」

「你不記得了？」

「是啊。」

「在我們走去大波特蘭街站時。」

「嗯。」

「當時我說這本書應該從你元旦當天在斯德哥爾摩醒來開始寫起。那天會又冷、又陰暗、又令人沮喪，而你會發願要改變你的人生。」

「這樣啊。」

「而我則會同意做同樣的事，接著我們便會用一整年努力改變自己。而最後一幕會是在除夕夜，同樣，那天也是又冷、又陰暗、又令人沮喪，我們已竭盡全力讓我們的生活更好，但一切都糟糕透頂。」

卡爾默不作聲。

「聽這個。」我在硬碟裡發現一個文件，標題是：寫書計畫；日期是：二〇一五年十一月二十日；裡面是一長串當時打算做的事情。我唸出我們計畫每個月要做的挑戰：「一月：各自完成一本書。二月：卡爾──健身房；安德烈──馬拉松。三月：卡爾──學法語；安德烈──學寫電腦程式。四月：修補我們的關係。五月：取得一個建模裝置。」

「建模裝置？」

「這是決定五月做靈修之前的事。」

「那六月呢？」

「在性愛這兩個字後面只有一個大大的問號。」

卡爾哈哈大笑，我猜這個問號依然存在。

我繼續說下去：「七月：去義大利玩，增加快樂指數。八月：辦藝術展，去加州旅行。九月：竭力推銷驚悚小說，竭盡所能地賺錢。十月：行善。」

「我認為那是我最差的一個月。」

「十一月：成名，獲得大量推特粉絲。」

「我在 IG 買了一萬個粉絲，你則有一萬人看你在列車上赤裸的影片。」

「十二月：是另一個大問號？」

「那就是我們現在得想出來的。」

卡爾｜12月6日

我在和我們在美國的發行人柯林講電話，希望從他身上得到一些明確的建議。

「你認為這個計畫的意義是什麼？」我問。

「唔，你們可以把這個計畫視為對這個時代的診斷。我們生活在一個停滯的社會，覺得無法改變周遭的事物，但還是可以改變自己。」柯林說。

「確實如此。你會認為這個計畫很自以為是嗎？」我問。

「會啊，當然會，這是極端的自我中心。」

我沒有說話。

「可是你們的失敗削減了那個意味，你們傷害自我好像比膨脹自我來得多。」他說。

「是的，沒錯。這是自我中心，但是更多的是自我謙卑。」

然後我說：「有時候我不知道這個計畫是不是真心誠意的。」

「唔，你從不認為這個計畫會成功，對吧？」

「可能吧。」

「這是對抗艱困阻難的戰鬥。你們是為了證明沒有可能性而做，但也是為了要調查這個過程而做。」

「的確。」

「那麼你和安德烈呢？」

「我們怎麼了？」

「你們的關係遠超過工作方面的關係。」

「這我還得要想一想。」

「這或許是一個和友誼有關的計畫？」

安德烈 12月 7

　　　　我以前怎麼沒有看過這個？

　　　　我在翻閱葛瑞琴・魯賓二〇一一年的暢銷書《過得還不錯的一年》[3]。一個同事大概在一個月前提到這本書，說這本書讓他想到我們的計畫，不過我直到現在才真的來看這本書。我在看目錄時就呆住了，因為和我們做的事情如出一轍，她每一個月專門做生活裡的某一個方面。一月是關於能量，二月是婚姻，三月工作，四月教養子女。我一面看，一面畫掉許多我們雙方都做的活動，我的心開始往下沉，然後用 Skype 打電話給卡爾。

　　「你看過魯賓的書嗎？」我問。

　　「沒有，誰啊？」

　　「葛瑞琴・魯賓，書名是《過得還不錯的一年》，你去看一下。」我說，並傳了一個連結過去。

　　「收到。」他沉默片刻，然後我聽到他嘆氣。「我的天啊！」

　　「我知道，我們這一年做白工了嗎？」我問：「我們是不是只是把一本已經存在的書再重寫一遍而已？」

　　「不知道，我二小時後再回你電話。」卡爾說，然後掛斷。

　　我在等卡爾回電時，開始看其他類似的書。身為學術人士，這是我在展

開一個新的研究計畫之前通常會做的事，可是這個計畫不一樣，我們當初雖然毫無頭緒，但不可能**這麼**沒有頭緒。

數分鐘後，我發現一個叫做賈各布斯的人。**靠！**他的整個人生就像是一場實驗，他有一本書是嘗試成為世上最聰明的人；另一本書是他想要提升自己；第三本書他是按照《聖經》所說的生活，而這正是我五月份時一直在做的事，雖然只做了一星期。

我繼續找，而且不斷地找到和我們的書很像的書。有一本潔西卡·蘭姆夏皮羅寫的，書名是《應許之地：穿越美洲自助文化之旅》[4]，是把經歷「古怪又複雜的自助世界形容為個人的旅程。」然後有一本書叫做《歐普拉的生活：我按照電視上最有影響力的專家顧問建議生活一年的實驗》[5]。這本書的作者是女性，她用一年時間做歐普拉建議的所有事情。假使她和丈夫的相處有問題，她就去翻看歐普拉雜誌，尋求建議。假使歐普拉在她的電視節目中提到一張新唱片，她就去買。

二小時後，卡爾回到 Skype 上。

「不用擔心。」他說，「我們的書和葛瑞琴·魯賓的書完全不一樣。」

「怎麼說？」

「她的目的是要真的變得更快樂，是非常認真的。那其實不是我們想要的。」

「不是嗎？」我說，「那我們想要的是什麼？」

卡爾不作聲。

「哎呀，反正不是那個就對了。」他最後說。

「我跟你說，我找到一些其他的書。」我說，並把剛才發現的那些書單唸出來。

「聽都沒聽過。」

「會不會有問題？」

「我看不出來有什麼問題，」他說，「現在根本沒有差，我們做都已經做

了。」

　　卡爾的回應很空洞，但奇怪的是我卻覺得很有說服力，讓我想起在地標課程學到的。是，就是。不是，就不是。

你的妻子對這件事有什麼看法？

　　過去這一年來，被問到這個問題的次數多到數不清，我都以同樣的方式回應：她已被這個問題問得十分膩煩。

　　可是我們現在在一家餐廳，只有我們兩人，而我就是想要問她這個問題。

　　「很多人都在關注你，顯而易見。」

　　「讓妳很為難嗎？」

　　「最難的事情莫過於你跟安德烈的關係。」

　　「怎麼說？」

　　「你們一下子是最好的麻吉，你會跟我說他做的事情；一下子你又討厭他，說不想跟他有任何牽扯。你們就像兩個小女孩那樣。」

　　我想轉移話題。和安德烈的關係，我說得已經夠多了。

　　「你覺得我有變得比以前好嗎？」

　　「你是問真的嗎？」

　　「是。有人問過我這個問題，我還是不如道如何回答，我想聽聽你的看法。」

　　「沒有，你並沒有變得比較以好。唔，不過可能現在，至少你知道自己不是一個好人。」

　　這是一個客觀的觀點。我把錢省下來是要捐給慈善機構，結果卻用於做美容手術，之後我就很難再以好人自居。

　　我們談論已經接近尾聲的這一年。儘管我的心情大起大落，而且下了奇

怪的決心，但我們一致認為這是美好的一年，其間發生很多事情，我們快要有第二個孩子，我們彼此相愛，而且幸福的生活在一起。

「這個計畫，你會說是誠懇的嗎？」我問。

莎莉聞言笑出聲來。我在等她回答，她卻只是一直笑個不停。

　　　　　　　　夜幕開始降臨，我走進貝思納格林區一家熟悉的酒館，彼得坐在他的老位子，隱身在一大杯波蘭啤酒和一本《倫敦書評》[6] 後面。我認識彼得將近二十年，他是我的至交之一。自從他一月參加我的地標畢業典禮之後，我就一直把這個計畫的最新狀況告訴他。要是有人能幫我理解這個計畫的意義的話，這個人非他莫屬。

「你知道我這個計畫已經差不多到了尾聲。」我說。

「謝天謝地啊，我聽得耳朵都生繭了。」

「是啊，唔，我想要問你件事。說真的，你覺得這整件事的意義何在？」

他喝下杯裡的最後一口酒。

「真正的目的有兩個。」

我看得出他已經思考了一陣子。

「你們是兩個失意的教授，想要逃離狹隘的學術界。」

我頷首。

「這整件事像是社會科學版的施虐和受虐遊戲。」

「怎麼說？」我問。

「唔，卡爾好像是在給予各種懲罰。」

「比如說？」

「難道不是他要你在地鐵上脫衣服，然後分享這段影片？還有你在演說者之角說你為什麼是一個混蛋的演說？」

「是啊，可是那是我的主意。」

「我猜也是。」

「你知道我是怎麼想的嗎？你想要感到有罪惡感，你很享受你受到的懲罰，就像有的人很享受情婦用鞭子像抽頑童似地抽他們。你是享受這種罪惡感的。」

步行回家時，我突然想到不只我是這麼想的，整個自我提升的文化似乎是因為罪惡感而成長。就連完成鐵人三項的人也有罪惡感，總覺得自己做得還不夠。

另一方面就是要掌控。想要擺脫罪惡感，就要盡量掌控整個生活：何時起床、何時進食、何時與人談話，如何動你的身體。

我厭倦了在每一個新的月份起床後必須提醒自己改變現有的生活方式，我受夠了因為生活沒有改變而一直心懷罪惡感。

我又生病了，躺在床上看我的日記。七月時，我從《悠游度日》這本書得知生病是「重獲失去的空閒時光的一種愉快」。

我往下看幾個月，被這一年來那種機器般的感覺驚呆了。這就是我的新生活，以數字表達的。工作時：5 毫克右旋安非他命，十個番茄鐘（爆發性的工作二十五分鐘然後是五分鐘休息）；進食時：2.242 卡路里（100.6 公克碳水化合物、117.1 公克脂肪、114.7 公克蛋白質）；運動時：五天舉重，兩天休息（做六次舉八十公斤背蹲舉再划二十秒划船機，做完三合回後休息十秒，重覆八次）；睡覺時：七小時又六分鐘（深沉睡眠：一小時十三分鐘、眼動睡眠：一小時五十八分鐘、淺眠：三小時五十五分鐘）；自慰時：最少二十分鐘（用潤滑劑，避免淫穢）；搜尋工作：早上打二十通電話；改善外表時：7 毫克瑞絲朗。

「我們要如何獲得作為一組數字活下去的勇氣？」馬克・格里夫在他寫

的書《反對一切》[7]中問到。他說，為自己計數，會產生一種焦慮的自由。「這些數字是你可以改變的，你需要的只是意志力和足夠的紀律。遵守原則，你就會有所改變。」

是量化的意志力使自我提升對人們具有如此大的吸引力嗎？我若是說這一年只是一個沒有意義的實驗，那就是在騙人。這些應用軟體和方法幫助我達成一些以前認為不可能的事，不斷把自己推出舒適區已得到好結果，不論是記憶數字、寫驚悚小說，或是學習法語。現在回想起來，我想到這一年時當下的感覺是自豪和意外的。自豪的是自己堅持下來，完成了這些事，而意外的是有這麼多自我提升的方法真正奏效。

可是我不確定「我」留下了什麼，我們有很多事情都是通過放棄自我而達成。我樂意把自己變成機器，如安德烈說村上春樹試圖做的那樣嗎？他勉強自己一直跑步，並對自己說：**我不是人，我是一個機器。我不需要什麼感覺，只要努力加速前進就好。**

午夜已過，但我還有一些未完的事要處理。他的名字叫做盧西恩・魯玻。這傢伙還在閒蕩，就像是一個待得太久而不受歡迎的客人。這事只有一個做法，他非死不可。

我已找到理想的死處，就在一家賣啤酒和伏特加給路過醉漢的一家小超市。有兩個無聊的印度漢子藏在櫃檯後面。

我對其中一人說：「請問一下，不知道你可不可以幫我一個忙？我要躺在那裡，」我指向一個擺滿啤酒的巨大開放式冰櫃旁邊的破舊地板。「我會假裝死掉，然後請你幫我錄下來。」

他看起來無動於衷。

「我可以付你錢。」我補充說。

「好吧，反正我也沒有其他事要做。」他答說。

我把手機交給他，然後躺在地上閉上眼睛。

躺在地上感覺平靜，只聽得到冰箱的嗡鳴聲。我平躺在地上一、二分鐘，這就是伊比鳩魯說我們應該努力獲得的寧靜感嗎？上次我有這種放鬆的感覺是在蘇格蘭一座山頂盤坐的時候。

然後我的平靜被打破了。

「大哥！大哥！大哥！」一隻手放在我的肩膀上。「大哥！」我聽得到那兩個店員的笑聲，我保持不動，搖晃更劇烈了。「大哥，你沒事吧？」我張開眼睛，慢慢坐起身子，三個穿著燕尾服的年輕人帶著恐懼和釋然的眼神看著我。

「不用擔心，」我說，「我只是在練習死亡。」

「噢，幸好沒事。」其中一人說，「我們是醫學系的學生，下意識覺得我們得救你性命什麼的。」

「喔，你們做得對。」我邊說邊站起來。

店員把我的手機遞給我。

「謝了，這是五英鎊。」

「不用，你留著吧，這是個搞笑的惡作劇。」他回答。

走回家時，我開始問自己今年這一整年是不是一個一個拙劣的惡作劇？或者這不過是《蠢蛋搞怪秀》結合了自助呢？

卡爾 12月 10

儘管我很欣賞那些方法和應用軟體，自我提升的狂熱還是有一個地方讓我不爽。為了解原因，我回去看一些勵志的經典書籍。

希爾在《思考致富》中說：「有千千萬萬的人認為自己是『命中注定』貧窮和失敗的人。」但他認為這個觀念簡直是胡說八道，沒有天生注定這回事，我們都是自己生命的創造者，都可以致富且有所成就。

這個想法對像我這樣的人來說應該是有吸引力的。我是一個三十多歲、生活在富裕國家的白人。我擁有一幢房子，一個工作，還有一個家庭；有積蓄和朋友，也經常旅行。根據希爾的說法，這是我應得的。我現在的狀況不是我的命運帶來的結果，而是我無限的思考能力以及對自己堅定不移的信念帶來的結果。

「我們就是我們，因為我們會接收到思考的影響並且理解。」希爾在一九三〇年代末這麼寫，我很訝異這種讓人莫名其妙的話還在流行。朗達‧拜恩在她二〇〇六年出版的暢銷勵志書《祕密》[8] 表達了同樣的觀點：「你的想法是一切事情的主要原因。」如果你沒有錢，那是你的錯；如果你因為癌症垂危病床，那是你的錯；如果你死於天災，那也是你的錯。

在二〇〇四年發生印度洋海嘯，造成近三十萬人死亡後，一位記者就這個問題追問拜恩，問這些人是不是自己負面思考的受害者。她回答：「他們一定是處於和這起事件相同的頻率。」

安德烈 12月 11

卡爾想要一些照片做他 PowerPoint 的展示。我打開手機裡的照片檔案夾，找到的今年第一張照片是我的臉，在一間旅館房間的燈光下。我當時留著落腮鬍，頭髮凌亂，眼睛下面有大大的眼袋——一個失敗的人類。我的手指往右滑動，下一張是我坐在電腦鍵盤前，身上穿著跑步裝束。我在破解自己的大腦、在山頂靜坐、嘗試和女人搭訕、我吃肉、參加喜劇俱樂部、試著從事交易、我沉思、穿著內衣在地鐵上。

我、我、我。

我的手機上想必有好幾百張今年的自拍吧。有人說一九七〇年代是我的十年。從我的這些照片來看，二〇一六年是我的「我的年」。

是這樣嗎？我想不出我還有哪一年花更多的時間做一些完全不是我會做的事情。嘗試成為搭訕達人的那個人，不是真正的我；在地鐵車廂裡向通勤

者買座位的人，不是真正的我；採取全垃圾飲食，接著又花一整個星期玩電玩的人，不是真正的我。

要是那個人不是我的話，又是誰呢？

卡爾 12月 12 「你覺得這個計畫的意義是什麼？」我問我的瑞典出版社發行人羅文和理查，當時我們坐在一家餐廳裡等候點餐。

「不知道，你覺得呢？」羅文回答。我開始提出我的說法。

「在設法理解這件事的意義時，我卻只是在一連串似是而非的論點中結束？」

「例如什麼？」

「優化自己好像是你能做的最自戀的事了。」

「說的也是。」她說。

「在此同時，看起來又是全然的自我謙卑。我上個月一直在看 IG 上的照片，在健身房的全身自拍照多得不得了，感覺是到了自戀的顛峰。」

「對。」

「可是要有那樣的身體就必須非常辛苦鍛鍊，每天都要耗在健身房，下決心極度的節食。感覺是受虐狂的終極表現：同時自我傷害和自我崇拜。」

「可是自戀是自愛又自厭的，不是嗎？」理查插嘴說。

「可是我想問你，你覺得我們為什麼這麼做？意義何在？」我吃了一口魚肉，希望得到一套理論，可是理查卻只是哈哈一笑。他就像一個狡猾的心理治療師，不提供任何答案。

「好吧，這是另一個矛盾點。」我說，「重點在於改造的遐想，對吧？」

「對。」

「你想要把自己改造成別人，一個比你自己更好的人，可是你能夠做到的改造程度卻是微乎其微。」

「怎麼說？」

「我增重了十四公斤。不過，幫我的身體拍照時，看來還跟以前一樣。」

我的餐友們已經用完餐，但我的食物幾乎紋風未動。

「我用盡一切辦法打理我的外表、染髮、除胸毛、牙齒美白、用噴霧劑把膚色變成古銅色、做美容手術。做完這一切，貼出之前和之後的照片後，有人說我在一到十的量表上，從五進步到六。」

服務生清理桌面後，端上咖啡。

「一直問你們問題，不好意思，不過你們認為這個計畫的意義是什麼？」

理查拿出手機，他做了筆記。

「我覺得你自己已經回答了這個問題。」他說，並且把他的筆記讀出來，複述我在上一個小時裡沒有吃東西而發展出來的理論。

「謝謝大家的到來。」我說，眼光掃過前面四十位左右的同事們，「大家也許知道，我這一整年一直在設法挑戰自己、完善自己。」

我把這一年的經歷告訴觀眾。

「現在到了十二月，」我說，「我和卡爾一起，正在設法釐清這一切的涵義。我想要聽聽你們的看法。」

有一些手舉起來。

「你們真的能夠在這麼短的時間裡了解這些不同的領域嗎？」一個博士生問。

我亂翻我的文件。「任何一位人類學者都會告訴你至少要花一年時間才能認識到一個文化裡有意義的東西。我們花一個月在每一個領域，但是我們花一整年研究更廣泛的自我提升文化，這是西方國家許多中產階級的中年人生存其中的文化。這個文化是基於執著於自我提升的儀軌，目標與其他文化

裡的儀軌一樣，就是顯示你是那個小型社會裡的一個好公民。你花在這個儀軌上的時間愈多，在這個小型社會裡的地位就會愈高。所以，跑五公里使你成為一個自我提升的平民百姓；跑半馬還可以，跑馬拉松表示你有在嘗試，可是如果你花了數千小時、砸下數千美元去跑一百公里的超馬，唔，那麼你就真的是個大人物！」

「這位。」我說，指向另一隻舉起的手。

「如果你只是試著窺探一個文化，就真的能好好地了解這個文化嗎？你不就只是個觀光客而已嗎？」

她說的當然沒錯，可是說我們做得不夠也怪怪的，因為我們兩人把我們的生活奉獻給這個計畫整整一年。

我們系上的一位資深教授伸出援手：

「你有可能是觀光客，但是自我提升的天地裡本就是充滿了觀光客。」

我點點頭。「是的。大部分尋求自我提升的人是同時做許多不同的活動，很少只投入一項而已。」

另一個聲音壓倒其他聲音：「你們的用意有改變你們的發現嗎？」

「我想我們的初衷是要寫一本書，可是我真心希望達到我為自己每個月設定的目標，做不到時我就覺得很難過。以致於有些時候我完全忽略了自己在寫一本書的事實。」我解釋。

我的一個博士生遲疑地舉起手，並露出笑容。

「這本書講的不是關於中年危機嗎？書可能是賣給四十歲的人，他們就可以讀到中年危機，而不是自己真的經歷這樣的危機。」她說。

「也許這是一本如何度過中年危機的指導手冊。」另一人補充說。

卡爾 12月 15

我在斯德哥爾摩文化館三樓的舞台上，面對一百名觀眾。前排坐著一位好久好久不見的老友，她後面數排是我的

一群朋友，他們是一起來的。在這個房間的後面，我看到我的父母，坐在莎莉、愛絲特，以及我的岳母旁邊。

我想要大家認真看待這個計畫，我想要這個計畫看起來是認真誠懇的，我想要觀眾了解這不是一個精心設計的玩笑。

我有條不紊地逐月討論這一年，展示照片，並且敘述我們完成的事。我花了好幾天寫這個講稿，這個展示會包括了一百多張照片。

說到十二月時，我說這是我當下之所在，而且想要用其餘的時間探討這個計畫的意義。

擔任主持人的珍妮走上台，提出一連串的問題，然後到了觀眾提問時間。我一直在期待這一刻，或許他們可以幫助我找出這個計畫的意義。

「這裡有人要提問。」珍妮指向前排的一位男士，有人遞給他一支麥克風。

「我想知道你們這一年持續做了什麼，以及停止做了什麼？」

「我停止使用穿戴裝置、我停止使用大部分應用軟體，但是我持續使用番茄鐘，而且仍在使用聰明藥，還有什麼？對了，我還在做混合健身。」

「這裡有另一個問題。」珍妮指向另一個人，坐在比較後面。

「在你們嘗試過的這麼多東西裡，你們有什麼可以推薦的嗎？」

又是同樣的問題，不過我這次盡量回答得比較詳細一點，評估一系列的方法和技巧。

「我得要插個嘴，」珍妮說著轉頭面向我，「你回答這些問題時，難道你沒有想過自己有成為一個勵志大師的危險嗎？」

「呃，有的。」我說。

問題不斷提出，可是我所想的全是珍妮的話。我花了一年探索自我提升領域只是為了成為另一個專家，一個相當平庸的專家，告訴別人下載番茄鐘應用軟體嗎？這就是意義之所在嗎？

你砸了多少錢在這個計畫？

這個問題我今年數度被問到，每一次我都避而不答，因為我寧可不知道。可是現在該弄清楚了，於是我坐下來，合計所有那些裝置、課程、旅行、書籍、訂雜誌刊物的花費，最後的金額在一萬英鎊以上。我發了一封電郵問卡爾他花了多少錢，約有一萬英鎊，他回答，並說提摩西·費里斯每年花十萬美元，驗證新的自我提升產品。

那可是一大筆錢啊，可是我們不是唯一如此的。根據一項估計，光是美國自我提升市場每年的市值將近上百億美元，而且這個產業提供愈來愈多的就業機會。我和卡爾就結識許多人是靠自我提升維生的：生活教練、個人教練、勵志演講人、醫師、研究員、靈媒、瑜伽老師、性教育工作者、整形外科醫師、個人品牌經理，以及其他專家們。他們並非全是肆無忌憚利用人們弱點的騙子，絕大部分是真心致力於運用他們的專業知識幫助客戶。

我開始想知道在自我提升行業工作會是什麼情形。我找到一項針對英國個人教練進行的研究，這項研究把他們的工作和農奴做比較。他們不是與地主緊密的結合，而是與健身房緊密結合，教練們永遠無法確定他們的收入，他們必須拚命努力才能收支相抵。教練們描述他們如何期待每年的一月到來，因為人們新年下達的決心會讓他們重回健身房。由於其他就業機會枯竭，所以在健身房工作成了少數仍有選擇餘地的職業選擇之一。而個人教練的父母可能也曾做過很耗體力的工作，像是在工廠做事；現在他們的後代繼續做重體力的工作，但不是做東西，而是鍛鍊別人的身體。

後來我又看到一項關於牛津大學研究員的前途的研究。許多工作都因為自動化而滅絕，但是自我提升業的工作則不然，被預期會持續增加。

今年是否讓我們得以一窺未來的職場？一個人們的工作高度不穩定，且努力修補作為中產階級的罪惡感及逐漸低落的自我價值？

夜色已深，我在等待一通 Skype 電話。我安排了與生活教練通話，他的名字叫做提姆。

我從來沒有想到過和生活教練講話，可是我知道這個產業很龐大，全球有五萬名生活教練每年賺進二百億美元的營業額。它的目的是要幫助人們「有目的」地生活。

提姆在佛羅里達州。我在他的網站上看到他寫過七本書，有十年生活教練的經驗，可在我不如意時助我一臂之力。生活不如意、事業不如意、理清思緒不如意，我想我這三個方面都需要幫助。

提姆在他的書房裡，穿著一件 T 恤。那是一個溫暖明媚的日子，我看得到陽光從窗戶照進來，和斯德哥爾摩十二月的寒冷陰暗形成強烈對比。

我問提姆他認為是什麼原因讓這麼多人花這麼多時間和金錢在自我提升方面。

「問題在於這些人並不了解驅動他們行為的原因是什麼。」

「你的意思是？」

「他們只是在找尋一個迅速的解決辦法。他們覺得自己的生活糟透了，並且以為只要能找出原因，就可以解決問題。」

「你的意思是說他們編出原因來？」

「對。他們以為生活不如意是因為他們的生產力不夠，或者是他們沒有買對車，或者其他任何原因。所以他們認為自己必須得到那樣東西，然後就會心滿意足。」

「這讓我想到了上個月。那時我正在嘗試提升自己的外表，並把自拍貼到 IG，我對人們為了鍛鍊出完美的身材而做的犧牲真是嘆為觀止。」我說。

「這是一種癮。」

「癮？」

「人們對這種事情上癮。他們設定一個目標，達標後立即又設定另一個

目標。他們想要增加五公斤肌肉，然後是十公斤，再來是二十公斤，他們對得到報酬上癮了，這是一種化學作用。」

「我上個月動了整形手術，可是術後我立刻開始看到其他缺點。我額頭上有一個小疣，以前從來沒有想到它，可是現在卻覺得它有礙觀瞻。」

「這就是讓我對我的職業感到悲哀的地方，有很多人投入這個行業但卻不知道原因。他們聯絡生活教練，希望找到解決辦法；他們因為自信不足而痛苦，可是很遺憾，我有很多同事就是在利用這一點。」

我們掛斷電話後，我一直在思考想要提升自己的欲望。這個欲望是受自信不足所推動的嗎？因為我無法接受自己的缺點？

 12月 17

瀏覽推特時，發現一張照片是一個魁梧的肌肉男擺著羅丹的沉思者姿勢，佯裝在看一本書。我不認識這個人，但卻認得這本書，那是提摩西・費里斯全新的七百頁一大本書《泰坦的工具》⁹。封面看起來像是一個盒子，裡面裝著那些卡爾攝取的增強肌肉膳食補充劑，我立即下載。

原來這本書是為上身健房的企業家而寫的二十一世紀版《全球目錄》雜誌。書中不是提供如何建造一個堆肥式馬桶的竅門，而是概述如何做完美的仰臥起坐。

一項報告指出，70% 的自助消費者是女性，而讓這個行業成長的一個方法就是把吸引的對象擴大到男性。這就是費里斯在做的事，他的觀眾有 84% 是男性。或許他是在遵照可口可樂公司的行銷計畫行事。這家公司明白男性不喝減肥可樂，因為他們覺得這是女人才做的事，之後便把類似的產品放在黑色罐子裡，稱之為零度可樂，這時男士們才開始喝這種可樂。說不定費里斯就是自我提升的零度可樂？

為了驗證我的新假設，我便瀏覽這本書。費里斯在前言裡敘述他早上如

何在巴黎的公寓裡寫作，下午去塞納河岸，在那裡和創意寫作的學生們討論他們的作品。我不禁想像這些學生全是有魅力的年輕女子，費里斯形容的正是典型中年男性的遐想。這不是很接近卡爾今夏在做的事嗎？

我往下讀，看到許多我們今年做過的事：齋戒、每天靜坐、早上五點以前起床、二十一天不做任何抱怨。可是還有更多的建議是我們沒有試過的：洗冰塊澡、控制床上的溫度，用你原本要用於投資企業的十二萬五千美元基金讀「真實世界的工商管理碩士」。

翻閱數百頁訪談阿諾・史瓦辛格、瑞克・魯賓這樣的人的內容後，我闔上書。我們花了一整年只是做提摩西・費里斯的笨蛋版嗎？我們的整個計畫只是一個冗長又失敗的中年男子的遐想嗎？

卡爾 12月 19

又是一個有生產力的日子，耶誕假期的前一天。我今天和珍妮在一起，在她家服用右旋安非他命，用番茄鐘使勁地工作，同時聽著所謂「注意力高度集中」的氛圍音樂。

為了歡度最後一天，我們去一家酒館喝一杯。趁珍妮去洗手間時，我查看電子郵件，有一封學術出版社的來信，我前不久才把我寫的書寄給對方。珍妮回來了，在高腳椅上坐下。

「你知道我一月份寫的那本書吧？」

「知道啊，學術的，我們就是那時候開始吃聰明丸的。」

「對，被出版社拒絕的那本。」

「我記得。」

「幾個星期前我寄給另一家出版社，他們有回應了。」

「然後？」

「他們要了，他們要給我一份合約。」

我們碰杯，然後我喝了酒，開心了一下，覺得我這一年事實上還是有所

作為的。

安德烈 **12月 19**

卡爾是泰勒嗎？我是傑克嗎？

我已經有十年以上沒有看過《鬥陣俱樂部》，可是看到這部電影時，裡面的場景卻都那麼樣的熟悉。自助團體、IKEA目錄、失眠、色情影片、奮鬥、不停地旅行、光頭佬、更衣室的挑戰、日益極端的行為。可是我以前沒有注意到的是，泰勒成立的鬥陣俱樂部是如何普遍地變成一種陽剛之氣的原型，他那斯多葛派的演說是有可能直接從提摩西・費里斯口中說出來的。泰勒在一幢廢棄的建築裡成立的鬥陣俱樂部總部似乎提供了世界各地這麼多的混合運動健身房靈感。泰勒的穿著不像搭訕達人嗎？他的髮型不是和許多斯多葛派的自我提升大師一樣嗎？要是說今年有什麼意義的話，那就是進入《鬥陣俱樂部》斯多葛派的世界。

快速翻閱《泰坦的工具》之後，我知道費里斯最喜歡的書是塞內卡創作的《斯多葛派哲學家的來信》，他曾送出數百本給大家。在這一百二十四封信中，塞內卡重新回到死亡的問題，對他而言，學習如何生存就是與死亡達成妥協。

費里斯以塞內卡這許多信中的一封信，發展出他中意的思考練習，他稱之為「恐懼設定」。這個練習相當簡單，就是仔細地想像個人的最壞情況。沒有食物、沒有家、沒有錢——之類的事情，然後連續幾天嘗試在最壞的情況彷彿已經發生的狀況下生活，沒有食物、睡在戶外、沒有錢地過日子。

費里斯描述的這個耐力考驗的確就是我們兩人這一整年讓自己經歷的考驗。這一整年就像是一個人的歹戲拖棚，我們兩人用十二個月做一些自己最討厭的事情，像是看自助書籍，然後按照這些書的建議去實踐。

這樣生活一年下來，我開始意識到平常生活的那種舒適。

卡爾 12月 21　我正在和老友奧爾提一起吃午餐，並討論這個計畫的意義。經過二小時討論，得到三個理論。

第一個是改造：這是一個幻想，就是只要付出足夠的努力，就可以把自己變成別人。這是一個容易理解的動機，難道大部分人不是但願自己是某人嗎？難道我們所有人不是或多或少想要逃避自己是誰的局限嗎？

第二個理論是關於死亡：人人都怕死，害怕變老，也許自我提升就是逃脫死亡。整形手術減緩老化；性愛實驗的過程給人青春氣息的希望；創造力課程使人重振精神。

我漫步回家時，覺得自己找到一些答案了。可是我的動機是什麼呢？我是在培養一個「成為別人」的夢想嗎？我在害怕死亡嗎？我是想要提高自己的市場價值嗎？

安德烈 12月 21　中午過後，我的兒子朱利安，出生了。今天是這一整年中最美好的日子，而這絕對與自我提升一點關係都沒有。

卡爾 12月 23　晚上很晚的時候，我和奧利佛・伯克曼透過 Skype 講電話。他在紐約的家中。

奧利佛是多年來都在研究自我提升的狂熱信徒，每週為《衛報》寫這方面的專欄。要是有人能幫我理解人們何以會用畢生精力努力變得更好、更快、更強，這個人應該就是他了。

「我在內心深處認為，大家都希望成為費里斯。」他半開玩笑地說，「我覺得這不只是關於現在的文化，我認為人類有更深層的推動力，而費里斯訴求的就是這個。」

「可是費里斯有個令人遺憾的地方。」我說,「我聽過他與另一個人的對談,這個人說他認為提摩西‧費里斯有多麼棒,列舉出所有他做過的了不起的事情,包括他寫過的書、學會的語言,還有他克服的挑戰。然後這個傢伙接著問,你再來會做些什麼?費里斯說他打算拍電影。這回答真是讓人感覺空洞。」

奧利佛頓了一下,然後提出他的說法。

「像費里斯這樣的人有意思的地方,在於他無法談論感情或愛,他講的都是關於學習或精神方面的事情,他對愛這個問題完全沒轍。」

吃完耶誕節午餐後,我們把盤子推到一旁,開了第二瓶葡萄酒。

我正在和丈母娘羅賓聊天,她從澳洲來我家。

「我一直在關注你今年按照計畫做的所有事情。你是不是很高興已經結束了?」她問。

「是啊,可是我開始在想做這些事情的意義是什麼。」

羅賓通常很認真對待這些問題。

「你知道,我這一生都在努力提升自己。」她說。

「為什麼呢?」

「為了證明我存在的意義,」她說,然後停了一秒鐘。「而且為了被大家接受。」

她啜了一口酒。「你知道,即便是現在我還會問自己存在的意義是什麼。」

「那妳有答案了嗎?」我問。

「我有一天早上寫了點東西:生活、愛、工作。」

「我這一整年用這些新科技來追蹤我的進度,妳是如何追蹤妳的進度

的？」我問。

「自我反省。」她回答，「我認同蘇格拉底說的話，『未經反省的人生沒有意義。』」

後來，我在清理碗盤時，對自己這一年有沒有做過什麼認真的自我反省而感到疑惑。上地標課程時，我學到自我反省是敵人，是行動的阻礙。可是現在，在我們想要找出這一切的意義時，誠實的自我反省反而是最困難的工作，這意謂著要正視自己，並且問為什麼，在花了這麼多時間和力氣之後，我還是覺得自己的改變太少。

我在安德烈的家，在他的新廚房裡，欣賞小朱利安。他那麼小那麼可愛，裹在毯子裡，睡在他外婆的懷中。安德烈晃過來晃過去，在開香檳，興奮地大聲說話，並招待客人。

數小時後，客人離開，酒瓶也空了，我們在客廳坐下來。

「你知道我今年學會了什麼嗎？」安德烈含糊不清地說。

「不知道。」

「我學會了欣賞流行音樂。」

安德烈小口小口地啜飲著啤酒，在他的椅子上攤開四肢，一副對自己很滿意的樣子。我在假期過到一半之際離開家人來到倫敦，為什麼？因為安德烈要我來。自夏天在義大利過完享樂主義生活之後，我們就沒有見過面，而他想要我們在這一年結束之前見最後一次面，做一個結束。

現在我在這裡，在安德烈家的客廳，聽著他說在花一年時間努力讓他生活的各方面臻於至善之後，他做到的只是對流行音樂有了新的認識。

我們坐在一家狹小的咖啡店等早餐送來，一面討論這個

迫切的問題：這一切的意義何在？

「我把我們的計畫拿給我的同事們看時，有一個人說，這是巧妙偽裝的中年危機。」我說，然後喝一口咖啡。

「是啊，我以前也聽過那個說法。」卡爾回答。

「很容易被嗤之以鼻，不過或許也有一點道理。」

「什麼道理？」

「唔，根據艾略特・傑奎斯的說法，就是那個發明這個名詞的人，中年危機平均是在三十七歲開始。」

「唔—嗯。」

「你現在三十六歲，我三十九歲，對吧。」我說，又喝了一杯咖啡。「艾略特・傑奎斯認為，到了我們這個年齡，人們就必須承認人生中的美好已經飄然遠去。」

「並且面對他們有一天會死掉的事實？」卡爾說。

「沒錯。」

「所以你是說這整個計畫的意義就在於我們努力與自己的死亡妥協嗎？」卡爾繼續問。

「有可能，可是另一種看待它的方式，就是把它視為面對我們在人生中沒有達到的事實，像是我們年輕時懷有的夢想與事情實際的發展之間的落差——這就是我們所得到的失望。」我說。

「好吧。」

「對啊，」我邊說邊拿出我的手機。「你聽聽這個，這是艾略特・傑奎斯對一個有中年危機的患者的描述：

> 「他這輩子第一次認為他的未來受到限制……他無法在一生之中完成他想要做的一切，他只能實現有限的事情。很多事情都必須保持未完成和未實現的狀態。」

我放下電話。「這說的是我們嗎?」

「大概吧,」卡爾答,「可是自我提升不就是在於努力把夢想變成現實嗎?」

「我想是的。我的意思是說,你必須實現在海邊閒逛、抽菸、喝酒、寫驚悚小說的夢想。」

「對啊,你必須實現在地鐵上脫掉衣服的夢想。」

「不好笑。說真的,我覺得這個自我提升的東西是提供人們保持幻想的一個方式,儘管他們的生活令人失望。這就是為什麼所有的自助大師會說一些**堅持你的理想**之類的話。」我說。

「改造的幻想、死亡的恐懼,以及提高個人市場價值的動力。」我在喝第一口香檳雞尾酒之前說,「這些就是我對為什麼大家會要自我提升的三個解釋。」

我們點的餐現在正被端上餐館的餐桌。

「我要再加一個,」安德烈說,「逃避。」

「你的意思是?」

「我在跑步時,明白這是逃避家庭和工作的最佳方法。」

安德烈停了一下。

「我可以再想到一個推測。」他說。

「是什麼?」

「這是人人都在做的。每個人都在以某種方式參與這個文化,這也是讓大家互相交流的一個方法。」

這無疑是事實。我想起混合運動,這是一個共同體,和靜坐、新時代中心是一樣的。這些都是讓大家互相認識、聚在一起、一起打發時間的地方。

「你認為我們會再一起做計畫嗎?」我問。

安德烈正在吃甜點，他的主菜幾乎紋風不動。

「我不知道。」

他頓了頓。

「我怎麼想不重要，反正你也不想再跟我合作了。」

我沒有開口。

安德烈 12月 29

午餐時間，我們坐在 the Morgan Arms 酒吧裡，兩人目不轉睛地看著我們的大杯啤酒，不發一語，這好像是我們找出這一整年到底意義何在的最後機會。

「有沒有什麼事是你希望今年做了，但卻沒有做的？」我問。

卡爾繼續看著他的酒。「不算有。喝死藤水（一種迷幻藥）吧。」他說。「我原本躍躍欲試，但可能沒有喝反而好，我不想要這個計畫有太多禁藥。」

他喝了一口啤酒。「那你呢？」

「有很多。」我說。

我看得到卡爾的眉頭皺起。

「看來我們兩個人做這個計畫的方式截然不同。」他回答。

「怎麼說？」

「對我而言，每次在一個新的月份醒來後，就在想我該把所有的時間都花在這個計畫上。但是對你來說，好像只是在於做得夠多就行，只要做最少的事就好。」

現在我也生氣了，可是我盡量隱藏這股怒氣。卡爾灌下他的啤酒，然後我們便分道揚鑣，道別前的擁抱顯得很不自然。

走回家時，塔可夫斯基的電影《潛行者》[10] 浮現腦海。那個潛伏者、作者、以及教授從他們危及生命的奇怪旅程回到神祕莫測的地區。他們站在旅行出發時的同一家酒館裡，一句話也沒有說。和電影開場唯一的不同在於現

在有一條黑狗和他們在一起，說不定在 the Morgan Arms 的時候，那條和我們坐在一起的黑狗就是充滿忿恨的沉默。

卡爾 12月 30

　　我回到斯德哥爾摩的家，坐在廚房裡，盯著電腦螢幕。

　　「你在做什麼？」莎莉在客廳叫問。

　　「在寫信。」

　　「寫給誰？」莎莉走進廚房。她在試穿一件明天要穿的洋裝，看起來美極了，是我認識過最美麗的女人。

　　「給我自己。」

　　「為什麼？」

　　「安德烈說他想要我寫，我們會在書出版時打開這封信。」

　　「你在寫什麼呢？」

　　「還不知道，我在生氣。」

　　「為什麼？」

　　「我真的不知道。」

　　在這一年中，我和安德烈經歷的考驗多到數不清。我們是老朋友，可是現在我們的友情岌岌可危，這實在沒道理。安德烈做了很大的犧牲，他在地鐵上裸體，在演說者之角演講，在酒館嘗試搭訕技巧，做過這些事情的人少之又少。可是我卻覺得生氣，並且對他感到失望。

　　可是如果問題不在安德烈呢？如果這些情緒是我改造自己而產生的結果呢？這一年是不是把我變成自助的基本教義派，對別人的錯誤和弱點沒有耐心了呢？自我提升的核心觀念在於只要夠努力，沒有什麼事情是不可能的。也許我已經完全採取那種心態了，於是對那些不這麼想的人便失去了同情心。

　　安德烈常說他想要採取實事求是的方法，但我不想。他提議他應該去跑

馬拉松時，我說他該嘗試鐵人三項。不論他提議什麼，我總是認為不夠，我說他可以做更多、更好，難怪他會有罪惡感。

現在不應過多考慮到我自己才對，我今年大部分時間都遠離這個世界。我以前看的新聞從沒有那麼少過、看的小說沒有那麼少過、看的電影沒有那麼少過、和朋友相處的時間沒有那麼少過。我在一個月之內寫一本學術書籍時，幾乎沒有跟任何人講過話；我為舉重比賽練身體時，每天都待在健身房裡。現在是時候該打開門，重新讓這個世界進來了

安德烈 **12月 30**

我剛出生的兒子睡在搖籃裡，被裹得暖和和的。我在十二月的寒燈氛圍中，坐在他旁邊的一張長凳上，思考著即將結束的這一年。我把發生的每一件事情從頭到尾想一遍時，不斷地回到一個人身上，那就是卡爾。

我們昨天不歡而散了，怎會這樣？我們一起經歷了那麼多事，這一整年裡，他始終如一推動自己（還有我）的這項能力令我大為詫異，因為已經到了離譜的地步。我認識的人沒有人能做到這樣，當然，我被卡爾煩死了的次數也多到記不清。他毫不懈怠的專注常常把我累垮；他的控制欲成為一個挫折感的來源。可是我知道這些是我們堅持到最後的部分原因，光靠我一個人，我可能早已放棄。

我繼續理清這些事情，這時我突然意識到我的挫折感其實不在於他或是我。這些挫折感其實是針對更廣泛的自我提升文化。持續控制生活中的一切，就有可能變成更健康、更富裕、更聰明的人，這個文化難道不是建立在這個觀念之上？而這個文化之所以能發揮作用，靠的難道不是讓人們覺得他們沒有更健康、更有錢、或更聰明的唯一原因，是他們不夠努力嗎？或許我厭倦的是自我提升的文化，而不是卡爾。

看著我正在睡覺的兒子的臉龐，我想，明年會變得相當不一樣。

我們在烏普薩拉，在我妹妹和妹夫的家，吃一頓有三道菜的晚餐，慶祝新年。他們還邀了兩位朋友。

「卡爾，你得告訴他們那個計畫。」妹夫說。

「不要。」我回應，並且快速轉移話題。

那天晚上，安德烈傳一則簡訊給我：「不論如何，我們做到了。」

我走到露台上，等著看煙火。現在覺得很開心，感覺鬆了一口氣。

我想到《鬥陣俱樂部》的結尾。艾德華‧諾頓站在馬拉旁邊，站在一幢摩天大樓高處，俯瞰窗外，這時爆炸發生了，四周的銀行爆炸並倒塌。

天空被照亮，結束了。我明天早上醒來時，會是無事一身輕。不用再貼半裸自拍照到網路；不用再做整形手術；不用再假好心；不用再做事業諮商；不用再使用情趣商品；不用再對著枕頭狂叫；不用再和安德烈一起做治療；不用再強迫進食；不用再齋戒；不用再做電擊；不需要再使用穿戴裝置。

紅色的光線慢慢從天空溢開，我拿出筆電開始塗鴉。寫了數頁之後，我注意到有一封信從筆電後面湧出來，是寫給我的。沒有被打開過。是我的字跡，就是我六個月前參加男人營時寫的信，現在該來讀一讀了。

我猶豫著，然後小心翼翼地撕開信封並開始讀了起來，信中寫說這個計畫是一個千載難逢的機會。我在信中用下面這句從里爾克偷來的短語作為結束：

你必須改變你的生活。

致謝

我們十分感激 OR Books 出版社的編輯 Colin Robinson。感謝 Roland Paulsen、Jenny Jëgerfeld、Mikael Holmqvist、Richard Herold、Lawen Mohtadi、Rhymer RIGby 讀原稿和提供很有幫助的建議。也感謝出現在這本書中的人們，不只是家人和朋友，他們從未要求參與這個計畫，但是在這一整年中都無怨無悔的容忍我們。

注釋

序

1. 《衛報》(*The Guardian, 1821~*)，英國全國性綜合日報。

2. 《思考致富》(*Think and Grow Rich, 1937*)，拿破崙・希爾 (Napoleon Hill) 著。

3. 《卡內基溝通與人際關係：如何贏取友誼與影響他人》(*How To Win Friends & Influence People, 1936*)，戴爾・卡內基 (Dale Carnegie) 著。

4. 《五星評論人生》(*Review, 2016.3.6~2017.3.30*)，美國電視劇。

5. 《麥胖報告》(*Super Size Me, 2004*)，美國紀錄片，摩根・史柏路克 (Morgan Spurlock) 執導。

1 月　生產力

1. 《連線》(*Wired, 1993*)，美國月刊雜誌，2011 年於臺灣發行網路中文版。

2. 《一週工作 4 小時：擺脫朝九晚五的窮忙生活，晉身「新富族」！》(*The 4-Hour Workweek : Escape 9-5, Live Anywhere, and Join the New Rich, 2007*)，為提摩西・費里斯 (Tim Ferriss) 著。

3. 《身體調校聖經》(*The 4-Hour Body: An Uncommon Guide to Rapid Fat-Loss, Incredible Sex, and Becoming Superhuman, 2010*)，提摩西・費里斯著。

4. 《廚藝解構聖經：20 秒迅速醒酒，炒蛋要嫩就嫩，牛排熟度零失誤，新手也能挑戰米其林經典料理》(*The 4-Hour Chef: The Simple Path to Cooking Like a Pro, Learning Anything, and Living the Good Life, 2012*)，提摩西・費里斯著。

5. 《創作者的日常生活》(*Daily Rituals: How Great Minds Make Time, Find Inspiration,*

and Get to Work, 2013)，梅森・柯瑞 (Mason Currey) 著。

6. 《晨間改造》(*Morning Makeover, 2017)*，戴蒙・扎哈里亞迪斯 (Damon Zahariades) 著。

7. 《早上五點的奇蹟：在早餐前主宰你的一天》(*The 5 A.M. Miracle: Dominate Your Day Before Breakfast, 2015)*，傑夫・山德斯 (Jeff Sanders) 著。

8. 《兒科醫學》(*Pediatrics*)，美國專業醫學學術雜誌。

9. 《為什麼我們這樣生活，那樣工作？》(*The Power of Habit：Why We Do What We Do in Life and Business, 2012)*，查爾斯・杜希格 (Charles Duhigg) 著。

10. 《馬克白》(*Macbeth*)，威廉・莎士比亞 (William Shakespeare) 創作之劇本，在 1606 年首場演出。

2 月　身體

1. 《哈潑雜誌》(*Harper's Bzaar, 1867)*，美國時尚月刊雜誌。

2. 《跑者世界》(*Runner's World, 1966)*，美國專業級慢跑雜誌。

3. 法特萊克法 (Mona Fartlek) ，一種加速跑與慢跑交替進行的中長跑訓練方法，無氧訓練的方法之一。源於上世紀三十年代，創立人為古斯塔・霍邁爾。

4. 塔巴塔間歇訓練 (TABATA) ，1996 年由日本科學家田畑泉 (Izumi Tabata) 博士所研發出的運動方式。

5. 人體駭客 (body-hacker) ，把外置裝置植入人體，來改善、增強人體機能。

6. 《跑步的學問》(*Lore of Running, 1978)*，提姆・諾克斯 (Tim Noakes) 著。

7. 《我跑步，所以我存在：美國跑步教父關於運動的 18 種思索》(*Running & Being, 1987)*，喬治・席翰 (George Sheehan) 著。

8. 《三十七歲長成人》(*Growing (Up) at Thirty-Seven, 1976)*，傑瑞・羅賓 (Jerry Rubin) 著。

9. 《跑步：全球歷史》(*Running: A Global History, 2009)*，索爾・戈塔斯 (Thor Gotaas) 著。

3 月　大腦

1. 《大腦超載時代的思考學》(*The Organized Mind: Thinking Straight in the Age of*

Information Overload, 2014)，丹尼爾・萊維坦 (Daniel J. Levitin) 著。

2. 《心態致勝：全新成功心理學》(*Mindset: The New Psychology of Success, 2006*)，卡蘿・杜維克 (Carol S. Dweck) 著。

3. 《快思慢想》(*Thinking, Fast and Slow, 2011*)，丹尼爾・康納曼 (Daniel Kahneman) 著。

4. 《破解大腦：釋放大腦所有潛力的訣竅與技巧》(*Brainhack: Tips and Tricks to Unleash Your Brain's Full Potential, 2016*)，尼爾・帕維特 (Neil Pavitt) 著。

5. 《笨大腦：一位神經系統科學家揭露大腦真正的運作方式》(*The Idiot Brain: A Neuroscientist Explains What Your Head Is Really Up To, 2016*)，為迪恩・柏奈特 (Dean Burnett) 著。

6. 《記憶人人 hold 得住》(*Moonwalking with Einstein: The Art and Science of Remembering Everything, 2011*)，喬許・佛爾 (Joshua Foer) 著。

7. 派森 (Python, 1991)，一種廣泛使用的高階程式語言，屬於通用型程式語言，由吉多・范羅蘇姆 (Guido van Rossum) 創造。

8. 《如何像電腦程式設計師一樣思考》(*How to Think Like a Computer Scientist, 2008*)，屬派森線上閱讀書籍，艾倫・道尼 (Allen B. Downey) 著。

9. 《速讀》(*The Speed Reading Book, 1971*)，托尼・布詹 (Tony Buzan) 著。

10. 《追憶似水年華》(À la recherche du temps perdu, *1908*)，馬塞爾・普魯斯特 (Marcel Proust) 著。

11. 《新科學人》(*New Scientist, 1956~*)，英國國際性科學雜誌。

12. 《終極智商測驗書》(*Ultimate IQ Tests: 1000 Practice Test Questions to Boost Your Brain Power, 2007*)，菲力普・卡特 (Philip Carter) 著。

13. 《防彈腦力：啟動大腦超限能量的防彈計畫，兩週內讓你工作更聰明、思考更敏捷》(*Head Strong: The Bullet-proof Plan to Activate Un-tapped Brain Energy to Work Smarter and Think Faster-in Just Two Weeks, 2017*)，戴夫・亞斯普雷 (Dave Asprey) 著。

4 月　人際關係

1. 《辦公室混蛋理論》(*Assholes: A Theory, 2012*)，亞倫・詹姆斯 (Aaron James) 著。

2. 客座帖子 (guest post)，邀請專業人士或各領域權威在自己的博客上發表文章。此現象常見於歐美國家及中國，可以有效提升博客主的聲譽。

3. 多鄰國 (Duolinguo, 2011)，美國線上免費語言學習平台，路易斯‧馮‧安 (Luis von Ahn) 與瑟弗倫‧駭客 (Severin Hacker) 共同創辦。

4. 《惡之花》(*Les Fleurs du Mal, 1857)*，波特萊爾 (Charles Baudelaire) 著。

5. 《高老頭》(*Le Pere Goriot, 1835)*，歐諾黑‧德‧巴爾札克 (Honore De Balzac) 著。

6. 《日安憂鬱》(*Bonjour Tristesse, 1958)*，法蘭西絲‧莎岡 (Francoise Sagan) 著。

7. 《異鄉人》(*L'Etranger, 1942)*，阿爾貝‧卡繆 (Albert Camus) 著。

8. 《門後面的孩子》(*L'enfant Derrière La Porte, 1993)*，大衛‧比松 (David Bisson) 著。

9. 《源泉》(*The Fountainhead, 1943)*，艾茵‧蘭德 (Ayn Rand) 著。

5月　靈修

1. 《奧義書》(*Upanishads*)，古印度吠陀文獻之一。

2. 《薄伽梵歌》(*Bhagavad Gita*) 為一段詩歌，是印度教的重要經典之一。

3. 《向上思考的祕密：奇蹟製造者的困境突破術》(*The Power of Positive Thinking, 1952)*，諾曼‧文生‧皮爾 (Norman Vincent Peale) 著。

4. 《牧羊少年奇幻之旅》(*The Alchemist, 1988)*，保羅‧科爾賀 (Paulo Coelho) 著。

5. 拙火 (Kundalini)，古印度瑜珈的一種修練方法。

6. 《當下的力量》(*The Power of Now, 1997)*，艾克哈特‧托勒 (Eckhart Tolle) 著。

7. 《白火》(*White Fire: Spiritual Insights and Teachings of Advaita Zen Master Mooji, 2014)*，穆吉 (Mooji) 著。

8. 《自我實現的科學》(*The Science of Self-Realization, 1968)*，帕布帕德 (Prabhupada) 著。

9. 《大頌歌》(Maha Mantra)，冥想時唱頌的口號，Mantra 又稱為曼陀羅。

10. 《大腦與行為》(*Brain and Behavior, 2011~)*，美國跨學科月刊，專門提供跨神經病學、神經科學、心理學和精神病學的高質量研究。

6月　性愛

1. 《性／愛未來式：一個單身女子的網路情慾探索》(*Future Sex: A New Kind of Free Love, 2016)*，愛蜜莉‧薇特 (Emily Witt) 著。

2. 《把妹達人》(*The Game: Penetrating the Secret Society of Pick-Up, 2005)*，尼爾‧史特勞斯 (Neil Strauss) 著。

3. 《超男之道》(*The Way of Superior Man, 1997)*，大衛・戴伊達 (David Deida) 著。

7 月　快樂

1. 《吸菸賽神仙》(*Cigarettes Are Sublime, 1993)*，理查・克蘭 (Richard Klein) 著。

2. 《享樂主義宣言》(*A Hedonist Manifesto: The Power to Exist, 2006)*，米歇爾・翁福雷 (Michel Onfray) 著。

3. 《愉悅的祕密》(*The Compass of Pleasure:How Our Brains Make Fatty Foods, Orgasm, Exercise, Marijuana, Generosity, Vodka, Learning, and Gambling, 2011)*，大衛・林登 (David J. Linden) 著。

4. 《頹廢的食譜》(*The Decadent Cookbook, 1995)*，盧卡 (Medlar Lucan)、格雷 (Durian Gray) 合著。

5. 《電玩致死》(*Death by Video Game:Danger, Pleasure, and Obsession on the Virtual Frontline, 2015)*，賽門・帕金 (Simon Parkin) 著。

6. 《檸檬汁排毒法》(*The Master Cleanser, 1976)*，史丹利・布洛斯 (Stanley Burroughs) 著。

7. 《管理信息系統季刊》(*MIS Quarterly, 1977-)*，涵蓋管理信息系統和信息技術領域研究的學術季刊，美國管理信息系統研究中心出版。

8. 《悠游度日》(*How to Be Idle:A Loafer's Manifesto, 2004)*，湯姆・霍奇金森 (Tom Hodgkinson) 著。

9. 《怦然心動的人生整理魔法》(*The Life Canging Magic of Tidying Up, 2011)*，近藤麻理惠 (Marie Kondo) 著。

8 月　創造力

1. 《天空無路》(*No Highway, 1948)*，內佛・舒特 (Nevil Shute) 著。

2. 《作家文摘》(*Writer's Digest, 1920-)*，一本旨在開創和建立作家的美國雜誌。

3. 《史蒂芬・金談寫作》(*On Writing, 1999)*，史蒂芬・金 (Stephen King) 著。

4. 《心理學評論》(*Psychological Review, 1894-)* 心理學論文學術期刊，普林斯頓大學心理學家詹姆斯・馬克・鮑德溫 (James Mark Baldwin) 與哥倫比亞大學心理學家詹姆斯・麥基恩・卡特爾 (James McKeen Cattell) 共同創辦。

5. 《創作者的日常生活》(*Daily Rituals:How Great Minds Make Time, Find Inspiration, and Get to Work, 2013*)，梅森・柯瑞 (Mason Currey) 著。

6. 《明天別再來敲門》(*A Man Called Ove, 2012*)，菲特烈・貝克曼 (Fredrik Backman) 著。

7. 《*Time Out*》1968 年創辦，英國文化生活情報週刊，由托尼・艾略特 (Tony Elliott) 創辦。

8. 《魔女嘉莉》(*Carrie, 1974*)，史蒂芬・金著。

9 月　金錢

1. 《富人是如何思考的》(*How Rich People Think, 2010*)，史蒂夫・西博爾德 (Steve Siebold) 著。

2. 《通向財務自由之路：心理實戰篇》(*Trace Your Way to Financial Freedom, 2006*)，范 K・撒普 (Van K・Tharp) 著。

3. 《你可以不遷就：你的求職降落傘是什麼顏色？教你探索個人職涯、化劣勢為優勢的不敗求職指南》(*What Color Is Your Parachute, 1970*)，理查・尼爾森・波利斯 (Richard Nelson Bolles) 著。

4. 《市場的禪學》(*Zen in the Markets: Confessions of a Samurai Trader, 1992*)，愛德華・艾倫・托佩爾 (Edward Allen Toppel) 著。

5. 《不勞而獲》(*Something for Nothing: Luck in America, 2003*)，傑克森・李爾斯 (Jackson Lears) 著。

6. 《神經科學、心理學與經濟學》(*Journal of Neuroscience, Psychology, and Economics, 2008~*)，美國心理學會出版的學術期刊。

7. 《豪華陷阱》(*The Luxury Trap*)，電視節目。

10 月　道德

1. 《更好的為善》(*Doing Good Better:How Effective Altruism Can Help You Help Others, Do Work that Matters, and Make Smarter Choices about Giving Back, 2015*)，威廉・馬卡斯基爾 (William MacAskill) 著。

2. 《尼各馬可倫理學》(*Nicomachean Ethics, 1853*)，古希臘哲學家亞里斯多德 (Aristotle)

著。

3. 《愛與死》(*Love and Death, 1975*)，伍迪・艾倫 (Woody Allen) 執導的喜劇片。

4. 《溺水的陌生人》(*Strangers Drowning: Voyages to the Brink of Moral Extremity, 2015*)，拉麗莎・麥克法誇爾 (Larissa MacFarquhar) 著。

11 月　關注

1. 《自戀主義文化》(*The Culture of Narcissism, 1979*)，克里斯多夫・拉許 (Christopher Lasch) 著。

2. 《社會心理學與個人科學》(*Social Psychological and Personality Science, 2010*)，涵蓋社會和人格心理學研究的學術期刊。

3. 《如何變成醜聞》(*How to Become a Scandal: Adventures in Bad Behavior, 2010*)，蘿拉・基普尼斯 (Laura Kipnis) 著。

4. 瑞絲朗 (Restylane)，玻尿酸瑞典品牌，用來塑造臉部輪廓。

5. 《安靜，就是力量：內向者如何發揮積極的力量！》(*Quiet: The Power of Introverts in a World That Can't Stop Talking, 2012*)，蘇珊・坎恩 (Susan Cain) 著。

6. 〈四分三十三秒〉(4'33")，約翰・米爾頓・凱吉 (John Milton Cage Jr.) 作曲，此曲最特別之處為演奏者從頭至尾都不需要演奏出一個音。

7. 《每日電訊報》(*The Daily Telegraph, 1855~*)，英國大開型日報。

8. 《赫芬頓郵報》(*The Huffington Post, 2005~*)，美國網路傳媒，以新聞報導及其評論平台形式運作。

12 月　意義

1. 《普通心理學評論》(*Review of General Psychology, 1997~*)，美國普通心理學學會之季刊。

2. 《石板》(*Slate, 1996~*，一稱頁岩)，美國網路雜誌，以政治評論、深度新聞和藝術特寫等內容而聞名。

3. 《過得還不錯的一年：我的快樂生活提案》(*The Happiness Project, 2009*)，葛瑞琴・魯賓 (Gretchen Rubin) 著。

4. 《應許之地：穿越美洲自助文化之旅》(*Promise Land: My Journey Through America's*

Self-Help Culture, 2014)，潔西卡・蘭姆 - 夏皮羅 (Jessica Lamb-Shapiro) 著。

5. 《歐普拉的生活：我按照電視上最有影響力的專家顧問建議生活一年的實驗》(*Living Oprah: My One-Year Experiment to Live as TV's Most Influential Guru Advises, 2010)*，羅賓・奧克倫特 (Robyn Okrant) 著。

6. 《倫敦書評》(*London Review of Books, 1979)*，英國文學雜誌。

7. 《反對一切》(*Against Everything: Essays , 2016)*，馬克・格里夫 (Mark Greif) 著。

8. 《祕密》(*The Secret, 2006)*，朗達・拜恩 (Rhonda Byrne) 著。

9. 《泰坦的工具》(*Tools of Titans, 2016*，一稱巨人的工具)，提摩西・費里斯 (Tim Ferriss) 著。

10. 《潛行者》(*Stalker, 1979)*，俄國藝術電影，安德烈・塔可夫斯基 (Arkady Strugatsky) 導演。

人生顧問 314

沒有變好也沒關係：
找回生活的平衡，接受不完美的練習

作　　者—卡爾‧賽德斯多羅姆（Carl Cederström）、
　　　　　安德烈‧史派瑟（André Spicer）
責任編輯—李雅蓁
校　　對—李雅蓁、王品儒、陳怡安
美術設計—呂德芬
內頁排版—黃雅藍
行銷企劃—曾睦涵

製作總監—蘇清霖
發 行 人—趙政岷
出 版 者—時報文化出版企業股份有限公司
　　　　　10803台北市和平西路三段240號7樓
　　　　　發行專線—（02）2306-6842
　　　　　讀者服務專線—0800-231-705（02）2304-7103
　　　　　讀者服務傳真—（02）2304-6858
　　　　　郵撥—19344724時報文化出版公司
　　　　　信箱—台北郵政79~99信箱
時報悅讀網—http://www.readingtimes.com.tw
法律顧問—理律法律事務所 陳長文律師、李念祖律師
印　　刷—勁達印刷有限公司
初版一刷—2018年8月10日
定　　價—新台幣380元
行政院新聞局局版北市業字第80號
（缺頁或破損的書，請寄回更換）

時報文化出版公司成立於一九七五年，並於一九九九年股票上櫃公開發行，
於二〇〇八年脫離中時集團非屬旺中，以「尊重智慧與創意的文化事業」為信念。

沒有變好也沒關係：找回生活的平衡，接受不完美的練習 / 卡爾‧賽德斯多羅姆
　（Carl Cederström），安德烈‧史派瑟（André Spicer）作. -- 初版. -- 臺北
市：時報文化, 2018.08
　　面；　公分. --（人生顧問；314）
　譯自：Desperately seeking self-improvement : a year inside the optimization
　　movement
　ISBN 978-957-13-7477-2（平裝）
　1.自我實現
177.2　　　　　　　　　　　　　　　　　　　　　107010730

Desperately Seeking Self-Improvement: a year inside the optimization movement
by Carl Cederström and André Spicer
Copyright © 2017 by Carl Cederström and André Spicer
First published by OR Books.
Rights Arranged by Peony Literary Agency Limited
Complex Chinese translation copyright © 2018 by China Times Publishing Company
All rights reserved.

ISBN 978-957-13-7477-2
Printed in Taiwan